Frederik Hetmann

Eine Kerze, die an beiden Enden brennt

HERDER / SPEKTRUM

Band 4641

Das Buch

Als Grabinschrift hatte sie sich den Ruf der Kohlmeise gewünscht: „Zwi-Zwi." Sie war Träumerin und Realistin, Agitatorin und hochgebildete und poetisch-sensible Autorin. Liebe zu aller Kreatur und Kampfansage an alle, die sie als Peiniger empfand, gehörten für sie zusammen. Sie kämpfte dafür, daß ein auf Veränderung sinnendes Denken zu einer menschenwürdigen Gesellschaft gehören müsse. Leidenschaftlich stand sie gegen ungerechte Gewalt und wurde ihr brutales Opfer. In den Wirren von 1919 wurde sie verhaftet, von der rechten Soldateska mißhandelt, ermordet. Ihre Leiche warfen die Mörder in den Berliner Landwehrkanal. Rosa Luxemburg spaltet noch heute die Geister. Dieses Buch erzählt die schwierige, stürmische, traurige, schreckensvolle und hoffnungsvolle Geschichte eines Menschen, der sich und andere „Zukurzgekommene" befreien wollte. Es handelt von einer hochbegabten Frau, die ein glückliches Leben führen wollte, das von Freundschaft, Verständnis, Kunst und Menschlichkeit geprägt sein sollte. Von einer Frau, deren Hunger nach Freiheit, Wissen, Liebe, Schönheit, Gerechtigkeit groß war. Die geliebt hat und geliebt wurde. Die bekämpft wurde und selber bis zur Selbstaufopferung kämpfte. Rosa Luxemburg wollte den Umsturz der bürgerlichen Ordnung. Sie war eine Radikale. Sie war aber auch ein Mensch, dem es mit der Emanzipation ernst war. Ihre Heimat, so Walter Jens, war nicht die Partei, noch ein Land, sondern Utopia. „Ein Buch für alle, die mehr über Rosa und ihre Zeit wissen wollen. Was mir besonders gefällt, sind die Beschreibungen Rosas als Privatperson mit ganz spezifischen Frauenproblemen und einer tiefen Menschlichkeit, die gerade bei Alltäglichkeiten sichtbar wird." (Ulla Schickling, Frankfurter Rundschau). „Um es gleich vorweg zu sagen: es ist ein Buch, das Herzklopfen macht. Die Handlung ist Dynamit..." (Verena Schuster, Der Tagesspiegel). Eine Frauen-Leitfigur, die auch heute für soziales Gewissen und politischen Kampf um Gerechtigkeit steht.

Der Autor

Frederik Hetmann (Hans-Christian Kirsch), geb. 1934 in Breslau, lebt als freier Schriftsteller in Nomborn/Westerwald. Zahlreiche Editionen zu Märchen und Volkserzählungen aus dem spanischen, iberoamerikanischen, indianischen, keltischen und US-amerikanischen Kulturraum. Bekannt wurden auch seine Biographien. Er schrieb phantastische und historische Romane und zahlreiche Jugendbücher, für die er zweimal mit dem Deutschen Jugendliteraturpreis ausgezeichnet wurde. Bei Herder/Spektrum „Siddharta" (Band 4594).

Frederik Hetmann

Eine Kerze, die an beiden Enden brennt

Das Leben der Rosa Luxemburg

Herder
Freiburg · Basel · Wien

Für NOR abermals

Gedruckt auf umweltfreundlichem,
chlorfrei gebleichtem Papier

Originalausgabe

Satz: DTP-Studio Helmut Quilitz, Denzlingen
Herstellung: Freiburger Graphische Betriebe 1998
Umschlaggestaltung: Joseph Pölzelbauer
Umschlagbild: Astrid Keller-Fischer
ISBN: 3-451-04641-5

Inhalt

„Die rote Rosa nun auch verschwand.
Wo sie liegt, ist unbekannt.
Weil sie den Armen die Wahrheit gesagt
Haben die Reichen sie aus der Welt gejagt.“ (1a)

Bertold Brecht

„Der tiefste, je im Saal bewirkte Eindruck war die Vorlesung des Briefes von Rosa Luxemburg, den ich am Pfingstsonntag in der Arbeiter-Zeitung gefunden und auf die Reise mitgenommen hatte. Er war im Deutschland der unabhängigen Sozialisten noch völlig unbekannt. Schmach und Schande jeder Republik, die dieses im deutschen Sprachbereich einzigartige Dokument von Menschlichkeit und Dichtung nicht allem Fibel- und Gelbkreuz-christentum zum Trotz zwischen Goethe und Claudius in ihre Schulbücher aufnimmt und nicht zum Grausen vor der Menschheit dieser Zeit, der ihr entwachsenden Jugend mitteilt, daß der Leib, der solch eine hohe Seele umschlossen hat, von Gewehrkolben erschlagen wurde. Die ganze lebende Literatur Deutschlands bringt keine Träne wie die dieser jüdischen Revolutionärin hervor und keine Atempause wie die nach der Beschreibung der Büffelhaut: ‚und sie ward zerrissen‘.“ (1b)

Karl Kraus

I. Die Anfänge einer Revolutionärin

„Doppelt sag ich
Es muß die Frau sich
Doppelt revoltirn
Nicht nur dagegen was
Die Oberen sich
Anmaasen auf die Untren
sondern auch
was an Herrschaft thätig ist
im sogenannten Schosse
der Familie..." (1c)

Peter Weiss, Hölderlin

Geboren als jüngstes von fünf Geschwistern am 5. März oder 25. Dezember 1870 (nach anderen Dokumenten auch 1871) in dem kleinen Landstädtchen Zamość (Samosch oder Zemesch) in Russisch-Polen im Gouvernement Lublin. (2) Ein Drittel der Bevölkerung sind Juden.

Rosas Vater, Elias Luxenburg (die Schreibweise des Namens ändert sich in der nächsten Generation), ist Holzhändler und besitzt ein Haus an dem von Arkaden umgebenen Marktplatz. Er ist in Deutschland zur Schule gegangen und unterhält Geschäftsbeziehungen dorthin. Umgangssprachen in der Familie sind Deutsch und Polnisch. Über die Vermögensverhältnisse der Familie gehen die Angaben auseinander. Einige nennen sie wohlhabend-bürgerlich. Es ist aber auch eine Anekdote überliefert, der zufolge Rosa als Kind einmal die Öllampe mit dem einzigen Geldschein, der noch im Haus war, angezündet haben soll. Julian Marchlewski, Rosas späterer politischer Weggefährte, der ihre Eltern noch persönlich gekannt hat, berichtet, daß sie von Zeit zu Zeit sogar ihre Wäsche versetzen mußten.

Die Vorliebe der Eltern für Deutschland, seine Sprache und seine Kultur könnte damit zusammengehangen haben, daß jüdische Gemeinden in Rußland sich bei Pogromen hilfesuchend an den deutschen Kaiser zu wenden pflegten, der tatsächlich auch mehrmals zugunsten der Juden intervenierte und aus Rußland Vertriebene in seinem Land aufnahm.

Polen, so muß man sich ins Gedächtnis rufen, besteht zu dieser Zeit nicht als selbständiger Staat. Auf dem Wiener Kongreß 1815 haben die drei Siegermächte im Krieg gegen Napoleon das Land unter sich aufgeteilt. Die westlichen Provinzen sind an Preußen gefallen, der Südosten an Österreich, Zentralpolen, der Osten und Nordosten mit Litauen an Rußland.

Aber das polnische Unabhängigkeitsstreben ist nie ganz erlahmt. 1863 hat der bis dahin letzte vom Adel getragene Aufstand gegen die Russen stattgefunden. Der Zar hatte versucht, durch eine Agrarreform die einfachen Bauern gegen die Schlachta, die Landjunker, für sich einzunehmen. Das heißt aber nicht, daß die Abhängigkeit des Bauerntums von den Großgrundbesitzern völlig beseitigt worden wäre. In manchen Teilen des Landes leben die Bauern immer noch unter der Sklaverei ähnlichen Zuständen. Neue soziale Probleme kommen durch die zunehmende Industrialisierung hinzu.

Halten russische Verwaltungsbeamte die polnische Bevölkerung unter dem Daumen, so genießen Juden nicht einmal jene Bürgerrechte, die der zaristische Absolutismus der übrigen Bevölkerung zugesteht.

Und immer wieder dient die große Minderheit der Juden als Blitzableiter für die Unzufriedenheit, die Mißstimmung und das Aufbegehren bestimmter Bevölkerungsgruppen. Wenn ein Jude nicht wohlhabend ist und sich gesellschaftlichen Spielraum erkaufen kann, ist er mehr als jeder andere Untertan des Zaren der Willkür und der Erpressung einer allmächtigen russischen Bürokratie ausgeliefert.

Als Rosa langsam ein selbständig denkender Mensch wird

und ihre Stellung in der Umwelt einschätzen lernt, wird ihr klar, daß es das Schicksal nicht übermäßig gut mit ihr gemeint hat.

Sie ist Jüdin und gehört in diesem Land zu den Parias. Sie ist ein weibliches Wesen, wach, intelligent, aber nicht hübsch, von geradezu winziger Gestalt – woran sich zeit ihres Lebens nichts ändern wird – mit einem unverhältnismäßig großen Kopf und einer Nase, mit der man für eine Karikatur Modell stehen könnte.

In Warschau und die Erfahrung des Pogroms

1873, als Rosa drei Jahre alt ist, ziehen die Eltern nach Warschau. Über die Gründe ist man auf Vermutungen angewiesen. Möglicherweise versprach sich Elias, der Vater, dort als Holzhändler bessere Geschäfte zu machen. Diese Erwartungen scheinen sich nicht erfüllt zu haben. Ein gesondertes jüdisches Viertel bestand in Warschau seit 1809. Unehrlichkeit, Hinterhältigkeit und Korruption werden als Gründe für die Ausgliederung genannt. Tatsächlich aber hatte die polnische und russische Kaufmannschaft darauf gedrungen, um sich die unliebsame Konkurrenz vom Leib zu halten. Im Bauwesen durften die Juden nur bei der Entwicklung von Vierteln am Stadtrand investieren. In der Innenstadt war ihnen das untersagt. Die katholische Kirche hatte vor einem engeren Zusammenleben von Christen und Juden mit der Behauptung gewarnt, dies müsse zu Sittenverderbnis führen. Trotz heftigen Widerstands waren 1862 durch zaristisches Edikt die Niederlassungsbeschränkungen für Juden außerhalb des Ghettos aufgehoben worden.

Die Luxemburgs beziehen eine Drei-Zimmer-Wohnung in der Zlota-Straße Nr. 16, die in die Marszalkowska, eine der Hauptdurchgangsstraßen Warschaus, einmündet.

Ein Hüftleiden, fälschlich als Knochentuberkulose behandelt, führt dazu, daß Rosa als Fünfjährige ein ganzes Jahr im Bett verbringt. Bettruhe ist die einzige Therapie, zu der die

Ärzte bei dieser Krankheit damals raten konnten. Die Folge wird sein, daß Rosa Luxemburg zeit ihres Lebens hinken wird, wenngleich sie früh lernt, mit großer Willensanstrengung ihre körperliche Behinderung zu verbergen.

In dieser Zeit bringt sich Rosa selbständig Lesen und Schreiben bei. Etwas später entwickelt sich eine ungewöhnliche Beziehung zwischen dem wißbegierigen kleinen Mädchen und dem Hausknecht.

Dieser Antoni, erinnert sie sich später, *war nämlich ein Mensch von höheren Neigungen. Jeden Abend nach Torschluß saß er im Hausflur auf seiner Schlafbank und buchstabierte laut im Zwielicht der Laterne die offiziellen „Polizeinachrichten", daß es sich im ganzen Haus wie eine dumpfe Litanei anhörte. Und dabei leitete ihn nur das reine Interesse für Literatur, denn er verstand kein Wort und liebte nur die Buchstaben an und für sich. Trotzdem war er nicht leicht zu befriedigen. Und als ich ihm einmal auf seine Bitte um Lektüre Lubbocks „Anfänge der Zivilisation" gab, die ich gerade als mein erstes „ernstes" Buch mit heißer Mühe durchgenommen hatte, da retournierte er es mir nach zwei Tagen mit der Erklärung, das Buch sei „nichts wert". Ich meinerseits bin erst mehrere Jahre später dahintergekommen, wie recht Antoni hatte.* (3)

Ihre liebste Zeit, so schreibt sie in diesem Text, sei der ganz frühe Morgen gewesen. Dann habe sie sich – es sei streng verboten gewesen, vor dem Vater aufzustehen – ans Fenster geschlichen, über die Dächer der Stadt hingeschaut und sich vorgestellt, daß irgendwo in der Ferne hinter all den Dächern das Leben, das „richtige Leben" liegen müsse. Das will sie entdecken. Als Neunjährige übersetzt sie deutsche Gedichte ins Polnische, schickt eigene Verse in russischer Sprache an eine Kinderzeitung. Sie beginnt Novellen zu schreiben. Schillers Dramen haßt sie, weil die Mutter ständig von ihnen schwärmt und den deutschen Klassiker zitiert.

1880, Rosa Luxemburg ist eben zehn Jahre alt geworden, wird sie in die erste Klasse der staatlichen Schule, des Russischen Zweiten Gymnasiums für Mädchen, aufgenommen.

Es ist entschieden die beste Schule, auf die ein Kind aus einer polnisch-jüdischen Familie überhaupt gelangen kann.

Am Russischen Ersten Gymnasium sind nur Kinder aus russischen Adelsfamilien zugelassen. Am Russischen Zweiten Gymnasium erhalten zunächst Kinder russischer Beamter und Schüler aus solchen polnischen Familien einen Platz, die im Sinn des Zarenregimes als politisch zuverlässig gelten. Erst wenn dann noch Plätze in einer Klasse frei sind, können sich Kinder aus einer jüdischen Familie eine Chance ausrechnen. Daß überhaupt ein Mädchen aus der sozialen Gruppe, der die Eltern angehören, aufs Gymnasium kommt, ist eher die Ausnahme denn die Regel, ein jüdisches Mädchen – das bedeutet: die Ausnahme unter den Ausnahmen.

Die Unterrichtssprache ist Russisch, nicht Polnisch. Es ist den Schülern polnischer Herkunft ausdrücklich verboten, sich in ihrer Muttersprache miteinander zu unterhalten. Die Lehrer in gehobener Position sind alle Russen. Es besteht ein Spitzelsystem. Polnisch sprechende Schüler sollen dem Direktor gemeldet werden. Ihnen droht ein Tadel oder gar der Verweis von der Schule.

Kurz ehe Rosa auf diese Schule kommt, sind ältere Schüler vom Gymnasium verwiesen worden, weil sie einer berühmten polnischen Schauspielerin eine Rose überreicht hatten. Derlei gilt als politische Demonstration. Unter den Geschaßten ist auch der siebzehnjährige Ignacy Neufeld. Als er androht, sich das Leben zu nehmen, erklärt der Direktor. „Ein Jude und sich erschießen! Das glaube ich nie und nimmer!“ (4) Neufeld macht seine Ankündigung wahr.

Ein Jahr nach Rosas Eintritt ins Gymnasium kommt es zu einem Ereignis, das sie stark beeindruckt haben muß. Am Weihnachtstag des Jahres 1881 entsteht unter den Gläubigen, die die Kirche zum Heiligen Kreuz verlassen, aus ungeklärten Gründen eine Panik, aus der sich ein Pogrom entwickelt.

Elzbieta Ettinger bemerkt dazu:

„Das Pogrom in Warschau wirkte weniger schockierend auf die armen Einwohner des jüdischen Viertels als auf die Juden, die in der Zlota-Straße wohnten. Die Fragwürdigkeit des neu erworbenen Status wurde nicht nur bloßgestellt, es geschah dies sogar mit Billigung der Behörden. Die zaristische Polizei griff nicht ein. Dadurch, daß sich die Polizei heraushielt, wüteten die Ausschreitungen im Ghetto drei Tage und Nächte. Die Arbeiter, Hausierer, Schuster und Ladenbesitzer taten sich zur Selbstverteidigung zusammen und verhinderten eine Ausdehnung der Katastrophe. Immerhin waren zweitausend Familien in Mitleidenschaft gezogen worden und hatten Verletzte oder Tote zu beklagen. Obwohl die Wohngegenden der wohlhabenderen Juden gewöhnlich von der Polizei geschützt wurden, war bei diesen Ausschreitungen auch die Zlota-Straße nicht sicher. Eine gewalttätige Menge stürmte das Viertel, plünderte, zerschlug Fensterscheiben, warf Steine. Einige der Juden flüchteten sich zu polnischen Nachbarn, andere verbarrikadierten Türen und Fenster." (5) Bei Rosa blieb vom Schock dieses Erlebnisses her bis in ihre letzten Lebensjahre eine Angst vor großen Menschenansammlungen. In einem Brief aus der Festung Wronke vom 7. Februar 1917 an Luise Kautsky lesen wir:

Weißt Du, welcher Gedanke mich verfolgt und ängstigt? Ich stelle mir vor, daß ich wieder in einen überfüllten Riesensaal muß, daß auf mich das grelle Licht, das Stimmengewirr der Menge eindringen und mich der übliche tosende Beifall empfängt und begleitet, während ich mich zum Podium durchdränge – ich habe das Gefühl, daß ich plötzlich ausreißen werde! (6)

Die Zustände in der Stadt und an der Schule sind für das scharf beobachtende, mit ausgeprägtem Gerechtigkeitssinn begabte junge Mädchen Anlaß genug, sich als Sechzehnjährige schließlich einem der geheimen Fortbildungszirkel anzuschließen, in denen gewissermaßen im Untergrund polnische Sprache und Kultur an die junge Generation vermittelt werden. In diese Gruppen hinein agitiert mit Propagandamaterial die deutsche Sozialdemokratie.

Hier diskutiert man auch die politischen Ereignisse, die sich in diesen Jahren auf der größeren Bühne des russischen Reiches abspielen.

1881 ist Zar Alexander II. von einem aus Polen stammenden Mitglied einer Terrororganisation ermordet worden.

Zwischen der damals noch tonangebenden revolutionären Partei Rußlands „Narodnaja Wolja" (Volkswille) und der oppositionellen polnischen Gruppe „Proletariat" bestehen Kontakte.

Über Studenten, die diese geheimen Fortbildungszirkel leiten, lernt Rosa Luxemburg die Ziele dieser ersten, noch kleinen proletarischen Partei in Polen kennen.

Während die russischen Volkstümler auf die Wirksamkeit ihrer Terrorakte schwören und von einer nationalen Wiedergeburt und Überwindung der Zarenherrschaft durch ein erdverbundenes Bauerntum träumen, denken die Männer um den Polen Warynski, der 1881 aus Genf nach Warschau zurückgekommen ist, realitätsbezogener.

Hier werden zum ersten Mal wirtschaftliche Gesichtspunkte bei der Ausarbeitung eines politischen Programms mit berücksichtigt. Insofern kann man das 1882 gegründete „Proletariat" als die erste marxistische Partei Polens bezeichnen.

Warynski betrachtet als erster in der revolutionären Bewegung den polnischen Nationalismus kritisch. Ziel für ihn und seine kleine Gruppe ist nicht in erster Linie ein unabhängiger polnischer Nationalstaat, sondern eine Veränderung der gesellschaftlichen Verhältnisse in ganz Rußland durch den gemeinsamen Kampf der Arbeiterschaft. Von daher leitete die Bewegung ihren Namen ab. Ihre Mitgliederschaft ist auf Intellektuelle in den Großstädten beschränkt.

Der russische Zar Alexander III. ist entschlossen, den Terror der Revolutionäre mit noch härterem Gegenterror zu brechen.

Wenn man sich fragt, wie die heranwachsende Rosa Luxemburg politisiert wurde, braucht man nur auf einige Daten hinweisen: 1881, Rosa ist zehn, wird Aleksandra Jentys zusammen mit ihrem Geliebten Ludwik Warynski, dem Gründer des „Ersten Proletariats", im berüchtigten Pavillon zehn der Warschauer Festung eingesperrt. Der Fall beschäftigte die jungen Leute. Die 22jährige Aleksandra ist Lehrerin an einem Institut für Töchter aus Adelskreisen; sie führt eine Art Doppelleben. Bei Tag ein Muster an Würde und Wohlanständigkeit, bei Nacht eine Verschwörerin und die Geliebte eines verheirateten Mannes. Als Rosa fünfzehn ist, wandern zwei weitere Frauen ins Gefängnis: Maria Bohuszewicz, 19 Jahre alt und Tochter aus einer alten polnischen Adelsfamilie, und Rosalia Felsenhard, Tochter eines jüdischen Arztes, die dadurch von sich reden gemacht hatte, daß sie während des Pogroms des Jahres 1881 dreißig ihrer Schülerinnen und Schüler das Leben rettete, indem sie dem in die Schule eindringenden Mob mutig entgegengetreten war. Beide sterben in dem Jahr in der Verbannung in Sibirien, da Rosa das Abitur ablegt.

Einer der wenigen polnischen Revolutionäre, die die Unterdrückungsmaßnahmen überlebten, war der 1860 in der Provinz Posen geborene Martin Kasprzak. In seiner zur Preußen gehörigen Heimat hatte er sich der deutschen Sozialdemokratie angeschlossen und wurde zweimal wegen sozialistischer Umsturzversuche angeklagt.

1887 wird er in Posen wiederum wegen dieses Delikts zu zwei Jahren Gefängnis verurteilt. Nach zwei Monaten kann er aus der Haft fliehen und taucht in Warschau unter. Hier gründete er im Dezember 1887 das Warschauer Arbeiterkomitee, aus dem sich das sogenannte „Zweite Proletariat" entwickelt.

Im Abiturzeugnis aus dem Jahr 1887 erhält Rosa Luxemburg in vierzehn Fächern die Note „ausgezeichnet", in allen restlichen die Note „gut". Trotz „ausgezeichneten Betragens" verweigert man ihr „wegen oppositioneller Haltung gegenüber der Autorität" die gewöhnlich bei einem so hervorragenden Zeugnis verliehene Goldmedaille.

Rosa Luxemburg wohnt nach dem Abitur bei ihren Eltern, ist als Gouvernante tätig und engagiert sich in der revolutionären Bewegung. Noch ist sie unerfahren, aber Kasprzak ist begeistert von der politischen Begabung und Unbedingtheit der jungen Genossin. Im Herbst 1889 kommt die Polizei der Organisation auf die Spur. Im Oktober erfolgen die ersten Verhaftungen. Im Dezember ist die Partei so gut wie völlig zerschlagen. Rosa taucht in der Provinz unter. Kasprzak selbst soll dafür gesorgt haben, daß sie dem Zugriff der Polizei entgeht. Es ist fraglich, ob es den Tatsachen entspricht, daß sie in einem grenznahen Ort einem katholischen Priester eine rührselige Geschichte erzählt hat, sie sei ein jüdisches Mädchen, das zum Christentum übertreten wolle. Die Angehörigen seien aber strikt dagegen, deshalb müsse sie ins Ausland. Jedenfalls kommt sie über die Grenze.

Wer ihre Kindheit und Jugend aus dem zeitlichen Abstand eines Jahrhunderts betrachtet, wird sich der Vorstellung Hannah Arendts anschließen können, daß Rosa Luxemburg einem Milieu Intellektueller zuzurechnen ist, „das schon in den zwanziger Jahren (des 20. Jahrhunderts) seine ganze öffentliche Bedeutung eingebüßt hatte" und „heute vollkommen verschwunden ist". Näher charakterisiert sie jene Gruppe von Menschen wie folgt:

„Sein Kern bestand aus assimilierten Juden aus bürgerlichen Familien, deren kultureller Hintergrund deutsch war (Rosa Luxemburg kannte Goethe und Mörike in- und auswendig. Und ihr literarischer Geschmack war hervorragend, dem ihrer deutschen Freunde weit überlegen), während ihre politische Orientierung russisch war und ihre Moralbegriffe im privaten wie im öffentlichen Bereich ganz ausschließlich ihre eigenen waren! Diese Juden, eine äußerst kleine Minorität im Osten und ein womöglich noch kleinerer Prozentsatz des assimilierten Judentums im Westen, standen außerhalb aller sozialen Schichten, und zwar sowohl der jüdischen wie der nicht-jüdischen, und hatten infolgedessen keine wie immer gearteten Vorurteile mehr; vielmehr hatten sie in ihrer ‚splendid isolation' so etwas wie einen eigenen Ehrenkodex entwickelt." (7)

Man kann ergänzen, daß sie die bürgerlichen wie die nationalen Moralbegriffe für sich außer Kraft gesetzt hatten, was keineswegs mit Amoralität verwechselt werden darf. Im

Gegenteil, sie entwickelten für sich ein starkes Potential radikalen Humanismus, der sich in der Gesellschaft verwirklichen sollte, was auch erklärt, weshalb der Marxismus, damals noch im Zustand der Unschuld, auf sie eine starke Anziehungskraft ausübte.

In Zürich

Man könnte fragen, warum Rosa Luxemburg von Warschau nach Zürich ging. In Rechnung stellen muß man den Wunsch nach Befreiung aus der orthodox-religiösen Atmosphäre des Ostjudentums, aus der Misere einer Familie mit einem materiell wenig erfolgreichen Vater.

Wenn Rosa politisch tätig werden wollte – und dafür spricht bei ihrem politischen Engagement in „Proletariat" einiges –, dann würde das mit Aussicht auf Einfluß am besten in der deutschen Sozialdemokratie – damals die größte und wohl bestorganisierte sozialistische Partei Europas – geschehen.

Zürich, wo sie sich im Winter 1890 immatrikuliert, war damals die einzige Universität, an der Männer und Frauen gleichberechtigt studieren konnten. Als Geburtsdatum bei der Immatrikulation sind 1870 und 1871 angegeben. Zunächst belegt sie Allgemeine Zoologie und einen zoologisch-mikroskopischen Übungskurs. Seit dem 18. Februar 1889 ist sie in Zürich als wohnhaft in der Nelkenstraße 12 bei Herrn Lübeck gemeldet, später wechselt sie öfter das Quartier. (8)

Paul Frölich, (9) der Rosa Luxemburg noch persönlich gekannt hat, schreibt über die Situation der ausländischen Studenten in Zürich:

„Das waren meist Menschen, die trotz ihrer Jugend schon ernste Lebenserfahrungen gesammelt, im Kerker gesessen, in der Verbannung gelitten hatten und herausgerissen worden waren aus der gesellschaftlichen Sphäre, in die sie hingeboren wurden." (10)

Es war eine geistig sehr rege Gruppe, interessiert ebenso an den neuesten Erkenntnissen auf dem Gebiet der Naturwissenschaften wie an Kunst und Politik.

„Sie debattierten unermüdlich und ohne je zu Ende zu kommen, über Philosophie, Darwinismus, über Frauenemanzipation, über Marx, über Tolstoi, über das Schicksal der Obschtschina, dieses Restes des russischen Agrarkommunismus, über die Aussichten und die historische Bedeutung der kapitalistischen Entwicklung in Rußland, über die Ergebnisse des Terrors der Narodnaja Wolja, über Bakunin und Blanqui und die Methoden des revolutionären Kampfes, über die Demoralisierung der westlichen Bourgeoisie, über den Sturz Bismarcks und den siegreichen Kampf der deutschen Sozialdemokratie..." (11)

„Rosa Luxemburg streift nur eben die Peripherie dieser Flüchtlingsbohème. Sie hat ein mokantes Lächeln für Debatten, die zu nichts führen. Heißhunger nach Arbeit erfüllt sie." (12)

Sie ist eine überzeugte Marxistin, was sie nicht davon abhält, die Marxsche Lehre kritisch zu betrachten. An der Universität belegt sie nun bald Mathematik und Philosophie. Später konzentrieren sich ihre Studien auf Volkswirtschaft und Öffentliches Recht. In den ersten Semestern aber hört sie auch noch Astronomie und Botanik, nur weil es ihr eben Spaß macht.

Bert Brecht hat daran im „Luxemburg-Fragment, Gespräch über den Alltagskampf" später eine ironische Überlegung geknüpft:

„Auch hättest du
Mathematik studierend und Sternkunde
Anstatt Politik und Wirtschaft, weniger
Betrug getroffen. Die Sternbahnen
Werden nicht so verheimlicht als die Wege der Kartelle,
Der Mond klagt nicht auf Geschäftsschädigung..."

Sosehr sie schon jetzt für „die Sache", für den Kampf zur Durchsetzung einer sozialistischen Gesellschaftsordnung, lebt, so entschieden besteht sie auch darauf, sich ein bißchen individuelles Glück herauszunehmen.

Sie ist ehrgeizig und voller Spottlust. Würdige Männer und Autoritäten haben es bei ihr nicht leicht. Sie kratzt gern am Lack, liebt es, unkonventionell zu denken, Fragen zu stellen, deren Antworten nicht im System vorgegeben sind.

Freilich ist es gerade diese Vorliebe für kritisches Denken, die so manch einer, auch im freizügigen Klima Zürichs, als unpassend empfindet. Gut, soll man Frauen zum Studium zulassen, aber muß ausgerechnet eine Frau bei den Diskussionen im Seminar immer das letzte Wort haben? Und das schlimme ist, sie hat meist sogar recht!

Leo und Rosa

Rosa verliebt sich in Zürich in einen schwierigen, nach außen hin spröd und verschlossen wirkenden, bei all seinen Fähigkeiten immer wieder von Selbstzweifeln geplagten Mann, in Leo Jogiches, eine Art grauer Eminenz unter den polnischen Sozialisten im Exil, der Drahtzieher im Hintergrund.

Jemand, der von sich viel verlangt und von anderen womöglich noch mehr, der es als selbstverständlich erachtet, unerhört autoritär zu sein. Ein Mann, dessen Wahlspruch lautet: „Man muß arbeiten, das ist alles!“ (13)

Wie eng diese Beziehung sehr bald war, geht aus einem Brief, dem ersten überhaupt erhaltenen Brief an ihn hervor, den sie am 20. März 1893 aus einem Schweizer Gebirgsdorf an ihn schreibt:

Eine Stimme weckte mich nachts. Aufgeregt horchte ich. Es waren meine eigenen Worte, die ich hörte, “Dziodzio! He, Dziodzio!“. Ich zog die Bettdecke zu mir herüber und meinte, mein Dziodzio liege neben mir (was für ein unanständiger Traum). (14)

Sie rüttelt an diesem Menschen, der Person gewordene Konspiration zu sein scheint.

Er ist ein schon manischer Geheimniskrämer, jemand, der seine Identität hinter nötigen und unnötigen Tarnnamen versteckt. Sie zwingt ihn, sich ihr zu öffnen, bestürmt ihn immer wieder, nicht nur ein politisierender Genosse zu sein, sondern auch ein zu Liebe, Freude, zur persönlichen Hinwendung an andere Menschen fähiges Individuum.

Zwischen Leo Jogiches und Rosa Luxemburg vollzieht sich eine der großen Liebesgeschichten der sozialistischen Bewegung.

Über fünfzehn Jahre hin sind sie ein Paar. Aus Gründen der Staatsbürgerschaft und der Tarnung sind sie nicht in der Lage zu heiraten, doch besteht während dieser Zeitspanne zwischen ihnen eine enge, leidenschaftliche, aber immer auch konfliktbeladene Bindung.

Was Rosa Leo bedeutet haben mag, wird eigentlich erst in dem tragischen Nachspiel sichtbar: Er ist es, der für die Aufklärung des Mordes an Rosa sorgt und dafür mit seinem Leben bezahlt

Als Rosa ihm in der Schweiz begegnet, hat Leo oder Dziodzio (15), wie ihn Rosa in den Briefen häufig anredet, schon eine ereignisreiche Jugend hinter sich.

Leo Jogiches (Pseudonyme sind Tyska, Kazimierz Grosowski, Otto Engelmann, Lowka Andrzej) wird 1867 in einer reichen jüdischen Kaufmannsfamilie, die weitgehend im Russentum assimiliert ist, in Wilna geboren. Bereits dort steht er mit revolutionären Gruppen in Verbindung und leitet deren Schülerzirkel. Außerdem besitzt er Kontakte zur kongreßpolnischen sozialistischen Partei, dem „Zweiten Proletariat", freilich ohne zunächst des Polnischen mächtig zu sein. 1887 organisiert Jogiches die Übersiedlung der im Zusammenhang mit den Vorbereitungen zum Attentat auf Zar Alexander II. gefährdeten Wilnaer Kollegen, Isaak Dembo (Brinstein) und Antoni Gnatowski, für die er auch die Pässe zu einer Reise in die Schweiz besorgt.

Eine Art Steckbrief über ihn stammt von Lubow Akselrod, einer russischen Revolutionärin und Philosophin:

„Durch besondere Individualität zeichnete sich Leo Jogiches aus, ein junger Mann von 19 Jahren. Er kam aus einer sehr reichen und sehr kultivierten bürgerlichen Familie. Vom kulturellen Niveau dieser Leute zeugt auch der Umstand, daß Jogiches' Mutter wunderbar musizierte und nach eigenen Angaben und denen anderer eine hervorragende Interpretin Beethovens und Bachs war. (...) An der Arbeit der Wilnaer Organisation aktiven Anteil nehmend, stand er doch gleichsam abseits, befreundete sich mit keinem der Genossen und behandelte sie etwas von oben herab, was ihm auch das Pseudonym ‚Jupiter' einbrachte. Hinzuzufügen wäre noch, daß Jogiches sich durch subtilen Geist, großes organisatorisches Talent, Menschenkenntnis und Fähigkeiten in geheimer Observation auszeichnete. Er war zudem ein ausgezeichneter Redner. Er war der geborene Konspirateur und liebte wie jeder Romantiker das Geheimnisvolle und die Konspiration um ihrer selbst." (16) 1888 wird Jogiches in Wilna verhaftet. Da es jedoch den Gendarmen des Zaren nur gelingt, höchst magere Beweise gegen ihn zusammenzutragen, wird er im Mai 1889 nach halbjähriger Untersuchungshaft lediglich zu vier Monaten Gefängnis und nach Verbüßung dieser Strafe zu einem Jahr politischer Überwachung verurteilt.

Einige Monate später wird er zum Militär einberufen und sollte nach Turkestan geschickt werden. In den ersten Monaten des Jahres 1890 entflieht er vor Antritt der Reise aus einem Militärlager. Er kommt in die Schweiz und immatrikuliert sich an der Universität Zürich. In der Schweiz hat unterdessen Dembo (Brinstein) eine Terrororganisation gegründet. Leo meidet seinen ehemaligen, nun dem Anarchismus zuneigenden Kampfgefährten. Statt dessen sucht er Kontakt zu Plechanow und seiner Emigranten-Organisation „Befreiung der Arbeiter". Plechanow, einer der führenden Theoretiker unter den Sozialisten Rußlands, verdient sich zu dieser Zeit seinen Lebensunterhalt mit Adressenschreiben und erhält nun von dem wohlhabenden Jogiches Finanzhilfe. Plechanow mag vorübergehend mit dem Gedanken gespielt haben, Jogiches zu seinem Vertreter in der

Gruppe „Osvobozdenie truda" zu machen, um sich selbst intensiver theoretischen Arbeiten widmen zu können. Im Frühjahr 1892 kommt es zwischen den beiden Männern zu einem Zerwürfnis, das ein Parteigerichtsverfahren gegen Jogiches nach sich zieht. Von nun an charakterisieren die Anhänger Plechanows Jogiches als Shylock. Auch Friedrich Engels bezeichnet ihn in einem Brief als einen Ausbund an Verworfenheit.

Solche Kräche sind in den Exilgruppen der Russen damals häufig. Jogiches seinerseits wirft Plechanow und der Gruppe um ihn vor, über ihren Theoriediskussionen die Agitation unter den Arbeitern vernachlässigt zu haben. Jogiches kauft eine kleine Druckerei und beginnt mit der Herausgabe einer Sozialdemokratischen Bibliothek, zunächst ausschließlich in russischer Sprache, ab 1905 dann auf Polnisch.

Um diese Zeit dürften sich Rosa und Leo in den nationalökonomischen Vorlesungen an der Universität Zürich kennengelernt haben.

Es ist für die späteren Konflikte des Paares nicht unwichtig, daß zu dieser Zeit Rosa Jogiches' geistige Autorität anerkennt und sich ihr beugt, und dies über viele Jahre hin. Jogiches ist es, der in diesen Jahren viele ihrer Manuskripte, ja selbst ihre Doktorarbeit durchsieht.

„Erst nach mehr als einem Jahrzehnt (ihrer Beziehung)", berichtet Georg W. Strobel, „begann sie sich geistig von Jogiches zu lösen, ohne daß es ihr allerdings jemals vollkommen gelungen wäre, denn er versuchte immer wieder – ein schon früher in Wilna von seinen Genossen bemängelter Charakterzug –, sie zu belehren, seine vermeintliche Überlegenheit hervorzukehren und sie hart und beleidigend zu tadeln." (17)

Um Jogiches und Rosa bildet sich eine Gruppe junger, international gesinnter, polnischer Sozialisten, die im Gegensatz zu der im Exil und im Land selbst bestehenden „Polnischen Sozialistischen Partei" (PPS) die Ansicht vertrat und zu propagieren versuchte, eine gesellschaftliche Veränderung müsse von der Arbeiterschaft in ganz Rußland ausgehen. Demgegenüber unterstrich die PPS die nationale Selbständigkeit Polens.

Die Internationalisten gründen eine in Paris gedruckte Zeitung, „Sprawa Robotnicza" (Sache der Arbeiter), die nach Polen eingeschmuggelt wird. Finanziert wird das Projekt durch Jogiches. Rosa fährt zum Redigieren und zur Überwachung des Druckes jeder Nummer zwischen den Jahren 1893 und 1896 immer wieder von Zürich nach Paris. Dies, ohne ihr Studium an der Zürcher Universität zu vernachlässigen. Bezeichnenderweise promoviert sie über das Thema „Die industrielle Entwicklung Polens", das in einem direkten Bezug zum Streitpunkt der in Hinblick auf Polen besonders heftig diskutierten Frage einer nationalen oder internationalen Strategie steht.

In den Briefen der Jahre 1893 bis 1897, meist aus Paris, spiegeln sich anschaulich die Probleme, die Rosa Luxemburg als Redakteurin in der französischen Hauptstadt hat, aber auch die Intensität ihrer Liebesbeziehung zu Jogiches. Wenn sie mit seinem Verhalten, seinen emotionalen Reaktionen nicht einverstanden ist, kann es bei ihr zu liebevollen Wutausbrüchen kommen:

Und jetzt als Beginn meines Terrorismus: Denk daran, sei gut! Schreib weiche, gute Briefe, schreib mir nicht per „Sie", was Deinerseits eine taktlose Schroffheit ist. Äffe meine Briefe nicht nach, sei demütig und geruhe, mir Liebeserklärungen zu machen, ohne zu fürchten, daß Du Dich erniedrigst, wenn Du mir heute für drei Groschen mehr gibst als ich Dir. Fürchte Dich nicht und schäme Dich nicht, Gefühle für mich zu äußern… (18)

Exemplarisch für ihre Probleme miteinander ist auch ein Brief aus dem Juli 1897, den sie, während sie beide in Zürich sind, an Leo schreibt. In ihm wird etwas von der Unbedingtheit ihres Fühlens, ihres Anspruchs in einer Liebesbeziehung sichtbar, die für einen sich verschließenden Menschen, wie es Jogiches ist, nicht immer zu ertragen gewesen sein mag. Davon abgesehen aber spürt man in den Zeilen auch jene emotionale Energie, die diese Frau bei allem aufzubringen in der Lage war, was ihr im Kern ihrer Existenz wichtig war:

Nein, ich kann nicht weiterarbeiten. Dauernd lenkt mich der Gedanke an Dich ab. Ich muß Dir ein paar Worte schreiben. Teuerster, Liebster, Du bist jetzt nicht bei mir, und meine ganze Seele ist erfüllt von Dir, sie umarmt Dich. Dir erscheint es sicher ungeheuerlich, vielleicht komisch, daß ich Dir diesen Brief schreibe, wir wohnen zehn Schritt voneinander entfernt, wir sehen einander dreimal täglich, übrigens – ich bin doch nur Deine Frau –, wozu also diese Romantik – nachts an den eigenen Mann Briefe schreiben? Ach, mein Goldener, mag es doch der ganzen Welt komisch erscheinen – nur nicht Dir, lies wenigstens Du diesen Brief mit Ernst und mit Herz, mit Gefühl, mit dem Gefühl, mit dem Du meine Briefe damals (in Genf) gelesen hast, als ich noch nicht Deine Frau war. Denn ich schreibe ihn mit dem gleichen Gefühl wie damals, und genauso drängt meine ganze Seele zu Dir, und genauso überströmen die Augen mir von Tränen (hier lächelst Du sicher – „mich kann doch jetzt die geringste Kleinigkeit zu Tränen rühren!“). Dziodzio, mein Lieber, weißt Du, warum ich Dir einen Brief schreibe, statt mündlich all das zu sagen? Weil ich es nicht mehr verstehe, weil ich es nicht mehr vermag, mit Dir von diesen Dingen so ungezwungen zu sprechen. Ich bin jetzt empfindlich und mißtrauisch wie ein Hase. Die kleinste Geste von Dir oder ein belangloses Wort pressen mir das Herz zusammen und verschließen den Mund. Ich kann nur dann so offen mit Dir sprechen, wenn ich mich von einer warmen, vertrauensvollen Atmosphäre umgeben fühle, und diese pflegt jetzt so selten bei uns zu sein! Sieh, heute floß ich von einem so seltsamen Gefühl über, das diese paar Tage der Einsamkeit und des Nachdenkens in mir geweckt haben, ich hatte Dir so viele Gedanken mitzuteilen, Du aber warst zerstreut, lustig und meintest, Du bräuchtest keine „Physik“, das heißt gerade alles das, was mich in diesem Augenblick erfüllte. Das hat mir so weh getan, aber Du hast gemeint, ich wäre ganz einfach unzufrieden, weil Du eilig aufbrichst. Ich hätte mich vielleicht auch zu diesem Brief jetzt nicht aufgerafft, aber mir hat das bißchen Gefühl Mut gemacht, das Du mir beim Abschied entgegenbrachtest, ein Dufthauch der Vergangenheit kam mich an, jener Vergangenheit, in Erinnerung an welche ich jede Nacht vor dem Einschlafen in den Kissen in Tränen fast ersticke. Mein Teurer, mein Lieber – Deine Augen suchen sicherlich schon ungeduldig („Worauf will sie denn schließlich hinaus?") Weiß ich, was ich eigentlich will? Ich will Dich lieben, will, daß zwischen uns diese weiche, zutrauliche, ideale Atmosphäre herrscht, wie sie in jenen Zeiten war… (19)

Im Mai 1897 promoviert Rosa mit *magna cum laude* zum Doktor des öffentlichen Rechts. Nachdem sie mit dem 24jährigen Gustav Lübeck eine Scheinehe eingegangen ist, um so die preußische Staatsbürgerschaft zu erhalten – ohne diese Voraussetzung ist eine politische Betätigung für eine Frau im Deutschen Reich nicht möglich –, geht sie nach Berlin. Ihre Karriere im Apparat der deutschen Sozialdemokratie beginnt. Leo Jogiches bleibt weiter in der Schweiz. Er ist von dort aus für den Aufbau einer im Untergrund wirkenden sozialistischen Partei im zum zaristischen Rußland gehörigen Teil Polens tätig. Ihre Beziehung bleibt eng, wird aber zunehmend problematisch. Es ist bei sorgfältiger Lektüre der Briefe nicht zu übersehen, daß ihn ihre Erfolge auf der politischen Szene mit Neid erfüllen, zumal sich auch ihr intellektuelles Abhängigkeitsverhältnis mehr und mehr zu lockern beginnt. Hingegen gelingt es Jogiches weder sein Studium abzuschließen, noch dürften die höchstens partiellen Erfolge bei der politischen Arbeit seinen ausgeprägten Ehrgeiz und Machtwillen befriedigt haben. Gewiß, ein Aspekt der Konflikte mit Jogiches bestand auch darin, daß er sich als „Parteiarbeiter" begriff, während sie auf ihrer *verfluchten Lust, glücklich zu sein,* besteht und bereit ist, *Tag für Tag um mein Portiönchen Glück mit dem Starrsinn eines Tauben zu handeln.* (20)

Sie empfand das Engagement einer Frau in der Politik als eine Selbstverständlichkeit und sah nie ein, warum dann, wenn Männer in diesem Punkt keine Vorurteile hatten – und das war selten genug! –, sie sogleich in ein anderes verfielen, nämlich, Gleichberechtigung auf dem Feld der Politik und des Journalismus müsse von der Frau dann mit Liebes-, sprich Lustverzicht, bezahlt werden. Gewiß ist Jogiches von seiner Sozialisation her ein altmodischer, im Verhältnis zu Frauen zum Chauvinismus neigender Mann gewesen. Sohn einer jiddischen Mame. Es wäre aber auch falsch, Rosa Luxemburg als sein armes Opfer anzusehen. Zunächst einmal gebietet es der Versuch eines möglichst vollständigen Bildes ihrer Persönlichkeit, darauf hinzuweisen, daß auch ihr Bewußtsein seine „Kitschecken" hatte. Zudem war sie niemand, der stumm einsteckte oder sich leidend unterwarf. Dies gilt bei aller leidenschaftlichen Liebe zu Leo Jogiches, über die es keinen Zweifel geben kann, auch für ihr Verhältnis zu ihm. Sie liebte diesen Mann nicht trotz seiner Fehler, sondern mit diesen. Gewiß hätte ihr der Satz Adornos „Geliebt wirst du nur dort, wo du Schwäche zeigen kannst, ohne Stärke zu provozieren" sehr gefallen.

Die Beziehung bleibt, trotz aller Spannungen, eng, herzlich und ausschließlich, solange bei Rosa Liebe im Sinn von Leidenschaft im Spiel ist. Sie ändert sich unwiderruflich, als sie sich in einen anderen Mann verliebt. Viele Briefe an Leo sind bis zu dieser Bruchstelle, auf die wir noch zu sprechen kommen werden, mit *„Deine Frau"* unterschrieben, als welche sich Rosa Luxemburg durchaus empfand, auch wenn sie es vor dem Gesetz nicht war. Wenn Tadel über sein Mißtrauen, seinen Dünkel und seine Besserwisserei laut wird, heißt es in einem Brief höchstens einmal *„ich küsse Dich nicht!"* (9. Juni 1900). Und wie wichtig ihr die Beziehung zu Leo in den ersten Jahren ihrer Zeit im kaiserlichen Deutschland, dessen Lebensatmosphäre sie nur schwer ertrug, immer noch ist, erfahren wir in einem Brief aus dem Juni 1900:

Ich habe hier nacheinander schon alles durchprobiert, und alles ist mir nach kurzer Zeit zuwider geworden: die Verhältnisse in Parteikreisen, der Zauber des Familienlebens mit Kindern, der polnische Kreis, der Flirt usw. Ich seh-

ne mich nach nichts anderem als nach einem ruhigen Leben in Arbeit und Liebe mit Dir, mein einziges Geliebtes. (21)

Es verlockt, der Beziehung zu dem geliebten Mann ein Dokument über eine enge emotionale Beziehung zu einer Frau gegenüberzustellen, zumal dadurch auch beleuchtet wird, was Rosa Luxemburg an Leo so schwer ertrug. Der im Auszug zitierte Brief ist an Luise Kautsky gerichtet, an eine Freundin, die Ehefrau des Parteitheoretikers Karl Kautsky, die mit diesem in einer sie sehr einschränkenden Ehe lebte, aus der sie schließlich ausbrechen wird. Es geht da um Reproduktionen von Bildern des Malers Turner:

Denk Dir, ich schicke zu Weihnachten ein wunderschönes Bild aus dieser Mappe an Leo und kriege nun durch Frl. Jacob den Bescheid: dankend abgelehnt; das sei „Vandalismus", das Bildchen müsse zurück in die Mappe! Echter Leo, nicht wahr? Ich war wütend, denn ich halte es auch hier mit Goethe:

„Hätt' ich irgend wohl Bedenken,
Balch, Bokhara, Samarkand,
Süßes Liebchen, dir zu schenken
Dieser Städte Rausch und Tand?
Aber frage einmal den Kaiser,
Ob er Dir die Städte gibt?
Er ist herrlicher und weiser,
Doch er weiß nicht, wie man liebt."

Leo ist weder Kaiser noch „weiser", aber er weiß auch nicht, „wie man liebt". Wir beide wissen's aber, nicht wahr, Lulu? Und wenn mir nächstens einfällt, ein paar Sterne herunterzuholen, um sie jemand als Manschettenknöpfe zu verschenken, so soll mir kein kalter Pedant mit gehobenem Finger wehren, daß ich sämtliche Schulatlanten der Astronomie in Verwirrung bringe… (22)

II. In Deutschland

„Keine Revolution hat je die Hoffnung derer, die sie gemacht haben, vollkommen erfüllt; leiten Sie aus dieser Tatsache ab, dass die große Hoffnung lächerlich ist, dass Revolution sich erübrigt, dass nur der Hoffnungslose sich Enttäuschungen erspart usw., und was erhoffen Sie sich von solcher Ersparnis?“

Max Frisch (23)

Daß ich mir meine Epauletten in der deutschen Bewegung erst holen muß, weiß ich; ich will es aber auf dem linken Flügel tun, wo man mit dem Feinde kämpfen, und nicht auf dem rechten, wo man mit dem Feinde kompromisseln will.

Rosa Luxemburg (24)

Wie das Deutsche Reich aussah, in das Rosa reiste

„Deutschland wird zwischen 1871 und 1900 zu einer kapitalistischen Macht ersten Ranges. Insbesondere die Schwerindustrie, der Maschinenbau, die chemische und die Elektroindustrie entwickeln sich sprunghaft und ziehen eine gewaltige Menge Lohnarbeiter an sich. Der Schwerpunkt der Produktion verlagert sich schrittweise aus Klein- und Mittelbetrieben in den Großbetrieb, was neben einer Konzentration der Produktion auch die Zusammenballung großer Arbeitermassen bedeutet (...) Zahlenmäßig starke Gruppen des Proletariats sind nach wie vor extensiver Ausbeutung unter besonders degradierenden und repressiven

Bedingungen unterworfen, was vor allem aus dem nur zögernden Einsatz moderner Maschinen in der Landwirtschaft zu erklären ist (...) Auch Kinderarbeit blüht, trotz des gesetzlichen Verbotes, z. B. in Preußen im Jahre 1878 nach wie vor in verhüllter oder unverhüllter Form (...) Der monströse Zustand des Deutschen Reiches hat Karl Marx 1875 dazu veranlaßt, es als einen Staat zu bezeichnen, ‚der nichts anderes ist als ein mit parlamentarischen Formen verbrämter, mit feudalem Besitz vermischter und zugleich schon von der Bourgeoisie beeinflußter, bürokratisch gezimmerter, polizeilich gehüteter Militärdespotismus'. Engels spricht 1887 vom Deutschen Reich treffend als von einem ‚Konsortium von Agrariern, Börsenleuten und Großindustriellen (...) zur Ausbeutung des Volkes'." (25)

Ankunft

Am 12. Mai 1898 trifft Rosa Luxemburg in Berlin ein. Unterwegs hat der Zug in der Nacht gegen 12 Uhr einen Menschen überfahren:

Wir standen deshalb an die Viertelstunde, und aus dem Schlaf aufgewacht, hörte ich sofort Menschengeschrei. Es war ein Bauer, der trieb Ochsen im Dunkeln über den Bahndamm. Auf meine Frage, ob er lebt, wurde mir geantwortet: „Lebt noch a bissele." Da ist kein gutes Omen. (26)

Ihre Gedanken während der Reise schildert sie Jogiches so:

Während der ganzen Fahrt blickte ich auf die kleine Uhr, um mir vorzustellen, was Du in diesem Augenblick tust. Armes Gold, Du hattest dort noch Scherereien mit dem Verpacken der Sachen und jetzt mit dem Auspacken in der neuen Wohnung. Wie fühlst Du Dich dort? Fehle ich Dir schon ein bißchen? Ich denke, im Gegenteil, in den ersten Tagen empfindest Du eher eine gewisse Erleichterung bei der Ruhe und Einsamkeit um Dich herum. Ich habe den Eindruck, daß Dir von den letzten Stunden nur der schreck-

liche Krach, der Trubel und das Hin und Her in Erinnerung geblieben sind. (...) Ich reiste im Damencoupé.“ (27)

Die ersten Tage sind mit Wohnungssuche ausgefüllt. Auch gibt es Schwierigkeiten bei der Ausstellung des Heimatscheins, ohne den ein öffentliches Auftreten bei politischen Versammlungen nicht möglich ist. An Mathilde und Robert Seidel, Bekannte in Zürich, schreibt Rosa:

Berlin macht auf mich im allgemeinen den widrigsten Eindruck: kalt, geschmacklos, massiv – die richtige Kaserne; und die lieben Preußen mit ihrer Arroganz, als hätte jeder den Stock verschluckt, mit dem man ihn einst geprügelt! (28)

Und wieder an Leo:

Tatsächlich sind die Offiziere der herrschende Stand hier; sie wohnen auch in möblierten Zimmern, und überall stoße ich entweder auf ein Zimmer nach einem Offizier oder auf Offiziersnachbarschaft. In Anbetracht der Gefahr, (...) daß Dir die Frau mit einem Offizier durchbrennt, meide ich natürlich eine solche Nachbarschaften wie die Pest. (29)

Wohnungen

Eine sozialkritische Zeitschrift dieser Jahre schildert die Wohnsituation in den Großstädten des Deutsches Reiches nicht ohne ironisch-spöttischen Unterton so:

„Wer die Wohnhäuser, wie sie jetzt in den großen Städten gebaut werden, etwas genauer betrachtet, der kann aus diesen stummen, steinernen Massen die ganze heutige Gesellschaftsorganisation, die auf der systematischen Ausbeutung Vieler durch Wenige oder gar durch Einzelne beruht, herauslesen. Erste Etage: Bewohnt der Hausbesitzer und Bourgeois höchstselbst mit Familie. Ist hübsch geräumig, von allen Etagen die gesündeste und die bequemste.

Zweite Etage: Kommt der ersten so ziemlich gleich. Hier wohnt eine ‚Herrschaft, die es machen kann‘ und welcher der Herr Bourgeois und Hausbesitzer deshalb ungeheure Bücklinge macht, denn der ‚Herrschaft‘, die Geld genug hat, ist es gleichgültig, ob sie alljährlich mit 50 Talern übersetzt wird oder nicht. Mietpreis 500–600 Taler.

Dritte Etage: Wenn keine Herrschaft sich findet, wird die dritte Etage an verschiedene Familien verteilt. Der Hausbesitzer ist hier noch höflich, aber vergibt sich dadurch nichts von seiner Bourgeois-Würde. Ist sein Rücken von der zweiten Etage noch etwas krumm, so wird er in der dritten augenblicklich bolzgerade und steif. Mietpreis für eine Familie 300–400 Taler.

Vierte Etage: Der Herr Hausbesitzer hat nicht Zeit, sich mit all den Leuten abzugeben, die hier wohnen; er sieht sie nur bei seiner ‚Arbeit', beim Einstreichen des Mietzinses, und vergißt deshalb, da er sie nicht kennt, zuweilen in der vierten Etage ihren Gruß zu erwidern; Rücken korporalsmäßig steif. Mietpreis 150–200 Taler.

Unter der Erde: Habenichtse, Arbeiter, die eigentlich gar keine Wohnung brauchten, wenn die Herren Hausbesitzer nicht wieder so ‚human' wären und ihnen ihre stinkenden, feuchten dumpfen Kellerlöcher überließen. Bei der geringsten ‚Störung der Hausordnung' werden sie mit der bekannten Humanität auf die Straße geworfen. Mietpreis 40–50 Taler.

Eine der schönsten Tugenden der Hausbesitzer ist das Steigern der Mietpreise, in Leipzig ‚Übersetzen' genannt. Gewöhnlich zu Neujahr kommt der Hausherr, gratuliert, wenn er nicht so hochmütig ist, jammert über die teuren, stets steigenden Preise aller Lebensbedürfnisse, die durch Streiks und die bösen Sozialdemokraten in die Höhe getrieben worden seien, und schlägt ‚in Gottes Namen' so ein vierzig oder fünfzig Tälerchen auf den Mietzins drauf." (30)

Blaue Flecken an der Seele

Das Verhältnis zu Leo in der letzten Zeit vor Rosas Übersiedlung nach Berlin muß sehr gespannt gewesen sein. In einem der ersten Briefe Rosas aus Berlin findet sich diese Analyse ihrer Beziehungen:

... als ich mich in Gedanken nach rückwärts umsah für einen Augenblick, um zu sehen, was ich hinter mir zurückgelassen hatte, da erblickte ich – einen leeren Platz, und schlagartig wurde mir klar, daß das alles eine Täuschung war. Wir lebten doch weder zusammen, noch hatten wir aneinander Freude, und da gab es auch nichts Glückliches (das alles meine ich über unser persönliches Verhältnis, wobei ich von den sachlichen Scherereien abstrahiere, denn diese können doch nicht ein Leben in herzlichem Einvernehmen verhindern). Im Gegenteil, hinter mich zurückblickend, auf das letzte halbe Jahr und sogar noch weiter zurück, empfand ich so ein einziges verwirrendes Gefühl der Disharmonie, etwas mir Unbegreifliches, Quälendes, Düsteres, ich bekam Stiche in den Schläfen, und da eigentlich hatte ich genau das physische Empfinden von blauen Flecken an der Seele, so daß ich mich weder nach rechts noch links hinlegen konnte. (...)

Und stell Dir vor, daß gerade diese blauen Flecken an der Seele mir augenblicklich Mut zu dem neuen Leben verliehen. Mir wurde klar, daß ich nichts Gutes aufgegeben hatte, daß es keinen Deut besser wäre, selbst wenn wir zusammenleben würden, daß ich ebenfalls ständig umgeben wäre von einer Atmosphäre, die zu begreifen ich vergeblich und unter Qualen mich bemühen würde, und von ständiger Disharmonie. (31)

Solche Äußerungen deuten darauf hin, daß Rosas Reise nach Deutschland neben dem Wunsch nach einer Betätigung in der SPD auch noch einen anderen, einen persönlichen Aspekt hatte, der offenbar in den Biografien bisher wenig beachtet worden ist.

Aber es gibt auch Augenblicke, in denen sie die Chancen für ein harmonisches Zusammenleben wieder viel optimistischer beurteilt:

Im März 1899 schreibt sie an Jogiches:

Kein Paar auf der Welt hat derart alle Voraussetzungen, um glücklich zu sein, wie wir (...) Waren wir nicht so viele Male glücklich, sobald wir nur etwas länger zusammenleb-

ten und sobald Arbeit mit dabei war? Erinnerst Du Dich an Weggis? Melide? Bougy? Blonay? Erinnerst Du Dich, daß wir dann die ganze Welt nicht brauchen, wenn wir selbst miteinander eins sind? Im Gegenteil, ich fürchte dann selbst das geringste Eindringen eines fremden Menschen. Erinnerst Du Dich an das letzte Mal in Weggis, als ich „Von Stufe zu Stufe" schrieb (ich denke immer mit Stolz daran, was das für ein Meisterstückchen ist), ich war krank, ich hütete das Bett und schrieb und war nervös, Du aber warst so gütig, so gut, lieb, hast mich beruhigt und hast mich geküßt, sprachst mit Deiner guten Stimme, die ich noch immer höre: „Na, Ciućka, bleib doch ruhig, alles wird gut werden." Ich werde das nie vergessen. (32)

Was hat sie denn eigentlich vor?

Ich beginne eigentlich zu begreifen, daß das Leben einen packen und nicht mehr loslassen kann, und daß da nicht zu raten ist. Ich beginne mich eigentlich an den Gedanken zu gewöhnen, daß meine einzige Aufgabe darin besteht – derzeit an die Wahlen zu denken, und dann daran, was nach den Wahlen sein wird. (33)

Gemeint sind die Reichstagswahlen. Also eine politische Karriere. Das bedarf einer näheren Bestimmung, denn sie will nicht Macht um der Macht willen. Die Karriere in der Partei ist für sie ein Mittel, die Ideen zu verbreiten, die sie für wichtig hält. Sie selbst sagt dazu: ... *dabei habe ich gar nicht die Absicht, mich auf die Kritik zu beschränken, im Gegenteil, ich habe die Absicht und Lust, positiv zu schieben*, ein Ausdruck von Leo, der bedeutet, hinter den Kulissen zu manövrieren, *nicht Personen, sondern die Bewegung in ihrer Gesamtheit (...) neue Wege aufzuzeigen (sofern sich welche finden lassen, woran ich nicht zweifle), den Schlendrian zu bekämpfen etc., mit einem Wort, ein ständiger Antrieb der Bewegung zu sein.* (34)

Ein ehrgeiziges Programm für einen Menschen, der mit

einer Menge Handicaps belastet ist (sie ist eine Frau, sie gilt als Ausländerin, sie ist Jüdin, sie ist klein, sie hinkt) und sonst nichts besitzt als einen scharfen Verstand, ein leidenschaftliches Temperament und einen überscharfen Sinn für soziale Gerechtigkeit.

Privates

Sie hat auch an Leo geschrieben: *Hast Du eine Vorstellung, wie ich Dich liebe?* (35)

Was Arbeiter essen

Zitat aus „Das Kapital" von Karl Marx: „Die Ware, die ich dir verkauft habe, unterscheidet sich von dem anderen Warenpöbel dadurch, daß ihr Gebrauch Wert schafft und größeren Wert, als sie selbst kostet. Dies war der Grund, warum du sie kauftest. Was auf deiner Seite als Verwertung von Kapital erscheint, ist auf meiner Seite überschüssige Verausgabung von Arbeitskraft."

Im folgenden ist die Rede von einer fünfköpfigen Familie. Beide Elternteile arbeiten, und zwar in einer Düngemittelfabrik in der Nähe von Leipzig. Die Frau sortiert Tierknochen, der Mann steht in der Knochenstampfe. Von den drei Kindern tragen das 11jährige Mädchen und der 8jährige Junge durch Gelegenheitsarbeiten zum Unterhalt der Familie bei:

„Die Frau erhebt sich um 4 oder ¼ 5 (...) mit ihr stehen zugleich die beiden größeren Kinder auf. Sie macht zunächst Feuer an, um das erste Frühstück zu bereiten, und kleidet sich an. Später weckt sie den kleinsten Jungen auf, um ihn zu waschen, zu kämmen und anzuziehen. Der Mann steht eine halbe Stunde später auf als die Frau. Zu den wichtigsten Morgenbeschäftigungen der Frau gehört es, für das Leben auf der Fabrik den Tag über gemahlenen Kaffee, etwas Wurst und das nötige Brot einzupacken, das Hauptnahrungsmittel neben den Kartoffeln. Sie muß auch den Kindern das für den Tag bedurfte Brot anschneiden. Auf das Schwarzbrot, welches also nicht etwa dem Kaffeebrötchen der Reichen entspricht, sondern die Tagesration außer Kartoffeln darstellt, gibt es Butter, bei den Kindern weiter nichts als Butter. Die Familie braucht wöchentlich 4 Brote zu je 8 Pfund im Preise von 88 Pfennig, das heißt das Doppelte, wie begüterte Familien von gleicher Kopfzahl verzehren. Semmel oder Weißbrot wird wochentags nicht zum Frühstück genossen, sondern Schwarzbrot, niemals gibt es zum Kaffee Zucker oder Milch. Vor dem Gange nach der Fabrik wird der Kaffee eingenommen. Der Kaffeegenuß kehrt täglich 3mal wieder. Das ist derjenige Genuß, welchen der wäßrige Aufguß von wöchentlich ¼ Pfund Kaffee zu 30 Pf. und 1 Liter Gerste zu 20 Pf. gewähren kann.

Der Mann verzehrt statt des Kaffees eine Mehlsuppe mit etwas Butter und einer Kleinigkeit Zucker.

Zum Mittagessen haben Mann und Frau eine Stunde freie Zeit. Dasselbe besteht aus Brot und Butter und der anderen Hälfte der für die 10 Pf. erhaltenen Menge Käse oder Wurst. Dazu spendet der erwähnte Kessel wieder Wasser zu einem Tropfen Kaffee. Da der Ausdruck ‚10 Pf. Wurst' zu unbestimmt ist, um dem Mann in der Studierstube eine bestimmte Vorstellung von der Tagesration des Mannes in der Knochenstampfe zu geben, habe ich dieselbe durch gewissenhafte Durchschnittsermittlungen gewogen und gemessen (...) in populärem Maße ausgedrückt: das täglich vom Manne verzehrte Stück Wurst ist noch nicht so groß wie drei Viertel von einer Jönköping-Streichholzschachtel (1,9 × 3,8 × 6 = 43 Kubikzentimeter). Davon macht er zwei Mahlzeiten (...)

Das Abendessen im Haus ist bei den Leuten die warme Hauptmahlzeit, sie soll das Mittagbrot ersetzen. Sie besteht in der Hauptsache aus mit der Schale gekochten Kartoffeln; sie glauben, daß sie die Woche ‚drei Metzen gut' davon gebrauchen. In den letzten drei Wochen haben sie 1 Zentner aufgegessen, also wöchentlich dem Gewicht nach ungefähr so viel als Brot. Als Zuspeise dazu genießen sie zweimal in der Woche je einen Hering zu 10 Pf; einmal kaufen sie für 10 Pf. Quark, der von ihnen auf ⅓ Pfund geschätzt wird. Gewöhnlich einmal in der Woche essen sie zu diesen Kartoffeln ‚geröstet Salz', welches in folgender Weise bereitet wird: man nimmt eine Handvoll Salz, etwas Talg und Mehl und läßt es durch Braten in der Pfanne braun werden. Einmal in der Woche (außer sonntags) ißt die Familie statt der Kartoffeln Graupen und Reis. Sie verbraucht zu einer Mahlzeit 1 Pfund, dazu ½ Pfund Rindfleisch zu 30 Pf. und für einige Pfennige Zwiebeln. Sonnabend abends wird gar nicht gekocht; die Leute essen Wurst und Brot und trinken zwei, wohl auch drei Glas Lagerbier dazu, zu 13 Pf. das Glas..." (36)

Debüt

Sobald sie eine Wohnung gefunden hat, stellt sich Rosa bei der Geschäftsstelle des SPD-Parteivorstandes vor. Es empfängt sie der Parteisekretär Ignaz Auer, *groß und blond, etwa vierzig Jahre, gut aussehend, im Typ absolut des höhere russische Beamten oder Gutsbesitzers* (letztes Wort in Russisch). (37) Die Reichstagswahlen stehen vor der Tür. Rosa erwähnt, daß in den polnischen Gebieten des Reiches die Parteiarbeit fast völlig zum Erliegen gekommen ist. Auer widerspricht, das sei falsch. Rosa beharrt auf ihrer Ansicht, erklärt, sie habe genauere Informationen. Das beeindruckt Auer. Er ist auch erstaunt, daß sie die deutsche Staatsbürgerschaft besitzt. Er beginnt offener mit ihr zu reden. Sie kann der Partei in den Ostgebieten nützlich sein. Die Polnische Sozialdemokratie (PPS) ist der deutschen SPD ein Dorn im Auge. Von einem unabhängigen Polen hält Auer nichts. Er ist der Meinung, man könne den polnischen Arbeitern keinen größeren Gefallen tun, als sie zu germanisieren, aber das dürfe man den Burschen nicht sagen. Rosa macht eine scharfe Bemerkung. Er nimmt das mit dem Germanisieren wieder zurück.

Ober- und Niederschlesien gelten damals als die finstersten Winkel Deutschlands, als das Sibirien des Deutschen Reiches. Die Löhne der Fabrikarbeiter und Bergleute sind dort niedriger als anderswo. Die Bergleute sind meist Polen. Agitatoren der PPS haben keine Schwierigkeiten mit der Sprache, aber natürlich arbeiten sie für ihre eigenen Ziele. Die deutsche Parteiprominenz denkt nicht daran, Fronarbeit in der Barbarei zu tun. Aber eine junge Genossin, die noch dazu Polnisch kann, könnte sich da ihre Sporen verdienen. Mit einer Empfehlung des Parteivorstandes wird Rosa nach Oberschlesien geschickt. Auf der Eisenbahnfahrt lernte sie Bruno Schoenlank, den Chefredakteur der sozialdemokratischen „Leipziger Volkszeitung", kennen, der sich in sie verliebt. Sie hält ihn auf Distanz. Auch Herr Bruhns, Parteisekretär für Schlesien, den sie in Breslau aufsucht, erwartet von ihr vor allem verständnisvolle Anteilnahme. Er erklärt, er ersticke im grauen Einerlei von Frau und Familie, von der Partei sei man hier abgeschrieben, seine Talente lägen brach. Daß jetzt eine Frau zur Wahlagitation erscheint, erstaunt Herrn Bruhns. Einmal mehr muß Rosa in Schlesien klarmachen, daß sie nicht daran denkt, sich auf das angeblich naturgegebene Wirkungsfeld für eine Frau in der Partei, nämlich die Frauenbewegung, abdrängen zu lassen.

In Oberschlesien sind öffentliche Versammlungen der SPD nicht möglich. Gastwirte, die Räume an Sozialdemokraten vermieten, verlieren ihre Konzession. Rosa muß sich damit begnügen, in der Wohnung des Parteisekretärs für Oberschlesien, August Winter, Wahlhelfer zu schulen und von ihr ins Polnische übersetzte Flugblätter an sie auszuteilen. In Goldberg und Liegnitz in Niederschlesien kann sie öffentliche Versammlungen abhalten und hat als Rednerin auf Anhieb erstaunlichen Erfolg.

Gestern war es in Goldberg ausgezeichnet, die Leute drängten sich so zahlreich, daß um den Saal an den Fenstern mehr standen als im Saal (Parterre), sie standen einer auf dem anderen hinter den Fenstern. Die Genossen sagen, daß sie noch keine so zahlreich besuchte Versammlung hatten. Ich erhielt natürlich ein dreifaches „Hoch" auf die Sozialdemokratie und heute morgen vor der Abfahrt einen herrlichen Strauß Rosen und Reseda. (38)

In Schlesien hat sich das politische Klima seit Aufhebung der Sozialistengesetze praktisch kaum geändert:

Bei den Wahlen selbst war der Druck der Zentrumsleute und der Polizei so groß, daß bei dem einzelnen Arbeiter wirklich Mut dazu gehörte, einen sozialdemokratischen Stimmzettel abzugeben oder während der Wahl für uns zu wirken. Zahlreiche Kündigungen der Arbeit, einige Fälle von Verhaftungen unserer Flugblattverbreiter, vor allem aber die noch ganz patriarchalischen Mittel der Polizei und der Zentrumsleute in den Wahllokalen, wo sie vielfach unsere Genossen mit Zetteln einfach wegjagten, einigen Wählern den Zettel aus der Hand rissen und öffneten – alles dies sollte die Arbeiter von der Stimmabgabe für den sozialdemokratischen Kandidaten abschrecken. (39)

Die Wahlarbeit erweist sich körperlich als sehr anstrengend. Die Verkehrsverbindungen sind schlecht, die Unterbringung primitiv. Am 17. Juni fährt Rosa nach Berlin zurück. Sie ist erschöpft, am Ende ihrer Kräfte. An Leo schreibt sie: *Ich sehe aus wie der Tod und kann kaum kriechen.* (40)

Nach der Wahl stellt sich heraus, daß der Einsatz nicht umsonst gewesen ist. Im Wahlkreis des Regierungsbezirkes Oppeln stiegen die für die Sozialdemokraten abgegebenen Stimmen von 10 728 im Jahre 1893 auf 25 626 im Jahre 1898. Zudem: durch ihre Agitationsreise hat sich Rosa die Parteifunktionäre verpflichtet.

Parteitag 1898

Der Parteitag der SPD, der zwischen dem 3. und dem 8. Oktober 1898 in Stuttgart stattfindet, sieht unter den zweihundertfünfzehn Delegierten auch Rosa Luxemburg. Überraschend wohl auch für sie selbst. Sie hat ihr Mandat über August Winter aus dem Reichstagswahlkreis Neustadt und Beuthen-Tarnowitz erhalten. Gewissermaßen als Dank für geleistete Schützenhilfe im Wahlkampf.

Auf der Tagesordnung des Parteitages stehen: das Koalitionsrecht, Bergarbeiterschutz, Maifeier 1899, die Beteiligung an den preußischen Landtagswahlen. Unterdrückt aber schwelt ein Konflikt um eine wichtige Grundsatzfrage. Eduard Bernstein hat in einer Artikelserie, die in der „Neuen Zeit" erschienen ist, der Sozialdemokratie den Rat gegeben, sich von den, wie er findet, überholten marxistischen Klassenkampf- und Revolutionsvokabeln zu trennen und sich zu dem zu bekennen, was sie in Wirklichkeit sei: eine demokratische Reformpartei. Bernsteins Kernsatz in der Januar-Nummer der „Neuen Zeit": „Ich gestehe es offen, ich habe für das, was man gemeinhin unter Endziel des Sozialismus versteht, außerordentlich wenig Sinn und Interesse. Dieses Ziel, was immer es sei, ist mir nichts, die Bewegung alles."

Bernstein ist in der Partei eine angesehene Persönlichkeit. Von den Sozialistengesetzen aus Deutschland vertrieben, hat er in Zürich und London die Zeitschrift „Sozialdemokrat" herausgegeben. Eine Zeitlang ist er Friedrich Engels' Sekretär gewesen. Unter der alten Garde der Sozialdemokratie hat er viele Freunde, unter anderem sind seine Vorstellungen zunächst auch Karl Kautsky nicht ganz unsympathisch. Kautsky, den Rosa Luxemburg schon seit ihrem Aufenthalt in Zürich durch Beiträge für die „Neue Zeit" kannte, galt als der „Theoriepapst" der damaligen SPD. Er hatte die populäre Schrift „Einführung zum Eisenacher Programm" verfaßt. Bestimmt entspricht das, was Bernstein theoretisch ausformt, der Stimmung eines gar nicht so kleinen Teils der Parteimitglieder.

Revolution oder Reform?

Um die Brisanz des von Bernsteins Thesen angestoßenen sogenannten „Revisionismusstreites" zu begreifen, muß man die Position von Karl Marx und die näheren Umstände kennen, aus denen heraus Bernstein seine Gegenthese formulierte:

Nach Karl Marx, der seine Lehre als wissenschaftlich bezeichnet, ergibt sich der Zusammenbruch des kapitalistischen Systems als historische Notwendigkeit aus der Verschärfung der wirtschaftlichen Widersprüche der kapitalistischen Gesellschaft. Dann folgt die Revolution, in der das Proletariat siegt und die klassenlose Gesellschaft geboren wird. Genau diese vorhergesagte und als zwangsläufig dargestellte Entwicklung schien gegen Ende des 19. Jahrhunderts nicht einzutreten. Um die Bernsteinsche Kritik an Marx mit Rosa Luxemburgs Worten darzustellen:

Nach Bernstein wird ein allgemeiner Zusammenbruch des Kapitalismus mit dessen Entwicklung immer unwahrscheinlicher, weil das kapitalistische System einerseits immer mehr Anpassungsfähigkeit zeigt, andererseits die Produktion sich immer mehr differenziert. Die Anpassungsfähigkeit des Kapitalismus äußert sich nach Bernstein erstens in dem Verschwinden der allgemeinen Krisen, dank der Entwicklung des Kreditsystems, der Unternehmerorganisationen und des Verkehrs sowie des Nachrichtendienstes, zweitens in der Zähigkeit des Mittelstandes infolge der beständigen Differenzierung der Produktionszweige sowie der Hebung großer Schichten des Proletariats in den Mittelstand, drittens endlich in der ökonomischen und politischen Hebung der Lage des Proletariats infolge des Gewerkschaftskampfes.

Für den praktischen Kampf der Sozialdemokratie ergibt sich daraus die allgemeine Weisung, daß sie ihre Tätigkeit nicht auf die Besitzergreifung der politischen Staatsmacht, sondern auf die Hebung der Lage der Arbeiterklasse und auf die Einführung des Sozialismus nicht durch eine sozia-

le und politische Krise, sondern durch eine schrittweise Erweiterung der gesellschaftlichen Kontrolle und eine stufenweise Durchführung des Genossenschaftlichkeitsprinzips zu richten habe. (41)

Statt mit allen Mitteln auf die Diktatur des Proletariats hinzuarbeiten, schien es Bernstein sinnvoller, durch Beteiligung am System der parlamentarischen Demokratie reformerisch eine konkrete Verbesserung der Lebensumstände der Arbeiterschaft durchzusetzen.

Radikal Denkenden schien eine solche Politik die Preisgabe der marxistischen Ausrichtung überhaupt. Und es ging in dieser Diskussion letztlich auch um die Frage, ob die Lehre von Karl Marx als exakte Wissenschaft oder als Spekulation aufzufassen sei.

Auf dem SPD-Parteitag im Oktober 1898 in Stuttgart versucht vor allem Parvus, der derzeitige Chefredakteuer der „Sächsischen Arbeiterzeitung", eine Attacke gegen Bernstein zu reiten. Er, der selbst kein Mandat hat, läßt über Freunde aus dem 6. Wahlkreis in Dresden eine Resolution einbringen, die Bernstein und seine Ansichten verurteilt.

Der Parteivorstand will keinen Ärger. Bernstein ist ein Mann mit Verdiensten. Er hat den praktischen Teil des letzten Parteiprogramms bearbeitet. Er mag vielleicht in Einzelheiten seiner Überlegungen zu weit gegangen sein, aber das ist für den Parteivorstand kein Grund, so schweres Geschütz gegen ihn aufzufahren. Viele Männer in der Führungsspitze der SPD sind auch selbst noch unsicher, was sie von Bernsteins Thesen halten sollen.

August Bebel, einer der beiden Parteivorsitzenden, findet Parvus' Verhalten taktlos und meint, der Mann sei von fressendem Ehrgeiz getrieben. Bebel ist entschieden gegen eine Grundsatzdebatte zum gegenwärtigen Zeitpunkt. Kurzum, das Establishment der Partei ist sich einig, das unbequeme Thema durch Vertagung erst einmal unter den Teppich zu kehren. Vielleicht, daß es sich bis zum nächsten Parteitag von selbst erledigt.

Rosa gehört zu jenen wachen Parteimitgliedern, die nicht

bereit sind, bei solchen Harmonisierungsversuchen mitzuspielen. Sie ist theoretisch versiert genug, um sofort zu erkennen, daß Bernsteins Sätze die Wurzeln des Sozialismus berühren:

Vielleicht findet sich eine Anzahl von Genossen, die so denkt: eine Spekulation über das Endziel sei eigentlich eine Doktorfrage. Ich behaupte demgegenüber, daß für uns als revolutionäre, als proletarische Partei keine praktischere Frage existiert als die vom Endziel (...) Für uns darf nie ein Zweifel sein, daß wir nach der Eroberung der politischen Macht streben müssen. Eine sozialistische Partei muß sich immer der Lage gewachsen zeigen; sie darf nie vor ihren eigenen Aufgaben zurückschrecken. Dann müssen unsere Ansichten über das, was unser Endziel ist, vollständig geklärt sein, wir werden es verwirklichen, trotz Sturm und Wind und Wetter. (Beifall) (42)

Es ist hier festzuhalten, daß Rosa Luxemburg in der deutschen Sozialdemokratie immer eine revolutionäre Position eingenommen hat – im Unterschied zu einer reformistischen. Dies zu vertuschen hieße ihre Persönlichkeit und ihre Vorstellungen verfälschen.

Rosa leitet eine Zeitung

Im Herbst 1898 übernimmt Rosa Luxemburg die Redaktion eines der Blätter der SPD, nämlich der „Sächsischen Arbeiterzeitung" in Dresden. Schon Anfang November 1898 aber tritt sie von diesem Posten wieder zurück. Der äußere Anlaß für diesen Schritt ist bezeichnend für ihre immer kritische, sich vor keinen falschen Autoritäten beugenden Grundhaltung. Es ging um die Frage, ob ein Redakteur einer Parteizeitung einen Reichstagsabgeordneten der SPD – in diesem Fall Dr. Georg Gradnauer, Anhänger Bernsteins und Redakteur des „Vorwärts" in Berlin – kritisieren dürfe oder nicht.

Richtig ist, daß bei der Auseinandersetzung Rosas Temperament explodiert. Richtig ist aber auch, daß der Parteivorstand keinen Ärger haben wollte und Rosa Luxemburg deswegen desavouiert; ein gerütteltes Maß an Vorurteilen gegenüber einer Frau als leitender Redakteurin eines Parteiblattes wird sichtbar. Und gerade weil diese Frau sich an Intellekt und polemischem Scharfsinn etlichen Männern als überlegen erweist, will man sie gern wieder los sein.

Diese Auseinandersetzung trägt viel dazu bei, das Klischee von Rosa Luxemburg als einer zänkischen, hysterischen und herrschsüchtigen Frau zu prägen.

Worauf es ihr ursprünglich angekommen sein mag, als sie sich um den Redaktionsposten bewarb, wird aus einem Ausschnitt aus einem Brief an Robert Seidel deutlich:

Wissen Sie, was mir keine Ruhe läßt? Ich bin unzufrieden mit der Art und Weise, wie man in der Partei meistens die Artikel schreibt. Es is ja alles so konventionell, so hölzern, so schablonenhaft. Das Wort eines Börne klingt jetzt wie aus einer anderen Welt. Ich weiß – die Welt ist ja eine andere, und andere Zeiten wollen andere Lieder haben. Aber eben „Lieder“, unser Geschreibsel ist ja meistens kein Lied, sondern ein farbloses und klangloses Gesurr, wie der Ton eines Maschinenrades. Ich glaube, die Ursache liegt darin, daß die Leute beim Schreiben meistenteils vergessen, in sich tiefer zu greifen und die ganze Wichtigkeit und Wahrheit des Geschriebenen zu empfinden. Ich glaube, daß man jede Mal jeden Tag, bei jedem Artikel wieder die Sache durchleben, durchfühlen muß, dann würden sie auch frische, vom Herzen und zu Herzen gehende Worte für die alte, bekannte Sache finden. Aber man gewöhnt sich so an eine Wahrheit, daß man die tiefsten und größten Dinge so herplappert wie ein Vaterunser. Ich nehme mir vor, beim Schreiben nie zu vergessen, mich für das Geschriebene jedesmal zu begeistern und in mich zu gehen. Ebendeshalb lese ich von Zeit zu Zeit den alten Börne, er erinnert mich treu an meinen Schwur… (43)

Nach dem kurzen Intermezzo in Dresden zieht Rosa Luxemburg wieder nach Berlin. Sie wohnt nun in dem südlichen Vorort Friedenau nicht weit von der Familie Kautsky entfernt, an die sie sich enger anschließt. Sie arbeitet an ihrer großen Entgegnung oder besser an ihrer Abrechnung mit Bernstein. Ihr Verhältnis zu Leo Jogiches, der weiterhin in Zürich lebt, bleibt intensiv, aber es gibt immer wieder starke Spannungen, nicht zuletzt deswegen, weil Jogiches auf die politischen und journalistischen Erfolge Rosa Luxemburgs mit Eifersucht reagiert und merkt, daß die geliebte Frau im Begriff steht, ihre intellektuelle Selbständigkeit immer stärker zu begründen.

Wie sieht die Partei aus, in der Rosa Luxemburg kämpft?

Entstanden ist sie 1875 auf einem Kongreß in Gotha durch den Zusammenschluß zweier Gruppen der deutschen Arbeiterbewegung. Die eine Gruppe, die Anhänger Lassalles, wollte von vornherein politischen Einfluß innerhalb der bürgerlichen Gesellschaft gewinnen. Sie wollte unter Umständen in der Regierung, auf jeden Fall aber in den Parlamenten vertreten sein. Die andere Gruppe, die Eisenacher, war radikaler und marxistisch orientiert, also davon überzeugt, daß die bürgerlich-kapitalistische Gesellschaftsordnung revolutionär überwunden werden müsse.

Bei der Vereinigung beider Gruppen hatte die Partei ungefähr fünfundzwanzigtausend Mitglieder. Die Zahl wächst bis zum Jahr 1878 auf vierzigtausend an. In eben diesem Jahr besitzt die Partei unterdessen zweiundvierzig eigene Zeitungen mit zusammen einhunderttausend Abonnenten. Zur gleichen Zeit gewinnt auch die freie Gewerkschaftsbewegung zunehmend an Stärke. 1877 existieren bereits dreißig Einzelverbände mit zirka fünfzigtausend Mitgliedern.

1878 nimmt der Reichstag nach langen Debatten das „Gesetz gegen die gemeingefährlichen Bestrebungen der Sozialdemokratie" an.

Anlaß oder besser Vorwand zu diesem Gesetz ist das Attentat eines gewissen K. Nobiling in Berlin, bei dem der deutsche Kaiser verwundet wird. Es wird behauptet, Nobiling habe gestanden, sich mit „sozialistischen Ideen" beschäftigt und sozialdemokratische Versammlungen besucht zu haben. Überprüfen lassen sich diese Behauptungen nicht, da der Attentäter nach den Verhören Selbstmord begangen hat.

Im Jahr zuvor, als zwei Paragraphen des Strafgesetzes verschärft werden sollten, um gegen die Sozialdemokratie vorgehen zu können, hatte Bismarck in einer Rede im Reichstag ausgerufen: „... die sozialistisch-demokratischen Umtriebe haben wesentlich mit dazu beigetragen, den geschäftlichen Druck, unter dem wir uns befinden, zu schaffen; sie haben ganz gewiß die deutsche Arbeit verteuert und vermindert, und ihr Produkt ist, daß der deutsche Arbeitstag nicht mehr das leistet, was der französische und der englische Arbeitstag leistet; der französische Arbeiter arbeitet an einem Tag mehr als der deutsche und geschickter; wir sind zurückgekommen in der Arbeit, und dadurch haben wir aufgehört, konkurrenzfähig zu sein. Daß wir zurückgekommen sind, schieben wir wesentlich den sozialistischen Umtrieben zu, die die Leute auf unbestimmte, unrealistische Hoffnungen künftigen Glücks verweisen und sie dadurch von dem, was in dieser Welt allein sie erhält und trägt und ihnen möglichst viel Genußmittel verschaffen kann, von regelmäßiger, fleißiger Arbeit, die früher bei den Deutschen sprichwörtlich und eigentümlich war, abziehen, und deshalb klage ich die Führer der Sozialisten an, daß sie an der Not, in der sich der Arbeiterstand heutzutage befindet, wesentlich mitschuldig sind..." (Lebhafte Zustimmung.)

Nach dem neuen Gesetz können die Landespolizeibehörden sozialistische Vereinigungen und Verbindungen jeder Art, insbesondere genossenschaftliche Kassen sowie Druckschriften, Versammlungen und Sammlungen verbieten. Berufsmäßige Agitatoren können aus bestimmten Gebieten ausgewiesen werden. Gastwirten, Buchdruckern und Buchhändlern kann die Gewerbeerlaubnis entzogen werden. Bismarcks Versuch, den Sozialdemokraten auch noch das aktive und passive Wahlrecht zu nehmen, scheitert am Widerstand des Reichstages.

Am 25. Januar 1890 lehnt der Reichstag mit 169 gegen 98 Stimmen das Sozialistengesetz, das in einer verschärften Vorlage eingebracht ist, ab. Die sozialdemokratischen Parteimitglieder veranstalten nach der Ablehnung spontane Freudenfeiern. Die Bilanz der Unterdrückung aus der Zeit, während der das Gesetz in Kraft war, ergibt das Verbot von einhundertfünfundfünfzig periodischen und eintausendzweihundert nicht periodischen Drucksachen, rund neunhundert Ausweisungen, davon fünfhundert Familienväter, und eintausend Jahre Gefängnisstrafen, zu denen eintausendfünfhundert Personen verurteilt werden.

Auf dem zweiten Parteitag nach Aufhebung der Sozialistengesetze 1891 in Erfurt wird ein neues Programm der SPD verabschiedet. Der theoretische Teil stammt von Karl Kautsky. Er enthält die These vom unvermeidlichen Zusammenbruch der kapitalistischen Gesellschaft in ferner, aber voraussehbarer Zeit und von der dann folgenden Errichtung einer sozialistischen Gesellschaft. Das Wort „Revolution" ist vermieden worden, um dadurch nicht wieder das Verbot der Partei zu provozieren.

Die entscheidenden Sätze lauten: „Nur die Verwandlung des kapitalistischen Privateigentums an Produktionsmitteln (...) in gesellschaftliches Eigentum und die Umwandlung der Warenproduktion in sozialistische für und durch die Gesellschaft betriebene Produktion kann es bewirken, daß der Großbetrieb und die stets wachsende Ertragsfähigkeit der gesellschaftlichen Arbeit für die bisher ausgebeuteten Klassen aus einer Quelle des Elends und der Unterdrückung zu einer Quelle der höchsten Wohlfahrt und allseitiger, harmonischer Vervollkommnung werden. Diese gesellschaftliche Umwandlung bedeutet die Befreiung nicht bloß des Proletariats, sondern des gesamten Menschengeschlechts (...) aber sie kann nur das Werk der Arbeiterklasse sein." Hervorzuheben ist hier der aus heutiger Sicht schwer nachvollziehbaren Glauben an die Befreiung des gesamten Menschengeschlechts. Was uns als Klischee erscheint, wird von Marxisten und Sozialisten dieser Generation unbedingt als realisierbar gesehen. Sie sind durchaus auch davon überzeugt, den heraufziehenden Ersten Weltkrieg durch internationale Solidarität der Arbeiterschaft verhindern zu können. Um so größer ist schließlich die Enttäuschung, als dies nicht gelingt.

Es wäre zu fragen, ob die Qualität dieser Ideale, die Intensität, mit der sie geglaubt werden, eventuell damit zusammenhängen, daß mit dem Verfall der religiösen Überzeugungen eine Art säkularer Glaube entstanden ist.

Am praktischen Teil des Programms hat Eduard Bernstein mitgearbeitet. Darin fordert die SPD vor allem die Erweiterung der politischen Rechte, die Gleichberechtigung der Frau, Entscheidung über Krieg und Frieden durch die Volksvertretung, Erziehung zur allgemeinen Wehrhaftigkeit, Volkswehr, Weltlichkeit und Unentgeltlichkeit der Schulen, Unentgeltlichkeit der ärztlichen Hilfeleistung, Abschaffung der indirekten Steuern und eine wirksame nationale und internationale Arbeiterschutzgesetzgebung.

Geführt wird die Partei der Satzung nach von zwei Vorsitzenden. Die große Führer- und Vatergestalt der Sozialdemokratie seit 1875 ist August Bebel. Er kommt aus dem Handwerkerstand, ist in seiner Jugend Drechslergeselle gewesen und hat es später bis zu einer eigenen kleinen Fabrik mit Dampfbetrieb gebracht.

Über die Arbeiterbildungsvereine ist er mit Wilhelm Liebknecht, dem Vater von Karl Liebknecht, in Verbindung gekommen. Der alte Liebknecht ist nach dreizehnjährigem Exil (unter anderem in London) als Lehrer für die englische und französische Sprache angestellt worden. Sprachen lehrend und agitierend ist er durch die Arbeiterdörfer des Erzgebirges gezogen.

Beide Männer haben den schwierigen Zusammenschluß zwischen Lassalleanern und Eisenachern zustande gebracht. Beide haben in engem Kontakt mit Karl Marx und Friedrich

Engels gestanden. Beide sind als Sozialisten in Deutschland vor Gericht gezogen worden. Bebel hat im Winter 1870/71 eine hundertzweitägige Untersuchungshaft abgesessen.

Vielleicht am treffendsten hat Leo Trotzki den Symbolgehalt Bebels für die damalige SPD charakterisiert, wenn er schreibt: „In der Person Bebels verkörpert sich der langsame, aber beständige Aufstieg der neuen Klasse. Dieser magere Alte schien ganz aus geduldigem, aber unbeugsamem Willen geschaffen, der auf ein einziges Ziel gerichtet war. In seinem Denken, in seinen Reden, in seinen Artikeln kannte Bebel absolut nicht den Aufwand von geistigen Energien, die nicht unmittelbar einer praktischen Aufgabe dienten. (44)

Mit der Aufhebung der Sozialistengesetze, mit dem Sprung zur parlamentarischen Massenpartei beginnt sich in der SPD allmählich eine Arbeiterbürokratie herauszubilden. Das Wachstum der Partei läßt eine „Schicht von Parlamentariern, Arbeiterbürokraten und Verwaltungsfunktionären entstehen, die in den Gewerkschaftsorganisationen sitzen, in den Redaktionen der Parteipresse, als Abgeordnete in den Parlamenten. Sie leben nicht mehr für die, sondern auch von der Arbeiterbewegung"(Abendroth).

Andererseits sind die verdienten Veteranen in der Führungsspitze wie an der Basis zu fraglos akzeptierten Autoritäten geworden, die langsam versteinern und denen niemand zu widersprechen wagt. Rein äußerlich nimmt die Arbeiterbewegung zwischen 1890 und 1914 weiter einen imponierenden Aufschwung. Die freien Gewerkschaften zählen 1912 2,5 Millionen Mitglieder, die SPD hat in diesem Jahr einen Mitgliederstand von 1 086 000 erreicht und wird von 4 250 000 Menschen gewählt. Hingegen hat das politische Bewußtsein der Mitglieder und Anhänger durchaus nicht im gleichen Umfang zugenommen. Die Mitgliederschaft der SPD läßt sich kennzeichnen durch Anhänglichkeit an die Organisation mit starker Opferwilligkeit für sie, durch den Willen, die eigene wirtschaftliche Lage zu heben, und durch eine „unbedingte Abneigung gegen das herrschende preußische System" (Wolfgang Emmerich). Diese

Grundstimmung der Massen beherrscht auch die Funktionäre und den Parteivorstand. Man kritisiert das Bestehende und wartet ab.

Wie schwer es der sich als wissenschaftlich bezeichnende Sozialismus hat, mit seiner Theorie von breiten Schichten der Arbeiterschaft aufgenommen zu werden, zeigt beispielsweise die Rezeption des 1867 erschienenen ersten Bandes von Karl Marx' „Das Kapital". „Die erste Auflage in Höhe von tausend Exemplaren – der Preis von dreieinhalb Talern entsprach dem ganzen Wochenlohn eines Arbeiters! – war erst im November 1871, also vier Jahre nach Erscheinen, nahezu vergriffen; und es muß festgestellt werden, daß unter den Käufern und Lesern trotz des von Engels beschworenen großartigen theoretischen Sinns der deutschen Arbeiter relativ wenige einfache Arbeiter waren" (Emmerich). (45)

Zwar war die Arbeiterschaft durchaus bildungshungrig, und die ständige Verkürzung der Arbeitszeit (1855: vierzehn Stunden, 1865: dreizehn Stunden, 1871: zwölf Stunden, 1890: elf Stunden durchschnittlich am Tag) schuf nun auch die nötige Freizeit. Aber die Leselust beschränkte sich neben Zeitschriften wie „Neue Welt", „Gartenlaube" und „Daheim" vor allem auf populärwissenschaftliche Broschüren und gehobene Unterhaltungsliteratur.

Kurzum: Bernsteins Vorstoß kommt nicht von ungefähr, er entspricht als Theorie Zügen der Realität und bestätigt gewisse Gruppen in der Partei. Viele neigen in diesen Jahren zum Kompromiß, zum Sich-zur-Ruhe-setzen-Wollen, zur Denkmalsrolle, zum Respektabel- Werden, zum Friedenmachen mit der bürgerlichen Ordnung, zum Burgfrieden mit dem System, dem man so lange bei Etatdebatten im Parlament in stolzer Verachtung die Parole entgegengeschleudert hatte: Diesem System – keinen Groschen!

Soziale Sensibilität

Der Zürcher Buchhändler Theo Pinkus sagte einmal zu mir, als ich mich mit ihm über den Plan einer Biographie über Rosa Luxemburg unterhielt: „Du müßtest klarmachen, was Emanzipation bei ihr bedeutet. Sie war wirklich eine emanzipierte Frau, in einem viel umfassenderen Sinn, als wir diesen Begriff heute gemeinhin verstehen. Gescheit und gebildet. Allein die Vielseitigkeit ihrer Interessen. Die Leute denken doch immer (...) eine Sozialistin, die hat doch immer nur ihr Parteiprogramm im Kopf."

Emanzipation ist bei ihr Dynamit. Sie will nicht nur eine Partei emanzipieren von ihrem Hang zur Versteinerung und Verspießerung, nicht nur die Frau von ihrer Unterlegenheitsrolle befreien: Der Mensch soll sich von der Gefahr befreien, sich von seiner menschlichen Wesensart zu entfernen. So etwa würde sie den Marxschen Begriff von der „Aufhebung der Verfremdung, der Verdrehung und Verkehrung der Menschennatur" wohl übersetzt haben.

Die Vielseitigkeit dieser Frau wird bei der Betrachtung ihrer Rolle in der deutschen Sozialdemokratie nicht selten verdeckt.

Rosa Luxemburg war eine scharfsinnige Theoretikerin, eine den Alltag genau beobachtende Journalistin, eine überzeugende Rednerin, eine kampfesmutige Politikerin, befaßt mit europäischer Friedenspolitik und der Kritik nicht nur am preußischen Militarismus, ein Mensch mit geschärfter sozialer Sensibilität. Was zu beweisen wäre! Wir ändern dazu unsere Betrachtungsweise. Wir schauen nun gewissermaßen Rosa Luxemburg bei ihrer Tagesarbeit über die Schulter. Beginnen wir mit der Journalistin und greifen unter ihren zahlreichen Stellungnahmen zu Tagesereignissen etwas auf den ersten Blick eher Nebensächliches heraus:

Nur ein Menschenleben!

Leipzig, 4. Mai 1899

In der Schönhauser Allee Nr. 54 hat am 26. v. M. der Handelsmann Wilhelm Histermann im Alter von 38 Jahren seine acht und sechs Jahre alten Töchter Margarete und Erna getötet und dann sich selbst erhängt. In einem Briefe, den er auf dem Tisch gelassen, teilte er mit, daß die Not und die Arbeitsunfähigkeit infolge zunehmender Blindheit ihn zwängen, auf diese Welt zu verzichten, daß er eine bessere zu finden hoffe und die Kinder in ein besseres Jenseits mitnehme, um niemand die Last ihrer Erhaltung aufzuerlegen. – Die Leichen wurden nach dem Schauhaus abgeholt, der Brief ist aus dem Polizeigewahrsam an das Gericht übergegangen.

Berliner Lokalnotiz

Wieder fiel einer, von dem gilt, was ein polnisches Sprichwort sagt: Bis die Sonne aufsteigt, frißt uns der Tau die Augen.

In dem Augenblicke, als er mit dem Todes- und Mordgedanken rang, drang zu ihm durch das offene Fenster ein gemischter Chor menschlicher Lebensstimmen. Unten im Hofe klopfte der Bursche des Herrn Leutnants den Teppich und schäkerte dabei mit der rotwangigen Magd des Hauswirtes. Der Spengler im Nachbarhaues hämmerte eintönig wie ein Specht mit hellem metallischem Klang. Eine Drehorgel begann die Trinkarie aus der „Traviata" und unterbrach sie plötzlich bei der barschen Verweisung des Portiers. Von der Straße drang ins Zimmer das Rasseln der vorüberfahrenden Pferdebahn. Das Großstadtleben keuchte und polterte ringsumher. In der gleichen Stadt, auf derselben Straße, in demselben Haus, Wand an Wand, nur einen Schritt entfernt, wimmelten die Menschen, ging eifrig jeder seinen Tagesgeschäften nach, lief jeder seine Lebensfährte, und keine Seele kümmerte sich um dies mit dem Verbrechen, mit dem Tode ringenden Menschenleben, niemand warf einen Blick auf das Elend, auf den Untergang dreier lebender Wesen. Nur eine dünne Wand, nur einige Schritte trennten den Unglücklichen von seinen Mitmenschen, und doch lag zwischen ihm und ihnen ein unüberbrückbarer Abgrund. Es waren dieselben Menschen, sie sprachen dieselbe Sprache, waren vom gleichen Lande, und doch, wären sie vom anderen Weltteil, von anderer Rasse, wären sie vom Monde, er konnte ihnen nicht fremder, nicht gleichgültiger, unbekannter sein. Die „Gesellschaft", die Zusammenfassung der Einzelmenschen zur „höheren Einheit", das „organische Ganze" war in jenem Augenblicke eine freche Lüge, ein Phantom, sie existierte nicht, sie war nicht da, die „Gesellschaft", das verlöschende Menschenleben mit seiner schrecklichen Qual bebte ganz allein da, mit niemand verbunden, von keinem Ganzen umfaßt, an niemand gegliedert und gesellt, von allen getrennt und verlassen, auf sich selbst angewiesen, mitten im Menschengewühl wie ein Ertrinkender im fernen Ozean, wie ein im Luftraum wirbelndes Stäubchen. Von der ganzen Menschheit abgefallener Splitter, rang er in der Einsamkeit, in der geistigen und leiblichen Finsternis, und starb hilflos in seiner unumschränkten „individuellen Freiheit", fiel, „ein Freier" im Kampfe ums Dasein, brach, ein großer Herr, ein Kulturmensch, auf seinem Elendslager zusammen, wie ein von allen verstoßener Hund auf einem Kehrichthaufen verreckt.

Und erst als der schreckliche Frevel gegen die Natur, als der Kindermord und der Selbstmord geschehen war – da wurde die „Gesellschaft" zur Wahrheit, die Fiktion zur Realität. Sie schritt gravitätisch heran, die „Gesellschaft", mit Schutzmannsuniform und Säbel, sie machte ihre Rechte als das „Ganze", als die „höhere Einheit" geltend: Sie nahm die Menschenleichen in Beschlag, sie protokollierte das ausgespielte dreifache Lebensdrama und eröffnete eine Untersuchung, um über den geschehenen Frevel ihr Urteil zu fällen.

Als der antike Sklave, von seinem Herrn an das Kreuz geschlagen, in unsäglicher Qual sich krümmte, als der Leib-

eigene unter der Rute des Fronaufsehers oder unter der Last der Arbeit und des Elends zusammenbrach, da lag wenigstens das Verbrechen des Menschen am Menschen, der Gesellschaft am einzelnen offen, entblößt, schrecklich in seiner Nacktheit, himmelschreiend in seiner Brutalität. Der gekreuzigte Sklave, der gemarterte Leibeigene starb mit einem Fluche auf den Lippen, und sein verlöschender Blick traf haßerfüllt und Rache verkündend seine Peiniger.

Erst die bürgerliche Gesellschaft breitete über ihre Verbrechen den Schleier der Unsichtbarkeit. Erst sie sprengte alle Bande zwischen den Menschen und überließ den einzelnen seinem Schicksal, seinem Elend und seinem Verderben, um sich seiner erst nach seiner Entmenschung – geistigen oder leiblichen, durch Mord oder Selbstmord – zu erinnern. Erst sie zwang den Menschen, sich selbst zu entleiben und seine Kinder zu morden – im hellen Sonnenlicht, mitten auf lärmender Marktgasse, mitten im eintönigen stumpfsinnigen Gepolter und Gerassel der Alltäglichkeit, die nicht eine Sekunde bei dem Gefallenen hält, die nicht eines Blickes seine Leiche würdigt. Erst die bürgerliche Gesellschaft hat ihrem Massenmord den Schauder genommen, weil sie ihn alltäglich gemacht, bei den Opfern wie bei den Peinigern die Sinne abgestumpft hat, das Drama des menschlichen Daseins durch menschliche Trivialität, den Schrei eines Untergehenden durch die Arie der Drehorgel, die Leiche eines Gefallenen durch den Staub der Großstadt deckend.

Und wir selbst, überfliegen wir nicht mit gelangweiltem Blick jeden Tag die „vermischten Nachrichten" auf vorletzter Seite unserer Tageszeitung, diesen großen Müllkasten, in dem der Abfall der bürgerlichen Gesellschaft – Diebstahl, Mord, Selbstmord, Unfall – tagtäglich abgeladen wird? Gehen wir nicht in stumpfsinniger Ruhe an die Arbeit und von der Arbeit ins Bett? Und glauben wir nicht im stillen, weil uns der Friseur mit näselnder Stimme behaglich von einem Einbruch im gegenüberliegenden Haus erzählt, weil die Züge der elektrischen Bahn mit mechanischer Regelmäßig-

keit durch die Straße rasseln, weil die Bäume in den Anlagen knospen und blühen, wie wenn alles in schöner Ordnung wäre, weil jeden Abend in der Oper die Vorstellung ruhig in Szene geht, glauben wir denn nicht selbst im stillen, daß die Geschichte noch eine Weile in diesem Trab weitergehen könne, daß nichts Besonderes geschehen und daß wir allenfalls unseren Schoppen in Seelenruhe noch trinken können?

Und doch fällt in jedem Augenblick irgendwo neben uns ein Opfer, unverschuldet, hilflos, verlassen, mit einem furchtbaren Rätsel im Herzen, mit einer schrecklichen Frage auf den Lippen, mit einem erstaunten, hoffnungslosen Blick auf dies millionenköpfige und doch kopflose, mit Millionen Herzen schlagende und doch herzlose, Millionen Menschen umfassende und doch unmenschliche, taube, blinde Ungeheuer – die bürgerliche Gesellschaft! ... (46)

Die Kosten eines Sieges

Rosa Luxemburg als unermüdliche und kluge Kämpferin für den Erhalt des Friedens!

In einem Artikel, der im Dezember 1898 in der „Leipziger Volkszeitung" (47) erscheint, macht sie in einer Zeit wachsender Begeisterung über die militärische Macht des Deutschen Reiches und hochfliegender imperialistischer Träume des Kaisers und weiter Kreise des Bürgertums ihren Lesern die Rechnung auf, wie teuer das Siegen kommen kann. Die Parallelität der Entwicklung in den USA zu der im Deutschen Reich drängt sich dem Leser gerade dadurch auf, daß mit keinem Wort direkt auf sie hingewiesen wird:

Die Friedensverhandlungen (48) *zwischen Spanien und den Vereinigten Staaten haben den Sieg der Union besiegelt. Die nordamerikanische Union erwirbt eine Gebietsfläche von 400 000 Quadratkilometern mit einer Einwohnerzahl von ungefähr 12 Millionen, wovon 7 der gelben und 1 Million der schwarzen Rasse angehören.*

Es ist interessant, sich die Frage zu stellen, wieviel dieser Sieg die Vereinigten Staaten wohl gekostet haben mag. Menschenopfer zählen wir dabei nicht, der Sieg soll zunächst in dem obersten heutigen Wertmesser aller Dinge – in Geld eingeschätzt werden.

Gleich nach der Explosion der „Maine" (49) *war man sich in der Union über die Unvermeidbarkeit des Krieges klar und nahm rasch die Kriegsvorbereitungen in Angriff. Auf den ersten Schlag bewilligte der Kongreß am 9. März für Zwecke der „Nationalverteidigung" einen Kredit von 50 Millionen Dollar* (50), *die auch in wenigen Wochen verausgabt wurden. Es wurde eine neue Hilfsflotte von 101 Fahrzeugen für 18 Millionen Dollar erworben. Einzelne Kreuzer, wie der „Havard" und der „Yale", kosteten während des Krieges 2000 Dollar täglich, der „Heilige Ludwig" und der „Heilige Paul" je 2500 Dollar täglich. Gleichfalls teuer kamen die Marinekanonen zu stehen. Jeder Schuß einer Kanone von 13 Zoll belief sich auf 560, einer Kanone von 8 Zoll auf 134 Dollar.*

Die gänzliche Erneuerung der Flottenmunition verursachte Ausgaben im Betrage von über 6 ½ Millionen Dollar. Die Vernichtung der spanischen Flotte durch den Admiral Dewey bei Manila hat die Amerikaner eine halbe Million, die Cerverasche Flotte ungefähr ebensoviel gekostet, während die Verluste der Spanier an Fahrzeugen bei Santiago auf 16,5 Mill. Dollar berechnet werden.

Dabei wurden gleich am Anfang 125 000 Mann unter die Fahne gerufen, das Militärbudget hatte sich somit verfünffacht.

Im ganzen betrugen die Ausgaben der Union für Heer und Flotte während der Dauer des Krieges 1 250 000 Dollar täglich, während sie in den Friedenszeiten (1890–1897) nur 250 000 Dollar pro Tag betrugen.

Der von dem Kongreß im März bewilligte Kredit von 50 Millionen war natürlich sehr bald verschlungen, und neue Kreditbewilligungen folgten eine auf die andere, so daß sie im ganzen die Summe von 361 788 095 Dollar erreichten.

Im Bewilligen war der patriotische Kongreß, in dem die heimliche Stimme des Zuckertrusts mächtig mitwirkte, frisch und munter. Nun mußten aber die Kredite auch mit bar gedeckt werden. Und wer sollte da herhalten, wenn nicht die große Masse des Volkes der Vereinigten Staaten!

Der patriotische Pump zu Zwecken des Krieges wurde denn auch auf zweifache Weise organisiert. Erstens durch das erprobte Mittel aller kapitalistischen Regierungen, die indirekten Steuern. Gleich nach der Kriegserklärung wurde die Biersteuer verdoppelt – zum Gesamtbetrage von 30 Mill. Dollar. Die zuschüssige Tabaksteuer sollte weitere 6 Mill., die neue Teesteuer 10 Mill., die vergrößerte Stempelsteuer 92 Mill. einbringen. Im ganzen wurden die indirekten Abgaben um 150 Mill. Dollar erhöht. Es waren aber noch ungefähr 200 Millionen zu decken, und hierfür griff die Regierung der Vereinigten Staaten zu einer inneren 3prozentigen Anleihe auf 20 Jahre. Auch diese Anleihe sollte von dem „kleinen Manne" gepumpt werden, und man leitete die Operation deshalb mit einem ungewöhnlichen Aufwande von patriotischer Reklame, von Zimbeln- und Paukenschlägen ein. Die Rundschreiben der „patriotischen Anleihe" wurden an alle Banken, alle Postbüros, an 24 000 Zeitungen versandt. Das „kleine" Wild ließ sich auch einfangen. Mehr als die Hälfte der gesamten Anleihe – 101 Millionen Dollar – wurde durch Zeichnungen von weniger als 500 Dollar gedeckt, und die Gesamtzahl der Zeichner erreichte die unerhörte Ziffer von 320 000, während z. B. die vorhergehende Anleihe unter Cleveland nur von 5700 Teilnehmern gezeichnet war. Die „kleinen Ersparnisse" flossen eben diesmal, gelockt durch den patriotischen Lärm, aus den verborgensten Winkeln und Strümpfen in die Tresors des Kriegs- und Marineministeriums. So sind es denn eigentlich direkt die arbeitenden Klassen und das Kleinbürgertum, die die Zeche aus eigener Tasche bezahlt haben.

Aber die Kosten eines Krieges bloß an dem für das Kriegführen verausgabten Gelde messen, hieße die Elle eines Kleinkrämers an große geschichtliche Ereignisse anlegen.

Die eigentliche Rechnung für den Sieg über Spanien wird die Union erst zu begleichen haben, und sie wird jene erste um ein gewaltiges übertreffen.

Mit der Erwerbung der Philippinen hörten die Vereinigten Staaten auf, eine bloß amerikanische Macht zu sein, sie sind zur Weltmacht geworden. Die Defensivlosung der Monroe-Doktrin (51) *macht Platz einer offensiven Weltpolitik, einer Politik der Annexion in fremden Weltteilen. Dies bedeutet aber eine gründliche Umwälzung der ganzen auswärtigen Politik der Union. Während sie bis jetzt bloß ihre amerikanischen Interessen zu verteidigen hatte, hat sie nun Interessen in Asien, in China, in Australien, wird in politische Konflikte mit England, Rußland, Deutschland gestürzt, in alle wichtigen Weltangelegenheiten mit verwickelt, den Gefahren weiterer Kriege ausgesetzt. Die Ära der ruhigen inneren Entwicklung ist nun dahin, ein neues Blatt, auf das die Geschichte die unerwartetsten und bizarrsten Dinge schreiben kann, wird eröffnet.*

Um die Herrschaft über die neu erworbenen Länder aber zu behaupten, muß die nordamerikanische Union schon jetzt eine gründliche Reorganisation ihrer inneren materiellen Verfassung vornehmen. Bis jetzt besaß sie eine sehr kleine Armee (30 000 Mann: 12 000 Infanterie, 6000 Kavallerie, 4000 Artillerie, 8000 Beamte und 60 Batterien) und eine untergeordnete Flotte (81 Fahrzeuge mit 230 000 Tonnen Gehalt, 18 Admiralen, 703 Offizieren, 12 000 Matrosen, 750 Schiffsjungen).

Nun muß eine gewaltige Vergrößerung der Armee zu Lande und zu Wasser vorgenommen werden. In Kuba und Puerto Rico wird die Union mindestens 40 000–50 000 Mann Schutztruppen und mindestens ebensoviel in den Philippinen halten müssen. Kurz, die ständige Armee wird sicher auf 150 000, wenn nicht auf volle 200 000 Mann erhöht werden müssen. Ein solches Heer wird aber bei dem bisherigen System der Vereinigten Staaten niemals aufzubringen sein, sie werden deshalb zweifellos in kürzester Zeit zu allgemeiner Wehrpflicht und stehendem Heer nach europäi-

schem Muster übergehen, und damit feiert in der Union der regelrechte Militarismus seinen Einzug. (...)

Rosa als Rednerin

In zunehmendem Maße wird Rosa Luxemburg im ersten Jahrzehnt des 20. Jahrhunderts als Rednerin bekannt, und zwar nicht nur in Oberschlesien, auf Parteitagen der SPD und auf Kongressen der Sozialistischen Internationale, sondern auch auf Wahlversammlungen überall im Deutschen Reich. Zugleich aber wird sie damit dem Bürgertum und der herrschenden Gesellschaftsordnung immer unbequemer.

Welche Eigenschaften diese winzige Person zu einer hinreißenden Rednerin machten, hat Paul Frölich in einem Abschnitt seines Buches über Rosa Luxemburg eindrucksvoll dargestellt. Er schreibt:

„Der Verzicht auf alles äußerliche Blendwerk zeigt sich am deutlichsten dort, wo die Versuchung dazu am stärksten ist: in der öffentlichen Rede. Rosa Luxemburg war eine hinreißende Rednerin. Doch nie machten rhetorische Mittel ihr Glück. Sparsam in großen Worten und Gesten, wirkte sie allein durch den Inhalt ihrer Reden, und nur die silberhelle, volltönende, melodische Stimme, die ohne Anstrengung einen großen Saal füllte, kam ihr zu Hilfe. Sie sprach stets frei. Am liebsten ging sie beim Reden lässig auf der Tribüne auf und ab, weil sie sich so dem Hörer näher fühlte. Nach wenigen Sätzen hatte sie mit den Menschen Kontakt und nahm sie ganz in ihren Bann. Und sichtlich wirkte die Inspiration auf sie ein, der alle großen Redner den letzten Schliff der Gedanken und die Gewalt der Sprache danken. Nicht durch Stimmungsmomente suchte sie zu gewinnen; selten appellierte sie an das Gefühl. Ihr Ziel war, die Hörer zur Erkenntnis zu führen und durch Erkenntnis zum Handeln. Sie fesselte durch die unentrinnbare Logik der Darstellung, durch die Gabe, das Wesen der Dinge mit den einfachsten Mitteln klarzumachen, so daß auch nicht ein Satz unverstanden über die Köpfe der Zuhörer hinwegrauschte. Ein packendes Bild, ein treffender Vergleich genügten oft, den Menschen im Saal eine Erscheinung zu durchleuchten, die ihnen bisher dunkel geblieben war, oder einen schon zur Formel erstarrten Gedanken plötzlich mit neuem Leben zu erfüllen. Was der Hörer bisher dumpf gefühlt, wurde ihm zur Gewißheit. Neue Zusammenhänge wurden klar, weite Perspektiven taten sich auf. Man fühlte sich aus der Enge des Tages in eine höhere Region der Ideen gehoben. Und das war das Eigenartige: Die Rednerin verschwand fast vollständig hinter der Rede; man war so sehr von den Gedanken gefangen, daß man nur die helle Stimme vernahm und erst durch eine besonders zündende Bemerkung aus dem Zauber herausgerissen wurde. Dabei war es doch der Mensch, der hinter der Rede stand, die geschlossene Persönlichkeit mit ihrer gesteigerten Kraft und ihrer Einheit von Fühlen, Wollen und Denken, die Klarheit, Kühnheit und Schlagfertigkeit der Ideen und das verhaltene Temperament, die die Menge fesselten." (52)

Eine Freundin

Wahrscheinlich auf dem Stuttgarter Parteitag hat Rosa eine Frau um die Vierzig kennengelernt, mit der sie bis an ihr Lebensende befreundet bleiben wird. Ihr Name ist Clara Zetkin.

Und dies ist ihr Lebenslauf: Clara Eißner, geboren am 5. Juli 1857 in Wiederau im Vorland des Erzgebirges als ältestes von drei Kindern aus der zweiten Ehe des Dorfschullehrers Gottfried Eißner. Zusammen mit ihren Geschwistern Arthur und Gertrud besucht sie zunächst die Dorfschule. Später bereitet sie der Vater gemeinsam mit einigen begabten Jungen aus dem Dorf auf den Besuch des Gymnasiums vor. 1872 siedeln die Eltern nach Leipzig über. Die Mutter, die mit dem Allgemeinen Deutschen Frauenverein Kontakt hat, verschafft der Tochter eine Freistelle an dem von Auguste Schmidt geleiteten Lehrerinnenseminar. 1875 stirbt der Vater. Im Frühjahr 1878 legt Clara ihr Lehrerinnenexamen mit Auszeichnung ab. Auf dem Seminar hat ihr ein Freund ihres Bruders sozialdemokratische Zeitungen zugesteckt. Aus Angelesenem und Gehörtem baut sie sich eine Weltanschauung von Anarchismus und Revoluzzertum zusammen. Ihre Seminardirektorin verbindet die Glückwünsche über das so glänzend bestandene Examen mit der Mahnung, wieder auf den Pfad bürgerlicher Tugend zurückzukehren. Clara macht die Bekanntschaft von Ossip Zetkin, einem jungen Russen aus der Ukraine, der ursprünglich der Volkstümlerbewegung angehört hat und vor der zaristischen Polizei nach Deutschland geflohen ist. Ossip Zetkin hört halbtags Vorlesungen an der Leipziger Universität und arbeitet daneben bei einem Tischlermeister. Unter dem Einfluß seines Meisters wird aus dem Volkstümler ein Marxist, der in der Arbeiterbewegung der Stadt tätig wird und an der Universität einen sozialistischen Zirkel gründet, dem Deutsche, Russen, Serben und Polen angehören.

Nach Inkrafttreten der Sozialistengesetze setzt im ganzen Deutschen Reich eine Verfolgungswelle gegen Sozialdemokraten ein. Nach Zusammenkünften der Partei werden in der Wohnung die Fensterscheiben eingeworfen. Wirte weisen einem Gast, an dem sie jahrelang gut verdient haben, die Tür, weil er „ein Roter" ist. Wegen Ossip hat Clara eine Auseinandersetzung mit Auguste Schmidt, die ihr erklärt, entweder sie trenne sich von diesem schrecklichen Menschen oder das Band zwischen Lehrerin und Schülerin sei zerschnitten.

Auch die Einstellung der Mutter zu Ossip ändert sich völlig. Zuerst ist er freundlich in Claras Familie aufgenommen worden. Jetzt muß sich Clara wegen ihres „roten Freundes" heftige Vorwürfe anhören.

Am 1. Mai 1878 tritt Clara eine Stellung als Hauslehrerin in der Familie eines Fabrikanten in Wermsdorf bei Leipzig an. Bald sagte sie ihrem Dienstherrn ins Gesicht, daß er seine Frau wie eine Sklavin halte, und droht ihm, für ihn werde sie am Tag der Revolution, falls ihn das Proletariat an einer Straßenlaterne aufhängen wolle, keinen Finger krumm machen. Sie verliert ihre Stellung.

In Leipzig hat Clara eine russische Freundin, Warwara, die sie im Winter zu einer Reise nach Petersburg einlädt. Im Spätsommer 1880 wird Ossip zusammen mit anderen Genossen verhaftet. Sie haben an einer Funktionärssitzung teilgenommen, auf der August Bebel über Beschlüsse des ersten illegalen Parteitags der SPD berichtet. Ossip als Ausländer wird aus dem Stadtgebiet ausgewiesen. Bei Widersetzung droht ihm Auslieferung an die russische Polizei.

Man verständigt Clara. Zusammen mit anderen Genossen begleitet sie ihn bis zur Stadtgrenze. Ossip geht nach Paris. Clara will ihm folgen. Aber zunächst muß sie versuchen, sich das Reisegeld zu verdienen. Sie nimmt eine Hauslehrerinnenstelle in Traunstein in Niederösterreich an. Im Spätsommer 1882 geht sie nach Zürich und besucht auf der „ausländischen Verkehrsstelle der deutschen Sozialdemokratie" Kurse in Marxismus, die niemand anderes als Eduard Bernstein abhält. Eine Zeitlang arbeitet sie bei der sogenannten „roten Feldpost", die aus einer Hinterstube der Volksbuchhandlung in Zürich-Hottingen politische Literatur nach Deutschland schmuggelt.

Häufig werden Kuriere von der Grenzpolizei verhaftet. Trotzdem gelingt es fast immer, die regelmäßigen Lieferungen des „Sozialdemokraten" ins Deutsche Reich aufrechtzuerhalten.

Im November 1882 fährt Clara endlich nach Paris. Sie bezieht mit Ossip ein armseliges Zimmer auf dem Montmartre. Sie bringen sich mit Übersetzungen und Sprachstunden schlecht und recht durch. Heiraten können sie nicht, weil die dazu nötigen Papiere aus Rußland nicht zu beschaffen sind. Außerdem würde Clara bei einer Eheschließung mit einem Russen die deutsche Staatsangehörigkeit verlieren. Also leben sie ohne Trauschein zusammen, und Clara nimmt Ossips Namen an.

Zwei Kinder werden geboren. Maxim kommt Ende 1883 zur Welt, zwei Jahre später Konstantin. Clara geht jetzt manchmal als Wäscherin arbeiten. Um die Kinder kümmert sich eine alte Kommunardin, Madame Robin.

Maxim Zetkin wird sich noch viel später an ihre Berichte über die Tage der Pariser Kommune erinnern. (53)

Zwei Monate nach der Geburt des zweiten Kindes erscheint frühmorgens die Polizei und weist die Familie Zetkin, die die Miete schuldig ist, aus der Wohnung. Die Kinder dürfen angekleidet werden. Jedes Stück Wäsche, das sie nicht auf dem Leib tragen, wird gepfändet. Clara wartet mit den Kindern auf einer Parkbank, bis Ossip sich bei einem Freund Geld geliehen und ein möbliertes Zimmer gemietet hat.

Als politisches Lernfeld ist Paris sehr anregend. Mit Laura Lafargue, einer Tochter von Karl Marx, die hier eine marxistische Wochenzeitschrift redigiert, geht Clara in die Arbeiterviertel von Paris. Sie studiert systematisch die Grundschriften des Marxismus: das „Kapital", den „Anti-Dühring" von Friedrich Engels. Sie beschäftigt sich mit der Geschichte der französischen Arbeiterbewegung. Nur eines erscheint ihr völlig unmöglich: auf einer Versammlung zu reden. Vergeblich versucht ihr Ossip zu helfen, diese Scheu zu überwinden. Als Clara nach einer längeren Krankheit 1886 in Leipzig bei der Mutter auf Erholung ist, versucht sie auf einer heimlichen Zusammenkunft in einem Schrebergarten den Genossen die Situation der französischen Arbeiter zu erklären. Als sie das improvisierte Referat einige Tage später auf einer Versammlung wiederholen will, weiß sie prompt nicht mehr weiter. Aber die Genossen ermuntern sie. Sie findet den Faden wieder und bringt ihren Vortrag zu Ende.

Ossip Zetkin erkrankt an Rückenmarkschwindsucht. Mitte des Jahres 1888 nehmen seine Kräfte immer mehr ab. Die Situation der kleinen Familie ist verzweifelt. Um zu Geld zu kommen, schreibt Clara eine Artikelserie über die Führer der französischen Arbeiterbewegung. Sie erscheint unter Ossips Namen, da man sie von einer Frau nicht akzeptieren würde. Ende Januar 1889 stirbt Ossip. Zwei Jahre hat er mit gelähmtem Unterkörper krank gelegen. 1889 ist auch das Jahr, in dem in Paris die II. Internationale gegründet wird. Die Prominenz des europäischen Sozialismus ist in der Stadt versammelt. Der Kongreß dauert sieben Tage. Am sechsten Tag spricht die Bürgerin Zetkin über die Lage der Arbeiterinnen im Kapitalismus.

Noch in diesem Jahre geht Clara von Paris mit den beiden Jungen nach Zürich. Die Einnahmen aus journalistischer Arbeit sind spärlich. Um die Kinder satt zu bekommen, spart sie selbst am Essen. Sie erkrankt an Tuberkulose. Durch Vermittlung von August Bebel, den sie bei der Gründung der II. Internationale kennengelernt hat, kommt sie in ein Sanatorium nach Nordrach im Schwarzwald. Die Kinder darf sie bei sich behalten. Als sie sich einigermaßen erholt hat, versucht Bebel ihr eine Anstellung zu verschaffen. Die Vorurteile gegen Frauen in der SPD sind noch groß. Alles, was er schließlich bieten kann, ist eine Tätigkeit als Annoncenwerberin.

Clara zieht nach Stuttgart. Dort erscheint die „Neue Zeit", dort hat der SPD-Verlag von J. H.W. Dietz seinen Sitz, dort ist es, im Gegensatz zu Preußen, Frauen schon erlaubt, an politischen Versammlungen teilzunehmen. Für Dietz übersetzt sie Edward Bellamys utopischen Roman „Rückblick aus dem Jahr 2000". Die beiden Jungen, die ein Kauderwelsch von Deutsch, Französisch, Russisch und Englisch sprechen, haben es schwer in der Schule. Sie werden häufig gehänselt. Frankreich ist zu dieser Zeit für die meisten Deutschen der Erbfeind, und sie kommen aus Frankreich. Die Behörden bestreiten Clara auf Grund ihres Zusammenlebens mit Ossip die deutsche Staatsbürgerschaft. Bei der Stuttgarter Sozialdemokratie herrscht schwäbische Behäbigkeit. Als Clara kritisiert, daß ein Genosse kurz nach Aufhebung der Sozialistengesetze an einer Bismarckehrung teilgenommen hat, erhält sie auf der Mitgliederversammlung zur Antwort, daß sie als Frau „solch schwerwiegende Parteiangelegenheiten" nicht beurteilen könne. Ende des Jahres 1891 kommt für Clara die große Chance. Der Verleger J. H. W. Dietz trägt ihr die Redaktionsleitung eines neuen Blattes an. Es heißt „Die Gleichheit. Zeitschrift für Interessen der

Arbeiterinnen". Clara redigiert es über fünfundzwanzig Jahre hin, bis sie während des Ersten Weltkrieges nach ihrem Übertritt in die USPD von der SPD-Leitung aus der Redaktion verdrängt wird.

Der Einblick in die Situation der berufstätigen Frauen, der Haß, der ihr bei ihrem Engagement für die sozialen Rechte der Arbeiterinnen entgegenschlägt, wohl auch die Vorurteile gegen Frauen, die mitreden und mitdenken wollen, radikalisieren Clara Zetkin immer mehr.

Auf dem Parteitag der SPD in Gotha im Herbst 1896 wird sie in die Kontrollkommission der Partei gewählt. 1897, sie ist jetzt vierzig Jahre alt, hat aber noch kein einziges graues Haar und wirkt viel jünger, fungiert sie als Dolmetscherin auf dem in der Londoner Queen's Hall tagenden internationalen Arbeiter- und Gewerkschaftskongreß. Selbst ein spöttischer Bürger, Alfred Kerr, ein berühmter Theaterkritiker, zeigt sich von ihr beeindruckt. „Clara Zetkin, wohnhaft in Stuttgart. Das ist die Heldin des Kongresses (...) sie verdolmetscht die französischen Kongreßreden in die schwäbische Sprache. Ich meine: ins Deutsche. Aber mit so viel Temperament. Mit so viel Raschheit und Entschiedenheit, daß alles die Bedeutung selbständiger rhetorischer Leistung gewinnt."

Auf dem Parteitag 1899 in Stuttgart gehört sie zu jenen Radikalen, die darauf pochen, daß das Revisionismus-Problem nicht ganz unter den Teppich gekehrt wird. Das bringt sie mit Rosa in Berührung. Aus der Bundesgenossenschaft wird bald eine Freundschaft. (54)

Frauenarbeit

„Wie in England, Amerika, Frankreich und anderen Ländern waren durch die kapitalistische Wirtschaftsweise auch in Deutschland die Frauen der arbeitenden Klassen in Massen in das Erwerbsleben einbezogen worden. Schon 1832 hatte die Zahl der erwerbstätigen Frauen rund 5 500 000 betragen, bei der Berufszählung von 1895 war sie bereits auf 6 578 350 angeschwollen. Von diesen Frauen waren 1 521 118 in der Industrie, 2 753 154 in der Landwirtschaft, 579 608 in Handel und Verkehr, 233 865 in Lohnarbeit wechselnder Art und 176 648 in öffentlichen Diensten und freien Berufen tätig. Weit über eine Million als ‚Dienstboten', wie man damals die Hausangestellten nannte. Hatten die Arbeiter allen Grund, die kapitalistische Ordnung zu hassen, so mußten die Arbeiterinnen sie geradezu verfluchen: Arbeitstage von 11, 12, 13, ja 16 und 18 Stunden, neben denen die verheiratete Frau die Familie versorgen mußte; Löhne, die nicht mehr als zwei Drittel, ja oft nur die Hälfte der Männerlöhne ausmachten; kaum ein Schutz für Mutter und Kind.

Da waren die Arbeiterinnen der Konfektionsindustrie. Sie lebten in einer Hölle. Ihr Elend war bis weit in bürgerliche Kreise hinein sprichwörtlich. Die Konfektionsindustrie beruhte in erster Linie auf der Heimarbeit oder auf dem ‚Schwitzsystem', das heißt auf der Arbeit für Zwischenmeister, die ihrerseits die Waren an große Unternehmen ablieferten. Sie ließen die Arbeiterinnen in kleinen dunklen Werkstätten arbeiten, eng gedrängt, in einer Luft, die verpestet war von den Ausdünstungen der vielen Menschen und dem Geruch des Maschinenöls. Das Licht war trübe, verdarb den Arbeitenden frühzeitig die Augen. Während der Saison dauerte der Arbeitstag der Frauen und Mädchen 14, 16, ja 17 Stunden und länger, und oft gab ihnen der Meister noch Arbeit mit nach Hause. Auch an Sonn- und Feiertagen wurde gearbeitet. Die Leiden dieser Arbeiterinnen dauerten an, bis Schwindsucht oder Erschöpfung ihr Leben beendete.

Fast ebenso schlimm war es für diejenigen, die zu Hause arbeiteten. Oft waren das verheiratete Frauen und Mütter von Kindern. Sie hatten die Illusion, daß die Heimarbeit besser mit ihren Hausfrauenpflichten zu vereinen sei als die Fabrikarbeit. Auch sie arbeiteten vom Morgendämmern bis in die Nacht, und dabei mußten alle im Haushalt mitarbeiten, die halberblindete Mutter der Konfektionärin, ihr Kind, dem bei der Arbeit vor und nach der Schule fast die Augen zufielen. Das Einkommen war kläglich. Das Statistische Jahrbuch der Stadt Berlin für 1897 nennt als Jahresverdienst für Wäschenäherinnen 486 Mark, für Schneiderinnen 457 Mark und für Knopfnäherinnen 554 Mark.

Die Konfektionsnäherinnen gehörten zu jener Arbeiterkategorie, die der Arbeiterschutzgesetzgebung nicht unterstanden, also unbeschränkt ausgebeutet werden konnten. Das gleiche galt für die in Kleinstbetrieben beschäftigten, die Wäscherinnen und andre, auch für die Landarbeiterinnen und die ‚Dienstboten'.

Die Landarbeiterin arbeitete, in Hitze und Regen, 14 Stunden auf dem Felde, nur von einer halbstündigen Frühstückspause und einer halbstündigen Mittagspause unterbrochen. Sie verdiente durchschnittlich 1 bis 1,20 Mark pro Tag. Die Gesindeordnung gestattet ihrer ‚Herrschaft' sie zu schlagen. Lief sie aus Verzweiflung aus einem Dienstverhältnis fort, so konnte sie durch die Polizei zurückgeholt werden. (...)

Der Arbeitstag der Dienstmädchen war nahezu unbegrenzt, durchschnittlich 16 Stunden.Ihr Verdienst überstieg selten 150 bis 180 Mark im Jahr, das heißt 12,50 bis 15 Mark pro Monat oder 2 ½ bis 3 Pfennig die Stunde. Als Schlafstätte wurde ihnen, wenigstens in den Großstädten, zumeist der Hängeboden in der Küche zugewiesen. Die Kost war gewöhnlich äußerst knapp. Das Mittagessen bestand häufig aus den Resten vom Tisch der Herrschaft. Mit Fug und Recht bezeichnet die Zeitschrift ‚Die Gleichheit' diese Mädchen als Sklavinnen.

Die Fabrikarbeiterinnen unterstanden der (allerdings völlig unzureichenden) Arbeiterschutzgesetzgebung. Sie arbeiteten ‚nur' 11 Stunden, verbrachten also, die Pausen eingerechnet, 12 Stunden in der Fabrik und waren somit nur wenig besser gestellt als die Heimarbeiterinnen.

Über das Elend der Textilarbeiterinnen der Firma Mez und Söhne hieß es in einer Einsendung aus Freiburg im Breisgau: (...) die Arbeitszeit ist eine elfstündige, von 6 ½ Uhr morgens bis 6 ½ Uhr abends (...) Für die Arbeit unter solchen Umständen gibt es einen Tageslohn von sage und schreibe 70 Pfennigen, der allmählich auf 1,30 Mark steigt.' " (55)

Auch eine Revolutionärin hat manchmal bürgerliche Träume

Zu ihrem Geburtstag im Jahre 1899 erhält Rosa von den Schoenlanks eine Goetheausgabe in vierzehn Bänden, Luxuseinband. Leo schickt ihr das „Handwörterbuch der Staatswissenschaften". Rosa spricht in einem Brief an Jogiches davon, daß sie zusammen schon eine ganz schöne Bibliothek besitzen.

Zu Leos Buchgeschenk heißt es: *Wie ich mich über Deine Wahl freue, kannst Du Dir wahrscheinlich kaum vorstellen, Rodbertus ist doch mein liebster ökonomischer Schriftsteller, den ich einfach zum geistigen Vergnügen hundertmal hintereinander lesen kann. Nun, aber das Handwörtbuch, das übertrtifft schon meine kühnsten Wünsche! Ich habe den Eindruck, als hätte ich nicht ein Buch, sondern irgendein Besitztum erhalten, etwas wie ein Haus etwa oder eine Bodenparzelle.* (56)

Wenn Leo und sie sich endlich einmal gemeinsam einrichten, wie sie hofft, werden sie sich einen verglasten Bücherschrank kaufen müssen. In dem Dankeschönbrief für das Geburtstagsgeschenk an Leo steigen aber auch noch ganz andere Träume auf:

Am meisten erfreute mich dieser Absatz in Deinem Brief, in dem Du schreibst, daß wir beide noch jung sind und daß wir es noch schaffen werden, auch unser persönliches Leben einzurichten. Ach, Dziodziu, goldener, wenn Du doch dieses Versprechen halten würdest! (...) Eine eigene kleine Wohnung, ein paar eigene Möbel, eine eigene Bibliothek; ruhige und regelmäßige Arbeit, gemeinsame Spaziergänge, ab und zu die Oper, ein kleiner, ein sehr kleiner Kreis von Bekannten, die man gelegentlich zum Abendbrot einlädt, jedes Jahr im Sommer eine Reise für einen Monat aufs Land, das aber ganz ohne Arbeit! ... (Und vielleicht auch noch so ein kleines, ganz kleines Baby? Wird es niemals erlaubt sein? Niemals? Dziodziu, weißt Du, was mich gestern während des Spaziergangs im Tiergarten plötzlich überfal-

len hat? Aber ohne jede Übertreibung! Plötzlich wirbelte irgendein kleines Kind von drei bis vier Jahren in einem entzückenden Kleidchen, mit feinem blondem Haar vor meine Beine und begann mich anzugaffen. Schlagartig stieß mich etwas geradezu, dieses kleine Kind zu ergreifen und mit ihm schnell nach Hause zu fliehen und als eigenes zu behalten. Ach, Dziodziu, werde ich niemals ein Kind haben?!)

Aber bei uns zu Hause werden wir uns schon niemals mehr streiten, nicht wahr? Bei uns muß es ruhig und friedlich sein wie bei allen Leuten. Nur, weißt Du, was mich kränkt, ich fühle mich irgendwie schon alt, und bin schon häßlich, Du wirst keine schöne Frau haben, wenn Du mit ihr untergehakt durch den Tiergarten spazierengehst – Von den Deutschen werden wir uns ganz fernhalten. (57)

„Sozialreform oder Revolution?"

Auf dem Parteitag der SPD in Hannover im Oktober 1899 kommt es abermals zu heftigen Auseinandersetzungen zwischen den „Radikalen" und den „Revisionisten". Es wird schließlich eine Resolution angenommen, in der festgestellt wird, die Partei bekenne sich zum Prinzip des Klassenkampfes und weise jeden Versuch, ihre Stellung gegenüber der bestehenden Staats- und Gesellschaftsordnung und den bürgerlichen Parteien zu verschleiern oder zu verrücken, entschieden zurück. Bernstein kann an dem Parteitag nicht teilnehmen, da gegen ihn noch immer ein Haftbefehl wegen seiner Redaktionstätigkeit in der Zeit der sogenannten „Sozialistengesetze" vorliegt.

Für Rosa Luxemburg wird die lebhafte Diskussion zum Anlaß für ihre erste größere theoretische Arbeit, die 1900 gewissermaßen als Antwort an Bernstein erscheint. Die historische Bedeutung der Auseinandersetzung mit Bernstein sieht Rosa Luxemburg darin, daß er der *„theoretische Dolmetsch einer ganzen Richtung innerhalb der Partei"* ist. Sie bekämpft in seinen Ansichten die Tendenz der Preisgabe der marxistischen Grundlagen und der Annäherung und Anpassung an die Mechanismen der bürgerlichen Gesellschaft. Parlamentarismus und die Erfolge im Gewerkschaftswesen beschwören in ihren Augen die Gefahr einer Rechtsdrift heraus. Um weitere Wählerstimmen zu gewinnen, sind nicht wenige führende Sozialdemokraten beriet, ideologische Konzessionen zu machen. Die politische Führerschaft der Gewerkschaft fürchtet mehr und mehr jeden Kampf, in dem es um anders als um höhere Löhne und eine leichte Verbesserung der Arbeitsbedingungen geht. Sehr richtig erkennt Rosa Luxemburg, wie es im Vorwort ihrer Schrift heißt, die Frage nach dem *kleinbürgerlichen oder proletarischen Charakter der Arbeiterbewegung.* So betrachtet ging es um Sein oder Nichtsein und *nicht um diese oder jene Taktik, sondern um die ganze Existenz der sozialdemokratischen Bewegung.* (58)

Es ging auch um das Verhältnis von Theoretikern und Basis der Partei. Wenn Rosa Luxemburg Theorieverständnis für die Basis fordert, so zeigt ihre Art des Denkens und Schreibens, daß die wichtigste Voraussetzung für alle Theoretiker die klare und verständliche Ausdrucksweise ist, die dennoch Differenzierung zuläßt.

Es kann keine gröbere Beleidigung, keine ärgere Schmähung gegen die Arbeiterschaft ausgesprochen werden als die Behauptung: theoretische Auseinandersetzungen seien lediglich Sache der „Akademiker". Schon Lassalle hat einst gesagt: Erst wenn Wissenschaft und Arbeiter, diese entgegengesetzten Pole der Gesellschaft, sich vereinigen, werden sie alle Kulturhindernisse in ihren ehernen Armen erdrükken. Die ganze Macht der modernen Arbeiterbewegung beruht auf theoretischer Erkenntnis... (59)

Deshalb liegt es gerade im Interesse der proletarischen Masse der Partei, sich mit der gegenwärtigen theoretischen Auseinandersetzung mit dem Opportunismus aufs lebhafteste und aufs eingehendste zu befassen. Solange die theoretische Erkenntnis bloß das Privilegium einer Handvoll „Akademiker" in der Partei bleibt, droht ihr immer die Gefahr, auf Abwege zu geraten. (60)

Ist der Kampf gegen die Verbürgerlichung der Partei ein Feld der Auseinandersetzung, so ist der Versuch, den schon abzusehenden Ersten Weltkrieg zu verhindern, das andere große Anliegen.

Majestätsbeleidigung

In der SPD geht in diesen Jahren der Kampf zwischen den Revisionisten und ihren Kritikern weiter. Die „Rebellen" fordern Rosa auf, den Anhängern des Revisionismus entgegenzutreten. 1899 auf dem Parteitag in Hannover fällt die verabschiedete Resolution noch recht vorsichtig aus. Bernstein beteuert zudem, daß auch er für die Gültigkeit der „guten alten Prinzipien" sei. 1901 werden dann schon etwas stärkere Geschütze aufgefahren, was nicht heißt, daß es keine Sympathisanten der Bernsteinschen Vorstellungen in der Partei gäbe. Aber die Frage hat jetzt auch einen die Parteiorganisation berührenden Aspekt. In Süddeutschland sind Sozialdemokraten in Landtagen bereit, für die Budgets der Regierung zu stimmen, entgegen der immer noch gültigen, ursprünglich von Bebel ausgegebenen Parole: „Diesem System keinen Mann und keinen Groschen." Sie entziehen sich so der Zentralgewalt des Vorstandes in Berlin und sollen fester an die Leine genommen werden. Bebel, als gewiegter Taktiker, wählt dazu den Umweg einer Attacke gegen den Theoretiker Bernstein, dessen Vorstellungen die Süddeutschen schon in die Praxis umsetzen. Bebel schreibt an Kautsky: „Grüß Rosa schön, und sie möchte sich für Lübeck (den Parteitag) rüsten. Die nächste Rede, die ich gegen ihn (Bernstein) loslasse, soll ein Kopfwaschen sein, wie er es noch nicht bekommen hat."

Im Protokoll über den Parteitag des Jahres 1901 heißt es dann:

„Über einen Vortrag E. Bernsteins kommt es erneut zu einer längeren Debatte. Die Notwendigkeit der Selbstkritik für die geistige Fortentwicklung der Partei wird betont."

Rosa scheint zufrieden. Sie wohnt im gleichen Hotel wie Bebel und steckt am frühen Morgen in seine zum Putzen vor die Tür gestellten Schuhe einen Zettel mit dem Satz: „Aujust, ich liebe Dir!"

Für diese Art von Humor dürfte dem großen alten Mann der Partei, der recht eitel war, das Verständnis abgegangen sein.

Ihren Ruf, ein zänkisches Weib zu sein, wird Rosa so leicht nicht los.

Dazu trägt nicht zuletzt auch ein zweiter scheiternder Versuch bei, die Leitung einer Parteizeitung zu übernehmen. Es ist ganz ähnlich wie beim ersten Mal. Die männlichen Redaktionskollegen wollen sich von einer Frau, sie mag noch so fähig sein, nichts sagen lassen. Sie intrigieren gegen sie, und als Rosa sich auch noch von ihrem Co-Chefredakteur, Franz Mehring, im Stich gelassen fühlt, gibt sie auch diesen Posten wieder auf.

Mehring schreibt, noch während er mit Rosa die Leitung der „Leipziger Volkszeitung" innehat, an Kautsky, die Dame Luxemburg mißfalle ihm wegen ihrer maßlosen Herrschsucht und schmutzigen Habgier. Damit kühlt sich Rosas bis dahin freundschaftliches Verhältnis zu diesem Mann, der als erster Literaturbetrachtung aus Sicht des Marxismus betreibt, für einige Zeit ab.

Äußerungen über Rosas Streitlust, Schärfe, ja Giftigkeit gibt es in diesen Jahren viele. Wo sie auf Dummheit, Engstirnigkeit und Vorurteile stößt, reagiert sie oft mit beißender Schärfe oder mit ätzendem Hohn.

Bezeichnend ist hier eine Auseinandersetzung mit dem SPD-Abgeordneten Fischer auf dem Lübecker Parteitag 1901, der sie eine Erklärung (61) nachschickt, in der es heißt:

Der Abgeordnete R. Fischer – Berlin – hat nach dem Vorwärts-Bericht (über den Parteitag) u. a. gesagt: „Man kann eine Auffassung vertreten in aller Schärfe, aber man darf die Meinung der Genossen nicht fälschen und bloß in der Absicht, geistreich zu sein, zu rabulieren, zu unterschieben und zu fälschen, so zu operieren, wie es die Genossin Lu-

xemburg in der Millerand-Frage (62) und in ganz klassischer Weise in der letzten Nummer der ‚Neuen Zeit' getan hat.

Ich fordere hiermit den Abgeordneten R. Fischer öffentlich auf, den Wahrheitsbeweis für seine Behauptung anzutreten und namentlich diejenigen Stellen meiner Artikel über die Millerand-Frage wie über die badische Budgetabstimmung namhaft zu machen, wo ich „gefälscht" und „unterschoben" haben soll.

Falls er dieser Aufforderung nicht Folge leistet, werde ich mich gezwungen sehen, ihn mit dem in solchen Fällen gebräuchlichen Namen zu bezeichnen.

Berlin-Friedenau, 1. Oktober 1901
Rosa Luxemburg

Wer in diesem Fall im Recht oder im Unrecht gewesen ist, braucht hier nicht erörtert zu werden. Worum es geht, ist der schneidende Ton dieser Erklärung, diese Mischung aus Rasierklingenschärfe und Sarkasmus im letzten Satz.

Bebel, der ihr gerade einmal gewogen ist, forderte sie auf, sich durch blindes Dreinhauen nach rechts und links nicht „auf die Isolierbank" zu bringen. (63)

Nein, diese Frau ist kein Engel – höchstens ein Engel mit einem Flammenschwert. Sie hat Ecken und Kanten. Sie ist nicht ohne Boshaftigkeit. Aber vor allem ist sie davon überzeugt, was sie sich kritisch denkend einmal erarbeitet hat, und kämpft dafür wie eine Löwin. Das verstört viele, züchtet Haß, auch im eigenen Lager.

Man muß aber auch daran erinnern, wodurch ihre Art, häufig verletzend und schroff zu reagieren, provoziert wird: durch die immer wieder gemachte Erfahrung, als Frau, die schärfer, genauer, klarer und weiter denkt als viele ihrer männlichen Genossen, immer wieder diskriminiert zu werden, weil sie eine Frau ist und weil ihre Interessen und Aktivitäten dem, was man von einer Frau erwartet, nicht entsprechen. Das nächste Ziel ihrer Angriffslust ist der Monarch.

Auf einer Rede im Reichstagswahlkampf 1903 ruft Rosa Luxemburg aus:

Der Mann, der von der guten und gesicherten Existenz der deutschen Arbeiter spricht, hat keine Ahnung von den Tatsachen. (64)

Mit dem Mann, von dem da die Rede ist, ist ganz eindeutig der Kaiser Wilhelm II. gemeint. Sie wird wegen Majestätsbeleidigung angeklagt und zu drei Monaten Gefängnis verurteilt.

Ende August 1904 tritt sie die Strafe in Zwickau an, wird aber schon nach sechs Wochen wieder entlassen, da es anläßlich der Krönung des Königs Friedrich August von Sachsen zu einer Amnestie politischer Straftäter kommt. Bezeichnend für sie auch dies: Von einem König will Rosa keine Gnade. Sie weigert sich zunächst, ihre Zelle zu verlassen. Man muß sie regelrecht auf die Straße setzen.

Diese erste Gefängnisstrafe hat noch einen gewissen romantischen Reiz. Sie hat endlich einmal Zeit gefunden zu ausführlicher Korrespondenz, Zeit zum Lesen, Zeit zum Nachdenken. Ein Gefängnisaufenthalt als Möglichkeit für eine Bestandsaufnahme mit sich selbst. Oder auch: Jeder Revolutionär hat mindestens einmal in Haft gesessen. Das macht einen Teil seines Nimbus aus. Das gehört einfach dazu. Sie wird Gefängnisse noch verzweifelt hassen lernen.

Wie die Hunnen

Wie es mit der Gesinnung jenes Mannes aussieht, ob dessen angeblicher Beleidigung Rosa in Haft kommt, geht aus den folgenden Ereignissen hervor:

Mitte 1900 ist es in China zu einem Volksaufstand gekommen, der sich gegen den ausbeuterischen Einfluß europäischer Kaufleute richtet. Gemeinsam planen die europäischen Großmächte eine militärische Strafaktion. Die aufgebotenen Truppen werden dem deutschen Oberkommando unterstellt. Bei der Verabschiedung der Soldaten in Bremerhaven am 27. Juli 1900 sagt jener Mann, der deutsche Kaiser, unter anderem (65):

„Kommt Ihr vor den Feind, so wird derselbe geschlagen! Pardon wird nicht gegeben! Gefangene werden nicht gemacht! Wer Euch in die Hände fällt, sei Euch verfallen! Wie vor 1000 Jahren die Hunnen unter König Etzel sich einen Namen gemacht, der sie noch jetzt in Überlieferung und Märchen gewaltig erscheinen läßt, so möge der Name Deutscher in China auf 1000 Jahre durch Euch in einer Weise bestätigt werden, daß niemals wieder ein Chinese es wagt, einen Deutschen auch nur scheel anzusehen!"

Noch eine Generation später wird in manchen „Herrenzimmern" ein Bild hängen: kühl blickende Männer in Tropenhelmen vor einem ungeordneten Heerhaufen. Einer trägt trutzig die kaiserlich-deutsche Reichskriegsflagge. Darunter steht: „The Germans to the front!" (Die Deutschen an die Front!)

Auch heute taucht die Reichskriegsflagge nicht selten in oder vor Fußballstadien als Kennzeichen nationalistischer Gesinnung auf. Vor der blutigen Spur, die sich seit damals durch die deutsche Geschichte zieht – Auslöschung von Kolonialvölkern, Auslöschung von Juden, Sinti, Roma und Homosexuellen in den Konzentrationslagern – deren geistige Wurzeln spätestens damals zu wachsen beginnen, hat Rosa Luxemburg gewarnt.

Ehe sie ihre Gefängnisstrafe in der „Graupenmühle" in Zwickau angetreten hat, hat sie noch am Internationalen Sozialistischen Kongreß in Amsterdam teilgenommen. Der Revisionismus ist dort verurteilt worden. Dort hat sie mit Genugtuung erlebt: Obwohl Krieg herrscht zwischen Rußland und Japan, haben sich der Russe Plechanow und der Japaner Katajama demonstrativ die Hände geschüttelt. Rosa hat den minutenlangen Beifall des Plenums nach dieser Geste der Verbundenheit noch im Ohr. Solidarität der Werktätigen, gemeinsames Handeln der Sozialisten über Ländergrenzen hinweg, das scheint eine reale Tatsache, die nun zunehmend praktiziert werden wird – so hofft sie.

Schwierigkeiten mit dem geliebten Mann – ständig. Zuerst aus der Ferne. Er ist in Zürich. Sie in Berlin oder auf Reisen. Sie sehen sich immer nur kurz. Bei ihm Eifersucht auf Rosas Karriere, was sich freilich, weil sich seine Briefe nicht erhalten haben, jeweils nur aus ihren Reaktionen ablesen läßt. Bei ihr eine zunehmende Auflehnung dagegen, daß er meint, ihr gegenüber immer noch die Rolle des Lehrers und Mentors spielen zu müssen.

Was für eine abgeschmackte Idee, heißt es Anfang des Jahres 1900 in einem ihren Briefe, *mich alle paar Wochen vor dem „Auf-den-Hund-Kommen" zu retten! Das alles kommt von Deiner alten üblen Angewohnheit, die sich von Anfang an in Zürich bemerkbar gemacht und unser Zusammenleben gründlich verdorben hat, nämlich Deiner üblen Angewohnheit, sich als Mentor aufzuspielen, wodurch Du Dich berufen fühltest, mich ewig und in allem zu belehren und die Rolle meines Erziehers zu spielen. Deine jetzigen Ratschläge und Kritiken bezüglich meiner hiesigen „Tätigkeit" gehen wieder weit über die Grenzen von Ratschlägen und Anmerkungen eines guten Freundes hinaus und verkehren sich wieder in systematisches Mentorentum.* (66)

Offenbar hat sich Jogiches einer Übersiedlung von Zürich nach Berlin zunächst widersetzt. Bei Rosa steigen grundsätzliche Zweifel auf, ob er denn überhaupt mit ihr zusammenleben wolle, die sie in ihren Briefen auch artikuliert. In solchen Intimstes darlegenden Briefpassagen berührt einen immer wieder ihre Gewissenhaftigkeit und die Fähigkeit, Gefühle genau und unsentimental auszudrücken: *Um Dir meinen Zustand und mein Verhalten in der letzten Zeit zu erklären, sage ich Dir nur kurz, daß ich aus der ganzen letzten Periode, am meisten jedoch aus dem Aufenthalt in Zürich geschlossen habe, daß Du (...) aufgehört hast, mich zu lieben, daß Du vielleicht sogar von jemand anderem in Anspruch genommen bist, daß ich jedenfalls aufgehört habe, für Dich der Mensch zu sein, der imstande wäre, Dich im Leben glücklich zu machen – sofern das überhaupt möglich ist.*

Dieser Gedanke wurde mir in jener Nacht auf einmal klar, als ich bei der Zetkin auf dem Kanapee lag und unter den einstürmenden Gedanken nicht einschlafen konnte. Plötzlich stand das so deutlich und unzweifelhaft vor mir; Dein Zögern mit der Reise nach Berlin und das ganze Verhalten in der letzten Zeit habe ich im Lichte dieser Tatsache so verstanden, daß es mir – wahrhaftig – leichter auf der Brust geworden ist, wie einem Menschen, der nach unendlichen Rätseln, Verwicklungen, Durcheinander und Verwirrungen schließlich eine einfache und klare, wenn auch die schmerzhafteste Antwort auf alle Fragen findet.

Sofort beschloß ich auch, so zu handeln, und Dir die Trennung von mir zu erleichtern, d. h. vor allem die Korrespondenz abzubrechen, um durch meine Briefe nicht erneut Bande zu knüpfen, um nicht auf Deine Stimmung einzuwirken. Ich sagte mir dabei: Hier wird sich die Frage lösen. Wenn er liebt und zusammen leben will, so kommt er, wenn nicht, so nutzt das Abbrechen der Korrespondenz, und die Gewöhnung an mich hört allmählich auf, das Verhältnis „löst" sich von selbst.

Danach begann ich, hier in völliger Einsamkeit zu leben, mit dem Gedanken, daß ich allein bin und es nun immer sein werde. Ich verspürte dabei etwas Kälte, aber auch Stolz. Und jedesmal, wenn ich sah, wie andere Leute miteinander leben, wenn ich sah, wie schön es ist, im Frühling zu leben, wenn ich daran dachte, daß Du niemanden finden wirst, mit dem Du so wie mit mir leben kannst, begann ich unwillkürlich, wieder Pläne und Hoffnungen zu schmieden – jedenfalls folgte aber der einzige einfache Gedanke: Er lebt schon ein anderes Leben, oder: Ihm vermagst Du nichts zu geben; dieser Gedanke genügte, daß ich, alle Träume verscheuchend, verbissen an die Arbeit zurückkehrte.

Aus Deinem Brief geht irgendwie hervor, daß ich mich geirrt habe (ich bin auch nicht in der Lage, gewisse Dinge auszusprechen) und daß unser Verhältnis noch Boden unter den Füßen hat und Hoffnung für die Zukunft. (67)

Im Sommer 1900 verläßt Jogiches dann doch Zürich, allerdings ohne sein Studium mit der Promotion abgeschlossen zu haben. Seit diesem Datum hat er ein Zimmer in Rosas Wohnung in Berlin-Friedenau. Rosa hatte an die räumliche Nähe große Erwartungen geknüpft, die sich kaum erfüllt haben dürften. Vom Dezember 1901 bis März 1902 hält sich Leo Jogiches in Algier auf und pflegt dort seinen schwerkranken Bruder bis zu dessen Tod. Inzwischen ist aus der von ihm zusammen mit Rosa in der Schweiz ins Leben gerufenen politischen Gruppe um die Zeitung „Sprawa Robotnicza" eine Partei geworden, die „Sozialdemokratie des Königreichs Polen und Litauen" (SDKPiL). Jogiches hat sich nach Richtungskämpfen an die Spitze dieser Partei gesetzt. Durch seine Positionen in allen wichtigen Führungsgremien beherrscht er praktisch alle Aktivitäten in der Organisation.

Über den Führungsstil von Jogiches, von dem auch sein Verhältnis zu Rosa berührt wird, schreibt Georg W. Strobel:

„Jogiches baute seine Herrschaft über den Parteiapparat auf der Unübersichtlichkeit von Organisation und Kompetenzen auf. Er als einziger wurde immer zu allen Entscheidungen herangezogen und verstand es meisterhaft, auf der Klaviatur der Organisation, der Kompetenzdeutung und Kompetenzausnutzung zu spielen. Sein intriganter Charakterzug war ihm von großer Hilfe, obgleich er andererseits dadurch wie durch sein verletzendes, in der Ausdrucksweise betont drastisches Verhalten viele Menschen zurückstieß. Während Jogiches die einzelnen Führungsgremien gegeneinander ausspielte, behielt er als einziger alle Fäden in der Hand. Die Information seiner Mitarbeiter vernachlässigte er absichtlich; sogar Rosa Luxemburg klagte, daß sie zwar immer wieder Arbeiten zu erledigen habe, jedoch nie genügend informiert sei." (68) Angesichts der Rolle, die Rosa Luxemburg in der deutschen Sozialdemokratie spielte, vergißt man leicht, daß sie gleichzeitig auch in der von Jogiches gelenkten polnischen Partei aktiv war. Genau dadurch aber macht sie nun ihre ersten Erfahrungen mit einer realen Revolution.

Die erste Revolution

Auf dem Parteitag der SPD im September 1905 in Jena gehört die Frage politischer Massenstreiks zu den wichtigsten Punkten der Tagesordnung. Im Mai 1905 nämlich ist auf dem 5. Kongreß der Gewerkschaften in Köln heftig gegen die politische Waffe des Massenstreiks polemisiert und eine Empfehlung gegen politische Streiks verabschiedet worden. Th. Bömelburg hatte dort erklärt, für die deutschen Gewerkschaften sei es im Augenblick viel wichtiger, die Organisation weiter auszubauen. In Jena wird eine Resolution mit 287 gegen 4 Stimmen bei 4 Enthaltungen angenommen, in der es hieß, es sei die Pflicht der gesamten Arbeiterklasse, und ganz besonders im Fall eines Anschlages auf das Reichstagswahl- und Koalitionsrecht, jedes geeignet erscheinende Mittel zur Abwehr nachdrücklich anzuwenden. Als eines der wirksamsten Kampfmittel betrachtete der Parteitag gegebenenfalls die Massenarbeitseinstellung. Entscheidend trug zu diesem Beschluß eine Rede Rosa Luxemburgs bei, in der sie einen Zusammenhang zwischen der eben in Rußland ausgebrochenen Revolution und der ihrer Meinung nach wankelmütigen Haltung der deutschen Gewerkschaftsführer zog. Sie selbst hat über den Beginn dieser Revolution in ihrer Schrift *„Massenstreik, Partei und Gewerkschaften“* folgendes geschrieben:

Im Dezember 1904 bricht auf dem Boden der Arbeitslosigkeit der grandiose Generalstreik von Baku aus: Die Arbeiterklasse ist wieder auf dem Kampfplatz. Als das Reden verboten wurde und verstummte, begann wieder das Handeln. In Baku herrschte während einiger Wochen mitten im Generalstreik die Sozialdemokratie als uneingeschränkte Herrin der Lage, und die eigenartigen Ereignisse des Dezembers im Kaukasus hätten ein ungeheures Aufsehen er-

regt, wenn sie nicht so rapid von der steigenden Woge der Revolution übertroffen worden wären, die sie selbst aufgepeitscht hatten. Noch waren die phantastischen, unklaren Nachrichten von dem Generalstreik in Baku nicht in alle Enden des Zarenreiches gelangt, als im Januar 1905 der Massenstreik in Petersburg ausbrach.

Auch hier war der Anlaß bekanntlich ein winziger. Zwei Arbeiter der Putilow-Werke wurden wegen ihrer Zugehörigkeit zum legalen Subatowschen Verein entlassen. Diese Maßregelung rief am 16. Januar einen Solidaritätsstreik sämtlicher 12 000 Arbeiter dieser Werke hervor. Die Sozialdemokraten begannen aus Anlaß des Streiks eine rege Agitation um die Erweiterung der Forderungen und setzten die Forderung des Achtstundentages, des Koalitionsrechtes, der Rede- und Preßfreiheit usw. durch. Die Gärung unter den Putilowschen Arbeitern teilte sich rasch dem übrigen Proletariat mit, und in wenigen Tagen standen 140 000 Arbeiter im Streik. Gemeinsame Beratungen und stürmische Diskussionen führten zur Ausarbeitung jener proletarischen Charte der bürgerlichen Freiheiten mit dem Achtstundentag an der Spitze, womit am 22. Januar 200 000 Arbeiter, von dem Priester Gapon (69) geführt, vor das Zarenschloß zogen. Der Konflikt der zwei gemaßregelten Putilow-Arbeiter hat sich binnen einer Woche in den Prolog der gewaltigsten Revolution der Neuzeit verwandelt.

Die zunächst darauffolgenden Ereignisse sind bekannt: Das Petersburger Blutbad hat im Januar und Februar in sämtlichen Industriezentren und Städten Rußlands, Polens, Litauens, der baltischen Provinzen, des Kaukasus', Sibiriens, von Norden bis zum Süden, vom Westen bis zum Osten, riesenhafte Massenstreiks und Generalstreiks hervorgerufen. Allein bei näherem Zusehen treten jetzt die Massenstreiks in anderen Formen auf als in der bisherigen Periode. Diesmal gingen überall die sozialdemokratischen Organisationen mit Aufrufen voran; überall war die revolutionäre Solidarität mit dem Petersburger Proletariat ausdrücklich als Grund und Zweck des Generalstreiks be-

zeichnet; überall gab es zugleich Demonstrationen, Reden, Kämpfe mit dem Militär. Doch auch hier war von einem vorgefaßten Plan, einer organisierten Aktion keine Rede, denn die Aufrufe der Parteien vermochten kaum, mit den spontanen Erhebungen der Massen Schritt zu halten; die Leiter hatten kaum Zeit, die Losungen der vorausstürmenden Proletariermenge zu formulieren. (70)

Abgesehen davon, daß die Ereignisse Rosa Luxemburg wie eine endgültige Widerlegung des Revisionismus durch die Wirklichkeit erschienen sein müssen, enthalten die voranstehenden Sätze auch einen entscheidenden Gesichtspunkt ihrer politischen Lehre, abgeleitet aus beobachteten realen Vorgängen. Die Massen agieren spontan, lernen, indem sie handeln. Sie verhalten sich nicht nach vorformulierten Sätzen der Theorie, sondern die Theoretiker und Anführer formulieren deren Erfahrungen im revolutionären Prozeß. Damit werden die Massen zur treibenden Kraft der Revolutionen und damit entsteht ein Gegensatz der Lehre Rosa Luxemburgs zu der Lenins, der zufolge Revolutionen von einer revolutionären Elite gemacht werden. Man kann deutend noch einen Schritt weiter gehen: Während Lenin mit der Betonung der revolutionären Elite Zentralismus und Autoritarismus vorbereiten hilft, die später in den Stalinismus führen, scheint Rosa Luxemburg mit ihrer Spontaneitätstheorie die Mechanismen der bürgerlichen Demokratie durch basisdemokratische Vorstellungen – eben die Handlungsweise der „Massen", die spontan handeln und während ihres Handelns fortschrittlich-kritisch politisch zu denken lernen – ersetzen zu wollen.

Nach Ausbruch der Revolution 1905 in Rußland leitet Jogiches zunächst von Krakau aus, damals zu Österreich gehörend, die Einschleusung revolutionärer Schriften in den zu Rußland gehörenden Landesteil Polens. Im November 1905 treffen sich die Führungsspitzen der SDKPiL zu einer im Untergrund stattfindenden Konferenz in Warschau. Einen Monat später reist Rosa von Berlin aus nach Warschau und redigiert dort zusammen mit Jogiches in einer konspirativen Wohnung im Zentrum der Stadt das illegale Zentralorgan der polnischen Partei „Cerwony Sztander" (Rotes Banner). In der Redaktion führt Jogiches ein strenges Regime:

„Seiner Gewohnheit nach schrieb er selbst nicht, aber nicht nur jeder Artikel, sondern fast jede Notiz wurde nach seinen Angaben geschrieben, ‚damit unsere ganze Nummer von Anfang bis zum Ende wie aus einem Stück wäre' – nicht eine Zeile kam in die Druckerei, ohne daß er sie sorgfältig durchgesehen hätte. Er hielt die Mitarbeiter ‚in strammer Zucht' und ließ weder Ermüdung noch Stimmungen gelten (...) und da sie ihn vom Morgen bis zum Abend unermüdlich sahen, ließen sich alle von dieser trefflich organisierten Arbeit mitreißen." (71)

Anfang 1906 werden Leo Jogiches, in Warschau unter dem Namen Otto Engelmann tätig, und Rosa, die unter dem Tarnnamen Anna Matschke auftritt, von der zaristischen Polizei in der Fremdenpension einer Gräfin auf der Jasna-Straße am Zielony-Platz (heute Dambrowskiplatz) verhaftet. Die zaristische Geheimpolizei ist ihnen durch einen denunziatorischen Artikel in der bürgerlichen deutschen Presse (in „Die Post") auf die Spur gekommen.

Rosa Luxemburg kommt durch Bestechung der Polizeibehörde – das Geld wird von der deutschen Sozialdemokratie aufgebracht – noch vor der Gerichtsverhandlung frei, angeblich um zu einer unerläßlichen Kur ins Ausland zu gehen.

Über Finnland kehrt sie ins Deutsche Reich zurück. Jogiches hingegen wird im Dezember 1906 zu acht Jahren Zuchthaus verurteilt. Im Februar 1907 gelingt es ihm, mit Hilfe eines bestochenen Gefängniswärters aus dem Mokotowski-Gefängnis in Warschau zu fliehen. Er scheint dann im April in Berlin eingetroffen zu sein.

Der Bruch einer Beziehung

1907, in den Tagen, da Leo in die gemeinsame Wohnung in Berlin zurückkehrt, kommt es zu einem abrupten Ende ihrer Liebesbeziehungen. Nur im Bereich der politischen Tätigkeit beider bestanden weiterhin Kontakte, da sie ja zunächst in der polnischen Partei und später, am Jahresende 1918, in der KPD wichtige Ämter bekleiden. Es entspricht dem Verhaltenskodex dieser Gruppe, daß die politische Arbeit nicht durch Schwierigkeiten in den persönlichen Beziehungen beeinträchtigt werden dürfe.

Einer der Biographen Rosa Luxemburgs, Peter Nettl (72), nahm noch an, daß die Initiative zu dem Bruch von Rosa ausgegangen sei, und liefert dafür auch glaubhaft klingende Anhaltspunkte. Sie sei, so schreibt er, auf eine polnische Genossin eifersüchtig gewesen, bei der sich Jogiches nach seiner Flucht aus Warschau eine Weile verborgen gehalten habe. Nettl war in seinen Recherchen insofern behindert, als damals die Briefe Rosas, die sich zum überwiegenden Teil in Moskau befanden, westlichen Autoren nicht zugänglich waren.

Dank der genaueren Nachforschungen des polnischen Jogiches-Biographen Feliks Tych wissen wir heute, daß die Situation eine andere gewesen ist. Rosa Luxemburg hat sich in Jogiches' Abwesenheit in den Sohn ihrer Freundin Clara Zetkin, Kostja Zetkin, verliebt. Jogiches hat in der gemeinsamen Wohnung einen auf dem Umschlag nicht adressierten Brief Rosas an Kostja gefunden und gelesen. Er reagiert mit rasender Eifersucht. Rosa kauft sich zu dieser Zeit sogar einen kleinen Revolver, um, wenn nicht anders, sich so vor ihm zu schützen. Er hat mehrmals gedroht, sie zu töten. Von dieser Zeit an beginnen sämtliche Briefe Rosas an Jogiches ohne Anreden und enthalten nur noch Mitteilungen, die mit den politischen Ämtern der beiden in Zusammenhang stehen, in denen ein gewisses Maß an sachlicher Kooperation notwendig ist.

Der neue Geliebte Rosas ist Kostja Zetkin, der damals

22jährige Sohn Clara Zetkins. Der junge Mann studiert Medizin, ist politisch interessiert und arbeitet eine Zeitlang als Redakteur an der „Gleichheit" mit. Rosa vergleicht ihr Verhältnis zu ihm mit dem der älteren Frau zu dem jungen Helden in Stendhals Roman „Le Rouge et le Noir".

Bald sieht sie ein, daß es unmöglich ist, Kostja an sich zu binden. Nach einer gemeinsamen Reise schickt sie ihn fort. Die Liebesbeziehung hört auf. Über ein paar Jahre hin sind sie noch befreundet. Aber das heißt nicht, daß sie mit Kostja bricht, um doch wieder zu Leo zurückzukehren.

Die Abhängigkeit in Fragen der Gesinnung, des Urteilens und Handelns von Jogiches, die sie fünfzehn Jahre freiwillig hingenommen hat, soll nun ein Ende haben. Ohne Liebe wäre sie erst recht unerträglich.

Es ärgert sie jetzt, daß Leo nicht bereit ist, die Wohnungsangelegenheit vernünftig zu regeln. Noch im September 1908 klagt sie: *Ich kann dieses ständige Schulterreiben nicht ertragen.*

Leo spioniert ihr auf Reisen im In- und Ausland nach. Sie sind in politischen Funktionen gemeinsam tätig. Rosa versucht bei solchen Kontakten rein sachlich zu verfahren. Aber fünfzehn Jahre einer Bindung, die tatsächlich eine Ehe ohne offizielle Beglaubigung war, lassen sich nicht so ohne weiteres fortwischen.

Sie ist noch skeptischer geworden, nicht nur gegenüber anderen, auch gegenüber sich selbst, denn etwas in ihr mag gewiß die Affäre mit Kostja mißbilligt haben, wie sehr ihr diese Liebe andererseits wohl half, wieder Boden unter die Füße zu bekommen und Mut und Selbstvertrauen zu gewinnen.

Deshalb glaube ich auch nie ein Wort niemandem, dies ist ein Satz aus diesen Jahren, in denen es, was die Liebe angeht, Verehrer, aber keine Vertrauten gibt. Es sind die Jahre, in denen sie ihre Zuneigung auf eine Katze konzentriert. Liebe zu Katzen – immer ein Anzeichen schwieriger Gefühlszustände, Vorliebe für das Eigenwillige, Anzeichen auch für sehr viel Einsamkeit.

Interessant ist das Psychogramm, das Rosa Luxemburg in einem Brief von Leo Jogiches entwirft. Es zeugt von sehr genauem Verständnis für die Tragik im Leben dieses sich so gern und eifrig selbst tarnenden und Spuren des Persönlichen verwischenden Menschen:

Leo ist trotz seiner außerordentlichen Begabung und Geistesschärfe einfach unfähig zu schreiben; sowie er seine Gedanken schriftlich niederlegen soll, ist er wie gelähmt. Das war der Fluch seines Daseins (...), seit er von der praktischen organisatorischen Wirkung in Rußland weg mußte (d. h. seit seinem Fortgang aus Wilna).

Er fühlte sich ganz entwurzelt, vegetierte nur in ewiger Erbitterung, verlor schließlich die Gewohnheit zu lesen, da es doch zwecklos war. Sein Leben schien definitiv verpfuscht, und er war doch schon Ende der dreißiger Jahre!. Da kam die Revolution, und er errang sich nicht nur ganz plötzlich die Stellung des Führers in der polnischen Bewegung, sondern auch in der russischen, außerdem aber fiel ihm wie von selbst die Stellung des leitenden Redakteurs bei uns zu, er schreibt nach wie vor selbst nicht eine Zeile, aber er ist die Seele der Parteiliteratur. (73)

Nachdem Jogiches zusammen mit Rosa Luxemburg zwischen dem 13. Mai und 1. Juni 1907 am Parteitag der russischen Sozialdemokraten in London teilgenommen hat, läßt er sich wieder in Berlin nieder, und zwar wohnt er nun in Steglitz, „in einem zum Gasthaus ‚degradierten' ehemaligen Palast des Generals Wrangel". (74)

Er besaß aber, da sich seine Bibliothek und sein Archiv dort befanden, weiterhin einen Schlüssel zu Rosas Wohnung und kam häufig dorthin, um zu arbeiten.

Das hat zur Folge, daß Rosa ihre Wohnung offenbar nur dann noch aufsuchte, wenn sie sicher sein konnte, Jogiches nicht zu begegnen. Erst im Jahre 1911 löst sich diese spannungsreiche und nervenaufreibende Situation, die von ihr häufig beklagt wird, dadurch auf, daß sie in den Stadtteil Südende umzog.

Politisch ist Jogiches in diesen Jahren ein entschiedener

Gegner der organisatorischen Verselbständigung der Bolschewisten und versucht, die SDKPiL als „dritte Kraft" zwischen den beiden Flügeln der SDAPR zu etablieren. Jogiches' Verhältnis zu Lenin ist nie gut, doch bemühen sich zunächst beide Männer, die bestehenden Gegensätze nicht allzusehr zu betonen. Erst später versucht Jogiches, nun auch von Lenin wegen seiner autoritären Haltung kritisiert, dessen geheime Pläne und Taktiken zu durchkreuzen. Mit Ausbruch des Ersten Weltkriegs wird sich Jogiches' politisches Engagement auf die Gruppe der radikalen Sozialdemokraten in Deutschland konzentrieren.

Ein Wort mehr muß noch zum Verhältnis Rosa Luxemburgs zu Kostja Zetkin gesagt werden.

Die näheren Einzelheiten der Beziehung lagen lange im dunkeln. Erschließen ließen sie sich erst durch Briefe, die im Original im Marx-Lenin-Institut in Moskau und in Kopien im Archiv des Instituts für Parteigeschichte beim Zentralkomitee der Polnischen Vereinigten Arbeiterpartei aufbewahrt wurden.

Georg W. Strobel bemühte sich bei der Vorbereitung für seine große Arbeit „Die Partei Rosa Luxemburgs, Lenin und die SPD" vergeblich um Einsicht in diese Briefe. Er berichtet auch, daß die Leitung des Instituts scharf angegriffen wurde, weil sie zuvor in den Jahren des kalten Krieges Peter Nettl für seine Luxemburg-Biographie Archivmaterial zur Verfügung gestellt hatte. (75) Anfragen, die der Autor dieses Buches bei den Recherchen für sein Buch „Rosa L." um das Jahr 1975 an die Archive in der damaligen Sowjetunion richtete, wurden nicht einmal einer Antwort gewürdigt. Lediglich Bruchstücke des Schriftwechsels zwischen Rosa und Kostja Zetkin aus dem Moskauer Archiv waren in der Sammlung „Rosa Luxemburg, Schriften über Kunst und Literatur" (76), die von einer sowjetischen Herausgeberin zusammengestellt wurden, nachzulesen. Diese Briefausschnitte bezogen sich allerdings vorrangig auf Fragen der Kunst und Literatur oder auf politische Fragen. Das Persönliche dieser Beziehung blieb weitgehend ausgespart.

Es wird dies deshalb hier so genau dargestellt, weil damit auch ein Licht auf die schwierige Situation der Biographen Rosa Luxemburgs im Westen bis zur „Wende" fällt.

Über Jahrzehnte nach dem Zweiten Weltkrieg hin war ein vollständiges Bild der Person, ihres von Freiheit und Offenheit durchdrungenen Bewußtseins und ihrer Lehre in den sozialistischen Ländern in der Ära des Stalinismus und Post-Stalinismus unerwünscht, da es Munition für Kritik geliefert hätte.

Mit Recht regte sich gegen eine solche Weigerung der Archive im Lager des realen Sozialismus im Westen Kritik, zumal zunächst auch in den von Annelies Laschitza und Günter Radczun betreuten Bänden 1–5 der „Gesammelten Briefe" die Briefe an Kostja Zetkin nicht enthalten waren.

Der Politologe Iring Fetscher sah in einem Aufsatz in der „Zeit" vom 5. Oktober 1984 als Grund nicht politische Motive, sondern „das Wirken des Geistes viktorianischer Prüderie", was freilich auch Rückschlüsse auf ein unfreies Bewußtsein zuläßt.

Immerhin führten solche Anmahnungen dazu, daß in dem nach der Wende veröffentlichten Band 6 der „Gesammelten Briefe" nun 71 Briefe an Kostja Zetkin enthalten sind. Sie lassen uns jetzt den Ablauf dieser Liebesbeziehung verfolgen, bestätigen Jogiches' mörderische Eifersucht – *„L. läßt mich nicht fort und erklärt, eher schlägt er mich tot!"* (77) – und belegen schon in den Anreden, daß im Verhältnis Rosas zu Kostja neben dem erotischen von Anfang an durchaus auch ein mütterlich-erzieherischer Aspekt eine Rolle spielte. Geendet hat die Liebesbeziehung zu Kostja 1909. Ihr Schluß ist dokumentiert durch einen ergreifenden Brief aus Quarten in der Schweiz, der hier ausführlich zitiert werden soll, weil er zeigt, wie es im Herzen dieser Frau aussah und mit welcher Aufrichtigkeit sie selbst noch über ihre Gefühle gebot:

Mein lieber Costia, es kostet mich eine Überwindung, Dir noch zu schreiben, aber ich will doch, daß Du beim Abschied ebenso klar in mir siehst wie ich in Dir.

Also ich habe es überwunden und bin ganz ruhig. Mir ist, wie wenn seit Sonntag ein Jahr vergangen wäre; das Schwerste hatte ich schon überstanden, als Deine falschen Briefe kamen, und als ich den letzten offenen las, da trat eine große Kälte und ein Weh in mein Herz, aber doch auch eine große Ruhe. Es kam so, wie ich Dir am Anfang sagte: Du hast mich durch Deine Liebe gezwungen, Dich zu lieben, und als Deine Liebe in nichts zerrann, da war es auch um meine geschehen. Mich schmerzte, daß ich Dich nicht früher von der Last befreite, mich schmerzt die Erinnerung an die bösen und gequälten Blicke eines gefangenen Vögelchens, aber ich wagte nie das erlösende Wort zu sprechen, weil ich innerlich unser Verhältnis als eine heilige und ernste Sache hielt. Armer Junge, Du hieltest Dich für gefangen, während Dich ein kleines leises Wörtlein jeden Augenblick frei machen konnte, wie Du ja jetzt siehst, während in Wirklichkeit ich die Gefangene war, weil mich die Erinnerung an ein leises Stammeln im kleinen Zimmer: „Bleib mir doch treu, bleib mir treu", und ein Flehen im Briefe: „Verlaß mich nicht, verlaß mich nicht!" wie mit eisernen Ketten hielt. Das Stammeln eines kleinen holden Knaben hielt mein Herz fest, auch als mich Dein unglückliches Aussehen unsäglich marterte, als mich in Genua in schlaflosen Nächten die Unklarheit Deines Verhältnisses zu mir würgte. Aber ich habe doch einen süßen Trost darin, daß ich des Knaben Wunsch erfüllt habe: Ich war ihm treu bis zu Ende, und niemals, niemals hat ihn von mir ein Blick oder auch der verborgenste Gedanke lauernd oder spitz getroffen.

Nun, es ist überwunden. Ich bin mit Lust und Liebe an der Arbeit und bin entschlossen, noch mehr Strenge, Klarheit und Keuschheit in mein Leben zu bringen. Diese Lebensauffassung ist in mir gereift im Verkehr mit Dir, deshalb gehören diese Worte noch Dir.

Nun bist Du frei wie ein Vögelchen, sei doch auch glücklich. Die Principuccia steht Dir nicht mehr im Wege. Leb wohl, die Nachtigallen des Apennin singen Dir, und die breithörnigen Ochsen des Kaukasus grüßen Dich. R. (78)

III. Rosas Theorien

> *... so bin ich in der letzten Zeit, wenn ich schon nie weich war, hart geworden wie geschliffener Stahl und werde nunmehr weder politisch noch im persönlichen Umgang auch die geringste Konzession machen.* (79)
>
> Rosa Luxemburg

Im September 1907 erfährt Rosa Luxemburg von Karl Kautsky, daß der Parteivorstand der SPD sie als Lehrerin für Nationalökonomie und Wirtschaftsgeschichte an die zentrale Parteischule der SPD in Berlin berufen wolle. Sie ist zunächst unsicher, ob sie annehmen soll. Schließlich sagt sie zu, weil sie damit zu einem geregelten Einkommen kommt: 3000 Mark für einen halbjährigen Kurs von Oktober bis März bei vier Vorlesungen in der Woche.

Aus der Notwendigkeit, Schülern, die häufig keine Vorbildung haben, die komplizierten Zusammenhänge der Volkswirtschaft klarzumachen, entsteht die Schrift „Einführung in die Nationalökonomie".

In der Einleitung zu dieser Schrift (80) stehen nach einer ironischen Reflexion über die Frage „Was ist eigentlich Gegenstand dieser Wissenschaft?", in der dazu Professor Schmoller, *eine Leuchte amtlicher Wissenschaft,* mit seiner eher verwirrenden Definition zitiert wird, die folgenden Sätze, mit denen sich Luxemburg unter ihren professoralen Kollegen nicht nur Freunde geschaffen haben dürfte.

Uff! Holen wir tief Atem. Wie war's also? Gesellschaftliche Wirtschaftseinrichtungen – privates und öffentliches Recht – psychische Kräfte – Ähnliches und Gleiches – Gleiches und Ähnliches – Statistik – Statik – Dynamik – durchschnittliche Verfassung – kausale Entwicklung – sittlich-historische Werurteile (...) Dem gewöhnlichen Sterblichen wird sicher bei alledem so dumm, als ging' ihm ein Mühlrad im Kopfe herum. In seinem beharrlichen Wissensdrang und in blindem Vertrauen auf den professoralen Weisheitsborn wird er sich Mühe geben, den Galimathias zweimal, dreimal mit Anstrengung durchzunehmen, um irgendeinen greifbaren Sinn herauszufinden. Wir fürchten, es wird vergebliche Mühe sein. Es ist eben nichts als klingende Phrase, als geschraubtes Wortgebimmel, was hier geboten wird. Und dafür gibt es ein untrügliches Zeichen: Wer klar denkt und die Sache, von der er spricht, selbst gründlich beherrscht, drückt sich auch klar und verständlich aus. Wer sich dunkel und verstiegen ausdrückt, wo es sich nicht um reine Gedankenbilder der Philosophie oder Hirngespinste der religiösen Mystik handelt, zeigt nur, daß er über die Sache selbst im unklaren ist oder aber der Klarheit aus dem Wege zu gehen Ursache hat.

Klarheit des Denkens korrespondiert mit Klarheit der Sprache. Und diesem Grundsatz bleibt sie in all ihren eigenen Arbeiten treu. Ein Musterbeispiel für ihre Fähigkeit, komplizierte Probleme und Zusammenhänge klar und einfach darzustellen, ohne zu simplifizieren, ist ein Text, der einige Jahre später entstanden ist.

Als Franz Mehring 1915 eine Karl-Marx-Biographie verfaßt, hat er Schwierigkeiten, einen kurzen, aber präzisen Überblick über den Inhalt des zweiten und dritten Bandes des „Kapitals" zu geben. Er bittet Rosa Luxemburg um Hilfe. Er schreibt an sie: „Es macht mich glücklich, dieser Schrift ein Schmuckstück Ihrer Feder einzuverleiben." Wer als Laie einen Zugang zu dem schwierigen Hauptwerk von Marx sucht, dem kann auch heute noch diese Darstellung als vorzügliche Orientierungshilfe empfohlen werden. Mit ihr erweist sich die polnische Jüdin Rosa Luxemburg (neben dem österreichischen Juden Sigmund Freud) als ein Autorin, die Meisterleistungen wissenschaftlicher Prosa in deutscher Sprache hervorgebracht hat.

Von der Auseinandersetzung Rosa Luxemburgs mit Eduard Bernstein und dem Revisionismus ist schon zuvor die

Rede gewesen. Nun gilt es, ihre Ansichten zu Bernsteins Thesen noch zu präzisieren. Anzumerken ist, daß Rosa Luxemburgs Ansichten und Meinungen als Reaktionen auf die politische Situation in Deutschland und in der Welt ihrer Zeit verstanden werden müssen.

Eduard Bernstein erwartet, daß eine gerechte Verteilung der Güter kraft des freien Willens der Menschen und kraft der Einsicht in die Gerechtigkeitsidee möglich sei.

Rosa kritisiert diese Einstellung als idealistisch-utopisch. Sozialismus, der nicht auf dem Zwang wirtschaftlicher Notwendigkeiten beruht, sondern auf der Gerechtigkeitsidee, hat in ihren Augen etwas von Don Quijotte auf seiner klapprigen Rosinante.

Von diesem unterschiedlichen Standpunkt aus kommen Rosa Luxemburg und Bernstein natürlich auch zu einer unterschiedlichen Bewertung der gesellschaftlichen Institutionen und Organisationen.

Bernstein sieht in den Gewerkschaften eine entscheidende Waffe zur Durchsetzung der Reformen. Rosa hingegen sagt: Gewerkschaften können das Lohnniveau zwar beeinflussen, aber sie können die damit verbundene Ausbeutung nicht aufheben oder beseitigen.

Für Rosa leisten Gewerkschaften eine *Sisyphusarbeit, die allerdings notwendig ist, soll der Arbeiter zu der ihm nach der jeweiligen Marktlage zufallenden Lohnrate kommen.*

Sie kritisiert auch ein Problem, bei dem wir in unseren Tagen sehr hellhörig werden, wenn sie schreibt:

Die Spezialisierung ihrer Berufstätigkeit als gewerkschaftlicher Leiter sowie der naturgemäß enge Gesichtskreis, der mit den zersplitterten ökonomischen Kämpfen in einer ruhigen Periode verbunden ist, führen bei den Gewerkschaftsbeamten nur zu leicht zum Bürokratismus wie zur Borniertheit der Auffassungen. Beides äußert sich in einer ganzen Reihe von Tendenzen, die für die Zukunft der gewerkschaftlichen Bewegung selbst höchst verhängnisvoll werden könnten. (81)

Sag mir, wie hältst du es mit der Gewalt?

Ein Problem, das damals wie heute die Gemüter erregte, war und ist die Frage der revolutionären Gewalt.

Manche eher konservativ gesinnte Funktionäre und Genossen in der SPD stellten um die Wende vom 19. zum 20. Jahrhundert folgende Überlegung an: Wenn wir der marxistischen Revolutionsidee abschwören und uns zur Reform bekennen, fällt der Makel der Gewalttätigkeit von uns ab, der viele Sympathisanten davon abhält, sich zu uns zu bekennen bzw. unserer Partei beizutreten oder sie zu wählen.

Unter diesem Gesichtspunkt hat Rosa bei der Auseinandersetzung mit dem Revisionismus auch das Problem der Gewalt diskutiert. Wie bei den anderen Stichwörtern weist sie nach, daß die Reformisten zu kurz und zu oberflächlich denken. Sie macht zunächst klar, daß die kapitalistische Gesellschaft bzw. die in ihr herrschende Klasse selbst auch nicht ohne Gewalt auskommt, deren Gebrauch aber bei den Marxisten als Barbarei angeprangert wird.

Wenn ein Mensch von einem anderen gegen seinen Willen zur systematischen Tötung von Nebenmenschen gezwungen wird, so ist das ein Gewaltakt. Sobald aber dasselbe Militärdienst heißt, bildet sich der gute Bürger ein, im vollen Frieden der Gesetzlichkeit zu atmen.

Wenn eine Person von einer anderen um einen Teil ihres Besitzes oder Verdienstes gebracht wird, so zweifelt kein Mensch, daß ein Gewaltakt vorliegt, heißt aber dieser Vorgang indirekte Steuererhebung, dann liegt bloß eine Ausübung der geltenden Gesetze vor.

Die bürgerlichen Gesetze sind für sie *die zur verpflichtenden Norm erhobene Gewalt der herrschenden Klasse.* (82) Daher, so argumentiert sie, sei es absurd, anzunehmen, der Kapitalismus könne mittels der von ihm selbst produzierten Rechtsnorm überwunden werden, denn diese sei ja im Grund nichts anderes als Ausdruck bürgerlicher Gewalt.

An der Revolution, so stellt sie fest, führt für die Arbeiterklasse kein Weg vorbei. *Eine Welt muß umgestürzt werden, aber jede Träne, die geflossen ist, obwohl sie abgewischt werden konnte, ist eine Anklage, und ein zu wichtigem Tun eilender Mensch, der aus roher Unachtsamkeit einen armen Wurm zertritt, begeht ein Verbrechen.* (83)

Der Konflikt zwischen der Notwendigkeit von Gewalt, will man die im Sinn von Marx als unvermeidlich erkannte Revolution herbeiführen, und dem Abscheu vor jedem Mißbrauch der Gewalt hat Rosa bis in ihre letzten Lebenstage beschäftigt.

Sie hat sich auch Gedanken über das Bewußtsein jener Menschen gemacht, die die Revolution tragen könnten, und dazu erklärt, es dürften keine dumpfen, lethargischen Armen sein, sondern ein kulturell und geistig beweglicher und gebildeter Menschentyp, eine Aussage auch, die Rückschlüsse darüber zuläßt, welche Gesellschaft als reif für die Revolution angesehen wird und welche nicht.

Die Massenbewegung des Proletariats, so Rosa Luxemburg, brauche natürlich die Führung einer organisierten, festen Grundsätzen folgenden Kraft, aber die ihrer Führungsrolle bewußte revolutionäre Partei müsse sich vor der falschen Ansicht hüten, sie allein sei zu richtigem Denken und Handeln fähig, die Arbeiter hingegen nur eine träge Masse.

Macht ausüben, Politik machen, revolutionär handeln – das sei keine Geheimwissenschaft, wenn man erlebe, daß es zum eigenen Nutzen geschehe. Entsprechend heißt es bei Rosa Luxemburg: *Die Masse muß, indem sie Macht ausübt, lernen, Macht auszuüben. (84)*

Rosas Ansichten sind meist im Gegensatz zu denen von Lenin gesehen worden. Von daher war es in der Epoche des Stalinismus leicht, gewisse Vorstellungen von ihr zu unterdrücken. Man hat gesagt, Lenin habe die Organisation, Rosa die Spontaneität überschätzt. Die Standpunkte beider sind aus ihren praktischen politischen Erfahrungen erklärbar, waren aber in beiden Fällen nicht so absolut, wie das später manchmal behauptet worden ist.

Lenins Position ist in den Schriften „Was tun?" und „Ein

Schritt vorwärts – zwei Schritte zurück" nachzulesen. Sie gründet sich auf der Analyse der Situation im zaristischen Rußland, wo es zunächst eine Vielzahl von oppositionellen Gruppen und Grüppchen gab. Um sie zu einer schlagkräftigen Bewegung zusammenzufassen, verlangte Lenin eine zentralistische Führung durch Berufsrevolutionäre. Er wollte, daß die politische Führung auch zugleich die Redaktion der Parteizeitung bilde, daß die Partei von oben nach unten aufgebaut sei. 1905 aber hat Lenin selbst erklärt, daß seine Ansichten in der Organisationsfrage nicht ewig gültig und allgemein anwendbar, sondern aus der speziellen Situation heraus entwickelt seien.

Bei Rosa steht hinter der Betonung der Spontaneität der Massen der Wunsch, die Basis möglichst ständig und direkt in die politische Willensbildung einzubeziehen.

Eine solche Ansicht verstärkt auch ihre Abneigung vor „Autoritäten", die leicht zu Diktatoren werden, sie ergibt sich aus den Erlebnissen in der SPD, wo sie geistige Trägheit, Bürokratie, Selbstherrlichkeit der Funktionäre und Versteinerung des Denkens sah und einer Parteiführung begegnete, die väterliche Autorität allein durch das Amt, das sie innehatte, für sich in Anspruch nahm. Gegen diese Haltung und eine Vorstellung von den Massen als einer geduldigen, ohnmächtig dem Hirten nachtrottenden Hammelherde empört sich Rosa. Sie will eine *real umfassende Demokratie*, aber es wäre falsch oder eine Täuschung, diesen Begriff bürgerlich zu deuten. Er war freilich auch weit radikaler gemeint als all das, was später in einer Volksdemokratie oder Volksrepublik in den Ländern Osteuropas verwirklicht wurde.

Die Abschaffung des Privateigentums dort hätte, so erklärt Iring Fetscher, allein noch nicht jene real umfassende Demokratie herbeigeführt. Vielmehr hätte dazu die aktive Teilhabe der Produzenten an der Organisation und Planung kommen müssen. Die Frage, wie die Demokratie beschaffen sein müsse, die Rosa im Sozialismus herbeiwünschte, ist vor allem in Hinblick auf ihre Kritik an der russischen Oktober-Revolution 1918 wichtig.

Es ist von orthodox-kommunistischer Seite in diesem Zusammenhang immer wieder gesagt worden, Rosa habe ihre Ansichten später auf Grund genauerer Informationen und Erfahrungen bei der Deutschen Revolution grundsätzlich revidiert. Fetscher führt zum Thema „Proletarisches Klassenbewußtsein nach Marx und Rosa Luxemburg" aus:

„Rosa hat gewiß viele ihrer Einwände gegen die Oktober-Revolution auf Grund genauerer Informationen in den letzten Monaten ihres Lebens zurückgenommen; doch was diese Kritik an Grundsatzerklärungen enthält, ist bis zu ihrem Ende Teil ihrer Überzeugung geblieben" (85), nämlich: *Es ist die historische Aufgabe des Proletariats, wenn es zur Macht gelangt, anstelle der bürgerlichen Demokratie sozialistische Demokratie zu schaffen, nicht jegliche Demokratie abzuschaffen.* (86)

Sozialistische Demokratie *ist nichts anderes als Diktatur des Proletariats. (...) Aber diese Diktatur muß das Werk der Klasse und nicht einer kleinen, führenden Minderheit im Namen der Klasse sein, d. h., sie muß auf Schritt und Tritt aus der aktiven Teilnahme der Massen hervorgehen, unter ihrer unmittelbaren Beeinflussung stehen, der Kontrolle der gesamten Öffentlichkeit unterstehen, aus der wachsenden politischen Schulung der Volksmassen hevorgehen.* (87)

Fetscher fügt noch kommentierend hinzu: „Die bereits vom Bürgertum verkündeten, aber in der Praxis oft wieder zurückgenommenen oder eingeschränkten politischen Freiheitsrechte wie Redefreiheit, Versammlungsfreiheit, Organisationsfreiheit, Pressefreiheit verlieren daher im Sozialismus keineswegs ihre Bedeutung, sondern werden vielmehr erst ausschlaggebend wichtig. Es wäre, so scheint mir, verhängnisvoll, wenn dieser Beitrag Rosa Luxemburgs zur Überwindung des Erbes der Stalinära nur deshalb verschwiegen würde, weil er in der Vergangenheit oft genug zu kurzschlüssiger Polemik gegen die Sowjetunion mißbraucht worden ist." (88)

Dazu wäre aus heutiger Sicht noch anzumerken: Der Untergang des realen Sozialismus im letzten Jahrzehnt enthebt uns nicht der Notwendigkeit einer Suche nach Möglichkeiten und Formen zur Verbesserung der existenten Demokratie in den Gesellschaften des Spätkapitalismus.

Die Grenzen des Imperialismus

Als das wissenschaftliche Hauptwerk Rosa Luxemburgs wird heute im allgemeinen die Schrift *„Die Akkumulation des Kapitals, ein Beitrag zur ökonomischen Erklärung des Imperialismus"* (erschienen 1913) (89) angesehen.

Ausgangspunkt ist das sogenannte „Reproduktionsschema" der kapitalistischen Produktionsweise, wie es Karl Marx im zweiten Band des „Kapitals" darstellte.

Auf Grund dieses Schemas, das von einer rein kapitalistischen Produktionsweise ausgeht, scheint eine kontinuierlich fortschreitende, erweiterte Produktion des Kapitals (Akkumulation) möglich, ohne daß es zu den erwarteten Krisen und Zusammenbrüchen kommen müßte. Gerade ihre Unvermeidbarkeit zu erweisen, schien Rosa Luxemburg aber die Hauptaufgabe der Kritik der politischen Ökonomie zu sein. Es kam daher alles darauf an, das von Marx entworfene Schema entweder anders zu interpretieren oder aber zu kritisieren und zu korrigieren. Bei näherer Analyse stellte Rosa Luxemburg nun fest, daß dieses Schema einen entscheidenden Mangel enthält.

Der nächste Schritt läßt sich für den Laien verständlich so beschreiben: Die Wirtschaftsordnung des Kapitalismus ist auf Reproduktion des Kapitals angewiesen. Der im Lohnarbeit/Kapital-Verhältnis geschaffene Mehrwert bedarf zu seiner Realisation nicht-kapitalistischer Produktionsformen. Rosa Luxemburg stellt fest:

Der Kapitalismus breitet sich also wegen der Wechselwirkung mit nicht-kapitalistischen Gesellschaften und Ländern immer mehr aus, indem er auf deren Kosten akkumuliert, aber sie zugleich Schritt für Schritt zernagt, um an ihre Stelle zu treten. Je mehr kapitalistische Länder aber an dieser Jagd nach Akkumulationsgebieten teilnehmen und je spärlicher die nicht-kapitalistischen Gebiete werden, die der Weltexpansion des Kapitals noch offenstehen, um so erbitterter wird der Konkurrenzkampf des Kapitals um jene Akkumulationsgebiete, um so mehr verwandeln sich seine Streifzüge auf der Weltbühne in eine Kette ökonomischer und politischer Katastrophen: Weltkrisen, Kriege, Revolutionen.

Es bedarf kaum des ausdrücklichen Hinweises, daß damit das heutige Verhältnis von Erster und Dritter Welt bestürzend genau gekennzeichnet ist.

Man kann auch mutmaßen, daß der Zusammenbruch des Kapitalismus eben dann erfolgen wird, wenn auch diese Akkumulationsgebiete *„aufgefressen"* worden sind bzw. ihre Strukturen die Formen des Kapitalismus der Ersten Welt voll übernommen haben.

Die Zustände in den meisten neuen Staaten Afrikas sprechen in dieser Beziehung eine deutliche Sprache. Der Revisionismus und das, was auf ihn folgte, liefern allerdings auch einen Hinweis darauf, daß man hier in sehr großen Zeitabschnitten denken muß.

Der Bezug zur Rolle der Frau

1983 hat Claudia von Werlhof (90) behauptet, Rosa Luxemburg sei sich paradoxerweise selbst nicht darüber im klaren gewesen, daß sie in „Die Akkumulation des Kapitals" zur Frauenfrage schrieb, dabei habe sie einen Großteil der heutigen Diskussion zu diesem Thema vorweggenommen.

Gemeint ist mit dieser Anspielung die vor einigen Jahren entbrannte Diskussion über den gesellschaftlichen Wert der privaten Hausarbeit.

Ausgangspunkt ist dabei die Feststellung in „Die Akkumulation des Kapitals":

Der Kapitalismus bedarf zu seiner Existenz und Fortentwicklung nichtkapitalistischer Produktionsformen als sei-

ner Umgebung. Aber nicht mit jeder dieser Formen ist ihm gedient. Er braucht nichtkapitalistische soziale Schichten als Absatzmarkt für seinen Mehrwert, als Bezugsquelle seiner Produktionsmittel und als Reservoirs der Arbeitskräfte für sein Lohnsystem. (91)

In der sogenannten „Hausarbeitsdebatte" vertreten die Bielefelderinnen die These (92), daß der Bereich der „privaten", nicht dem unmittelbaren Kapitalverwertungsprozeß unterworfenen „Reproduktionsarbeit", gemeinhin als „Hausarbeit" oder „Hausfrauenarbeit" bezeichnet, für die Kapitalverwertung und -akkumulation in weiterem Sinn zumindest funktional, wenn nicht gar selbst wertschaffend sei.

Diese Sichtweise ist gewiß zu vertreten. Ob sie von Rosa Luxemburg bestätigt worden wäre, ist eine offene Frage. Für sie stand weibliche Emanzipation im größeren Zusammenhang einer umfassenden Revolution.

Narihiko Ito sieht die Dinge wohl richtig, wenn er als Ausgangspunkt und Endpunkt der Idee einer „Revolution von unten" das „Erwachen, die selbständige Disziplin und die Selbstbefreiung jedes Menschen" (93) ansieht. Für die Zukunft dürfte die Bedeutung des Denkens Rosa Luxemburgs vor allem in einem zur Emanzipation möglichst vieler, wenn schon nicht aller Menschen nötigen Bewußtseinszustand liegen, in einer Denkhaltung, einem Denkstil, den es in der Breite zu erreichen gilt.

Rosa Luxemburg verlangte Taten, bestand auf Veränderung, engagierte sich und kämpfte energisch für diese Prinzipien, denn mechanisch kommen sah sie den Sieg des Sozialismus trotz der Widersprüche des Kapitalismus eben nie.

Ihre Vorstellung, Kapitalismus sei entweder eine Vorstufe zum Sozialismus oder der Vorhof zur endgültigen Barbarei, erscheint uns heute, da der real existierende Sozialismus untergegangen ist und der Kapitalismus weltbeherrschend konkurrenzlos triumphiert, nicht einmal übertrieben.

Bestechend in ihrer Nüchternheit und ihrem Realitätssinn sind Sätze von ihr wie diese:

Wie die ganze Weltanschauung Marxens ist sein Haupt-

werk keine Bibel mit fertigen, ein für allemal gültigen Wahrheiten letzter Instanz, sondern ein unerschöpflicher Born der Anregung zur weiteren geistigen Arbeit, zum weiteren Forschen und Kämpfen um die Wahrheit. (...)

Weit entfernt, eine Summe fertiger Vorschriften zu sein, die man nur anzuwenden hätte, ist die praktische Verwirklichung des Sozialismus als eines wirtschaftlichen, sozialen und rechtlichen Systems eine Sache, die völlig im Nebel der Zukunft liegt. Was wir mit unserem Programm besitzen, sind nur wenige große Wegweiser, die die Richtung anzeigen, in der die Maßnahmen gesucht werden müssen. (94)

Lob des Zweifels schimmert bei Rosa Luxemburg immer durch. Leidenschaft für die Wahrheit und Klarheit des Denkens machen sie zur Feindin jedes Dogmatismus. Sie duldete keine unfehlbaren Autoritäten. Sie liebte den Wettstreit der Ideen als Mittel, der Wahrheit näher zu kommen. In dem Sinn, daß Kommunismus eine Assoziation anstrebt, worin die freie Entwicklung eines jeden die Bedingung ist für die freie Entwicklung aller, war Rosa eine energische Verteidigerin der besten marxistischen Traditionen, zugleich aber wollte sie den Marxismus lebendig erhalten und verbessert und fortentwickelt wissen.

IV. Versuch, einen Krieg zu verhindern

Wir sind der Auffassung, daß Kriege nur dann und solange geführt werden können, als die Arbeiterklasse sie entweder begeistert mitmacht, weil sie sie für eine gerechte und notwendige Sache hält, oder wenigstens sie duldend erträgt.

Rosa Luxemburg vor Gericht (95)

Im August 1907 nimmt Rosa am Internationalen Sozialistenkongreß in Stuttgart teil.

Auf Lenins Vorschlag erhält sie eines der russischen Mandate der Unterkommission zur Kriegsfrage.

Die Gefahr eines großen, weltweiten Krieges zeichnet sich immer deutlicher ab. Die Sozialisten aus den verschiedenen Ländern versuchen sich darüber klarzuwerden, was sie in einem solchen Fall tun sollen.

Einerseits muß die Internationale zu dieser aktuellen Frage Stellung nehmen, andererseits fürchten vor allem die deutschen Sozialdemokraten, eine Resolution, in der zu scharfe und zu radikale Maßnahmen vorgeschlagen werden, könne wieder zum Verbot ihrer Partei führen.

Die Formel, die schließlich verabschiedet wird, ist offizielles Programm der Internationale. Wenn dieser Beschluß überhaupt einen Sinn haben soll, müßten sich alle sozialistischen Parteien an ihn halten – unter Umständen auch unter Hintanstellung der nationalen Interessen.

„Droht der Ausbruch eines Krieges, so sind in den beteiligten Ländern die Arbeiter und ihre parlamentarischen Vertreter verpflichtet, alles aufzubieten, um durch Anwendung entsprechender Mittel den Ausbruch des Krieges zu verhindern, die sich je nach der Verschärfung des Klassenkampfes und der allgemeinen politischen Situation naturgemäß ändern und steigern. Falls der Krieg dennoch ausbrechen sollte, sind sie verpflichtet, für dessen rasche Beendigung einzutreten und die durch den Krieg herbeigeführte wirtschaftliche und politische Krise zur politischen Aufrüttelung der Volksschichten und zur Beschleunigung des Sturzes der kapitalistischen Klassenherrschaft auszunutzen." (96)

Für Rosa Luxemburg werden diese Sätze zur Richtschnur ihres politischen Handelns in den kommenden Jahren. Sie ist von der Wirkung internationaler Solidarität felsenfest überzeugt.

Rosa ist seit 1906 an der Parteischule der SPD tätig, an der über sechs Monate hin jeweils dreißig von den Bezirksorganisationen der Partei und der Gewerkschaft vorgeschlagene Mitglieder in Sozialwissenschaften, praktischer Parteiarbeit und Agitation geschult werden.

Von ihrer Organisation her ist diese Bildungsstätte eine fortschrittliche Einrichtung. Die Leitung liegt beim Kollegium, Teilnehmer und Parteivorstand sind mit je einer beratenden Stimme vertreten. Reformen gehen von den Schülern selbst aus. So liest man in den Hausmitteilungen:

„Um mehreren Klagen der Schüler wegen Überlastung abzuhelfen, soll bei dem neuen Kurs wöchentlich außer den bisherigen beiden Nachmittagen noch ein dritter Nachmittag vom Unterricht freigehalten werden."

Über Rosas Unterrichtsstil berichtet ihre Schülerin Rosi Wolfstein:

„Wie sie uns zur eigenen Auseinandersetzung, zur Selbstverständigung mit den nationalökonomischen Fragen zwang? Durch Fragen! Durch Fragen und immer erneutes Fragen und Forschen holte sie aus der Klasse heraus, was nur an Erkenntnis über das, was es festzustellen galt, in ihr steckte. Durch Fragen beklopfte sie die Antworten und ließ uns selbst hören, wo und wie es sehr hohl klang, durch Fragen tastete sie die Argumente ab und ließ uns selbst sehen, ob sie schief oder gerade waren, durch Fragen zwang sie uns über die Erkenntnisse des eigenen Irrtums hin zum eigenen

Finden einer hieb- und stichfesten Lösung zu gelangen (...) bis zur letzten Stunde, wo sie uns entließ mit der eindringlichen Mahnung, nichts ohne Nachprüfung anzunehmen, alles immer erneut nachzuprüfen, mit allen Problemen Fangball spielen, das ist's, was sein muß." (97)

An den sieben Kursen, in denen Rosa bis 1914 unterrichtet, haben insgesamt zweihundert Frauen und Männer teilgenommen, die als Multiplikatoren des hier vermittelten Wissens in die Parteiorganisation der verschiedenen Teile des Reiches zurückkehren.

Neben der Lehrtätigkeit aber geht für Rosa die kritische Auseinandersetzung mit den revisionistischen Bestrebungen in der SPD weiter.

Ein Diskussionspunkt dieser Jahre ist das Dreiklassen-Wahlrecht in Preußen. Je nach Höhe des Einkommens hat danach der einzelne mehr oder weniger politische Macht. Das System soll eingestandenermaßen die Vorherrschaft der Besitzenden sichern. Bezeichnend für die absurden Wahlergebnisse, die so zustande kommen, sind zwei Zahlen aus der Wahl des Jahres 1908.

Während es mit 600 000 Stimmen die Sozialdemokraten nur auf sechs Abgeordnete bringen, können die Konservativen mit 418 000 Stimmen zweihunderteinundzwanzig Sitze erringen!

Nach immer lauter werdenden Protesten und Demonstrationen verspricht Kaiser Wilhelm II. in seiner Thronrede eine Wahlreform, die jedoch immer wieder verschleppt wird.

1910 macht der Reichskanzler Bethmann Hollweg den nahezu zynisch klingenden Vorschlag, Akademiker, verabschiedete Offiziere und höhere Beamte eine Wählerklasse aufrücken zu lassen. Die Demonstrationen der Arbeiterschaft gegen das ungerechte Wahlsystem weiten sich aus.

Im Frühjahr 1909 läßt Karl Kautsky seine Schrift „Der Weg zur Macht" erscheinen. Seine Thesen: Nächste Aufgaben des Proletariats sind die Erringung der Demokratie und der Kampf gegen Militarismus und Imperialismus.

Der Parteivorstand der SPD nimmt Anstoß an einigen

„revolutionären Formulierungen“. Kautsky unterwirft sich und ändert die entsprechenden Stellen in seiner Schrift ab.

Rosa versucht in der Parteipresse zwei Überlegungen Gehör zu verschaffen: Wäre jetzt, da viele Arbeiter gegen niedrige Löhne und gegen das ungerechte Wahlsystem demonstrieren, nicht die Zeit für eine Aktion auf Massenbasis, für den Generalstreik?

Und weiter: Sollte nicht endlich auf den Sturz der Monarchie und die Einführung einer republikanischen Staatsform hingearbeitet werden?

Den meisten Funktionären der SPD und der Gewerkschaften sind solche Überlegungen viel zu radikal.

Anfang März 1910 spricht sich die Generalkommission der Gewerkschaften gegen Streiks aus. Rosa polemisiert gegen die beschwichtigende Haltung. Der „Vorwärts“ lehnt es ab, ihren Artikel zu drucken.

Auch Kautsky will den Beitrag in seiner Theorie-Zeitschrift „Neue Zeit“ nicht veröffentlichen.

War er noch 1909 der Meinung, man sei jetzt in eine Periode der Kämpfe um die Staatseinrichtungen und die Staatsmacht eingetreten, so plädiert er 1910 für Defensive und Ermattungsstrategie und erhofft sich dadurch für die SPD Gewinne bei den in zwei Jahren stattfindenden Reichstagswahlen.

Rosa Luxemburg empört sich über die Vorstellung, „alles auf den parlamentarischen Leisten zurückschrauben zu wollen“.

Immer deutlicher bricht die SPD in diesen Jahren in drei Blöcke auseinander. Die Reformisten neigen mehr und mehr der offiziellen Regierungspolitik zu. Das marxistische Zentrum, zu dem auch Kautsky gehört, verteidigt angeblich die reine Lehre, zu der allerdings mehr und mehr ein Revisionismus à la Bernstein erhoben wird. Im revolutionär-radikalen Flügel der Partei finden sich Rosa, Clara Zetkin, Hering und Radek zusammen.

1910, nachdem Kautsky einen Artikel erst „sehr schön und sehr wichtig“ gefunden hat, dann vorschlug, einen Passus über die Republik zu streichen, „denn in unserem Programm steht kein Wort von Republik“, um schließlich den Text gar nicht zu bringen, kommt es zum Bruch zwischen Rosa und dem Chefideologen:

Diesem Feigling, der nur Mut findet, anderen in den Rücken zu fallen, will ich's besorgen, schreibt sie grimmig. (98)

Der tiefe und dann letztlich unüberbrückbare Graben zwischen Rosa und Kautsky wird nirgends besser sichtbar als in einem Brief, den sie ihm schon 1900, als sie noch befreundet sind, von einer Urlaubsreise an den Rheinfall von Schaffhausen geschrieben hat: *Und jedesmal, wenn ich vorbeifahre und aus dem Waggonfenster des Zuges das furchtbare Schauspiel, den spritzenden Gischt, die weiße kochende Wasserhölle sehe und das betäubende Getöse höre, schnürt sich mir das Herz zusammen, und in mir sagt etwas: Dort steht der Feind. Sie staunen? Freilich ist es der Feind – der menschlichen Eitelkeit, die sich sonst als etwas dünkt und so plötzlich in nichts zusammenbricht.* (99)

Die Eitelkeit, die Vorsicht, um nur nicht die Rolle als Starinterpret und Chefideologe zu verlieren – das sind Sünden, für die es in Rosas Augen kein Pardon gibt.

Und weiter steht in diesem die unterschiedlichen Grundhaltungen so klar umreißenden Brief:

Ähnlich wirkt übrigens eine Weltanschauung, bei der es von allen Begebenheiten heißt wie bei Ben Akiba:, „Es war immer so“, „Es wird schon von selbst gehen“ und dgl., und der Mensch mit seinem Wollen, Können, Wissen so überflüssig erscheint ... Deshalb hasse ich eine solche Philosophie, mon cher Charlemagne, und bleibe dabei, daß man sich lieber in den Rheinfall stürzen und in ihm wie eine Nußschale untergehen muß, als ihn mit weisem Kopfnicken weiterrauschen zu lassen, wie er zu unser Urväter Zeiten gerauscht und nach uns rauschen wird. (100)

Es ist der Unterschied zwischen dem Mann, der vernünftig genug ist, unter Umständen einzusehen, daß man seinen Frieden mit dem Gang der Dinge zu schließen habe, und einer Frau, die unerbittlich darauf pocht, daß der Kampf weiter vorangetrieben werden muß.

Rosa – die unermüdliche Partisanin der Veränderung; Rosa – die Kämpferin gegen alles, was Anpassung, Stehenbleiben auf halbem Weg, Bequemlichkeit, Lauheit, faule Kompromisse bedeutet; Rosa – die Unbedingte. Das ist es, was nicht nur zum Bruch mit Kautsky, sondern überhaupt mit der neuen Führungsspitze führt, was den Unterschied zwischen ihr und der Mehrheit der Partei ausmacht, ein Unterschied, der heute von den Parteihistorikern der SPD gern übersehen oder verschleiert wird.

1911 stirbt Paul Singer. 1912 stirbt der große alte Mann der Partei, August Bebel. Die alte Garde, die von den harten Gründerjahren der Partei und von der Zeit des Verbots geprägt ist, tritt ab.

Nachfolger im Parteivorstand werden der Rechtsanwalt Hugo Haase und der konservative Parteifunktionär Friedrich Ebert. Je mehr Sitze die SPD im Reichstag gewinnt, desto mehr Verständnis zeigen ihre Führer für die Interessen des bürgerlichen Lagers. Man wird langsam selbst zum Bürger, zum staatstragenden Element.

Ende März 1913 wird im Reichstag eine Militärvorlage eingebracht, die die größte Heeresverstärkung seit Bestehen des Deutschen Reiches vorsieht. Ein Teil der zusätzlichen finanziellen Mittel soll durch einen außerordentlichen Wehrbeitrag und durch Besteuerung aller Vermögen über zehntausend Mark aufgebracht werden, der übrige Teil aber geht zu Lasten auch des Proletariats.

Am 30. Juli 1913 wird die Militärvorlage im Reichstag angenommen. Die SPD-Fraktion hat die Militärvorlage zwar abgelehnt, stimmt aber einer einmaligen Vermögensabgabe (dem Wehrbeitrag) und einer Vermögenszuwachssteuer zur Finanzierung der Heeresabgaben zu. Der Abstimmung sind scharfe Auseinandersetzungen in der Fraktion vorausgegangen. Siebenunddreißig Abgeordnete, die die Vorlage ablehnen wollen, werden durch Fraktionsdisziplin auf die revisionistische Linie festgelegt. Die Zustimmung zu den Gesetzen bedeutet das Abgehen von dem Grundsatz: „Diesem System keinen Mann und keinen Groschen!"

Schon im März 1913 sind die Redaktionen der Parteizeitungen verpflichtet worden, von nun an keine Kritik an der SPD-Reichstagsfraktion und dem Parteivorstand zu üben. Der Beschluß wird zunächst bei den einzelnen Blättern recht lax gehandhabt. Als aber im Sommer 1913 Hans Block die Leitung der „Leipziger Volkszeitung" übernimmt, in der bisher die radikale Opposition immer noch zu Wort gekommen ist, wird Rosa Luxemburg aus diesem Blatt hinausgedrängt, für das sie fünfzehn Jahre geschrieben hat. Mehring, Marchlewski und Clara Zetkin erklären sich mit Rosa solidarisch.

Im Dezember 1913 gründet diese Gruppe ein eigenes Mitteilungsblatt, die „Sozialistische Korrespondenz". In ihm nimmt Rosa neben taktischen Fragen vor allem zum Problem des Militarismus Stellung.

Es ist nicht zufällig, daß sie in diesen Jahren mit solcher Entschiedenheit gegen die wachsenden Rüstungsausgaben und das Militär zu Felde zieht.

Bei ihrer Arbeit an der Schrift „Die Akkumulation des Kapitals" dürfte sich ihr die düstere Ahnung der Gefahr eines Weltkrieges als logische Folge aus der Konkurrenzsituation der imperialistischen Großmächte aufgedrängt haben.

Ihre Strategie: Aufklärung der Massen darüber, welchen Interessen ein solcher Krieg dienen würde, Entlarvung der Unmenschlichkeit des Militärs in einer Gesellschaft, in der der Offizier als erster Mann im Staat, als eine Spezies Mensch höherer Ordnung, gilt; jenseits der Grenzen des Deutschen Reiches Stärkung der internationalen Solidarität.

Der Weg ins Gefängnis

Am 24. September 1913 spricht Rosa in Hanau, am 26. in der Liederhalle in Frankfurt/Main-Bockenheim und am 28. September in Frankfurt-Fechenheim. Thema aller drei Referate: „Gegen Militarismus und imperialistischen Krieg!"

Am 20. Februar 1914 um neun Uhr beginnt vor der Zweiten Strafkammer des Landgerichts Frankfurt am Main ein Prozeß gegen Rosa. Die Anklage wirft ihr Vergehen gegen §§ 110, 111 und 112 des Strafgesetzbuches vor. Sie soll bei den Versammlungen im Herbst 1913 eine Menschenmenge zum Ungehorsam gegen die Obrigkeit aufgewiegelt haben.

Als erster Zeuge in dem Frankfurter Prozeß wird der ehemalige Schreiner Henrici vernommen. Er ist auf der Versammlung in Bockenheim gewesen. Erst hat er sich kurze Notizen gemacht, später ganze Sätze mitstenographiert. An Hand dieser Notizen gibt er eine Inhaltsangabe des Vortrags. Die Rednerin habe die Frage aufgeworfen, ob die Arbeiter sich einen Krieg ungestraft gefallen lassen sollten. Als hierauf aus der Versammlung „niemals" gerufen worden sei, habe die Luxemburg erklärt:

Wenn uns zugemutet wird, die Mordwaffe gegen unsre französischen oder anderen Brüder zu erheben, dann rufen wir: Das tun wir nicht.

Auf diese Sätze allein stützt sich die Anklage. Der Zeuge Henrici erklärt, daß er die Sätze wörtlich genommen habe. Er gibt sich als Verfasser eines Artikels in der „Frankfurter Warte" zu erkennen, durch den die Strafverfolgung ausgelöst worden ist. Er habe den Artikel nicht selbst an den Staatsanwalt geschickt, wisse aber, wer es getan habe. Die Frage, ob der Zeuge veranlaßt habe, daß der Artikel an den Staatsanwalt gelangte, die der Verteidiger Dr. Rosenfeld stellt, wird durch Gerichtsbeschluß abgelehnt. Der Staatsanwalt fordert eine Strafe von einem Jahr Gefängnis und beantragt im Fall der Verurteilung der Angeklagten deren Verhaftung. Im Plädoyer sagt er unter anderem:

„Die Angeklagte ist wiederholt vorbestraft. Immerhin liegen die Strafen weit zurück, die letzte über acht Jahre. Es ist erstaunlich, daß die Angeklagte seitdem zwar eine große Anzahl der schlimmsten Brandreden gehalten, es aber verstanden hat, sich nicht strafbar zu machen. Das ist ein Beweis für ihre außerordentliche Intelligenz, für ihre Überlegenheit im Handeln. Die Angeklagte überlegt sich genau, was sie sagt. Ihre ganze Persönlichkeit ist nicht geeignet, eine milde Auffassung hervorzurufen. Sie gehört der extremsten Gruppe des radikalsten Flügels der Sozialdemokraten an. Sie ist bekannt durch ihre außerordentlich scharfen Reden. Sie trägt den Beinamen ‚die rote Rosa' nicht zu Unrecht. Die Frankfurter Reden zeigen, was sie in ihrem Kopf denkt (...) sie animiert zum Mord, sie fordert zur Meuterei auf. Das läßt erkennen, von welcher Todfeindschaft die Angeklagte gegen die bestehende Staatsordnung erfüllt ist." (101)

Der Verteidiger Dr. Kurt Rosenfeld versucht in längeren Ausführungen nachzuweisen, daß die §§ 111 und 112 nur die Aufforderung zum Ungehorsam im Auge haben, denen die Tat gleich folgt. Er führt aus, daß die Auslobung von zehn Mark für jeden erstochenen „Wackes" (Elsässer) viel eher eine Aufforderung zum Ungehorsam enthalte als die Ausführungen der Genossin Luxemburg. Er spielt dabei auf die sogenannte Zabern-Affäre an. In der kleinen elsässischen Stadt – das Elsaß gehörte seit dem Krieg 1870 zum Deutschen Reich – war es im November 1913 zu Unruhen gekommen, nachdem der Leutnant Freiherr von Forstner vor Rekruten die Bevölkerung beschimpft und demjenigen eine Belohnung von zehn Mark versprochen hatte, der im Streit einen Elsässer niedersteche. Rosa Luxemburg sagt in ihrer Verteidigungsrede:

Herr Staatsanwalt, wir Sozialdemokraten hetzen überhaupt nicht auf! Denn was heißt „hetzen"? Habe ich etwa den Versammelten einzuschärfen versucht: Wenn ihr im Kriege als Deutsche in Feindesland, zum Beispiel nach China, kommt, dann haust so, daß kein Chinese nach hundert Jahren wagt, einen Deutschen mit scheelen Blicken anzu-

sehen? Hätte ich so gesprochen, dann wäre das allerdings eine Aufhetzung. Oder habe ich vielleicht in den versammelten Massen den nationalen Dünkel, den Chauvinismus, die Verachtung und den Haß für andere Rassen und Völker aufzustacheln gesucht? Das wäre allerdings eine Aufhetzung gewesen. Aber so sprach ich nicht, und so spricht nie ein geschulter Sozialdemokrat... (102)

Das Urteil im Frankfurter Prozeß lautet:

„Die Angeklagte wird wegen zwei Vergehen gegen § 110 des Strafgesetzbuches zu einer Gefängnisstrafe von einem Jahr verurteilt..." Der Antrag auf Haftverschonung wurde abgelehnt.

Die Angeklagte legt gegen das Urteil Berufung ein. Überall in Deutschland protestieren Arbeiter gegen ihre Verurteilung.

Rosa setzt unbeirrt ihre Agitation gegen den Militarismus auf Versammlungen in Stuttgart, Berlin, Freiburg, Karlsruhe, Pforzheim, München, Heilbronn, Göppingen und Gmünden fort. Zu dieser Zeit kursiert ein geheimes Schreiben des Ministers des Inneren an den Herrn Regierungspräsidenten in Wiesbaden:

„Geheim! Eigenhändig!

Berlin, den 4. März 1914

In dem mir abschriftlich überreichten Bericht des Polizeipräsidenten in Frankfurt am Main vom 25. November v. Js. betreffend die von der Agitatorin Luxemburg am 26. September im Stadtteil Bockenheim gehaltene Rede, ist mir aufgefallen, daß keine polizeiliche Überwachung dieser Versammlung stattgefunden, die Polizeibehörde sich vielmehr damit begnügt hat, eine Privatperson zur Beobachtung des Verlaufs der Versammlung in diese zu entsenden. (...)

Ich bitte, den Polizeipräsidenten gefälligst darauf hinzuweisen, daß in Zukunft solche Versammlungen, wie die hier in Rede stehenden durch einen Beamten zu überwachen sind, was selbstverständlich nicht die Beobachtung der Vorgänge durch eine Privatperson ausschließt..."

Und in einer Parteizeitung der SPD liest man:

„Die nationalliberale Ortsgruppe Lorch, Württemberg, entrüstet über die Untätigkeit der Behörden gegenüber dem skandalösen Auftreten der Rosa Luxemburg, welche in Versammlungen die aufwiegelnden Reden, wegen derer sie zu einem Jahr Gefängnis verurteilt worden ist, unentwegt wiederholt und sich über ihre Verurteilung auch noch lustig macht, spricht die Erwartung aus, daß im Reichstag der Reichskanzler hierüber interpelliert oder in entsprechender Weise befragt werde. Es wird im deutschen Volk, soweit es nicht im sozialdemokratischen Fahrwasser segelt, nicht verstanden, daß man dem frechen Gebaren dieses Frauenzimmers nicht ein Ende macht." (103)

Und im „Vorwärts" Nr. 130 vom 14. Mai 1914 wird berichtet:

„Soeben hat der Kriegsminister von Falkenhayn einen neuen Strafantrag gegen die Genossin Luxemburg gestellt, und zwar wegen einer Äußerung, die sie in der Freiburger Riesenversammlung vom 7. März getan hat. Der Herr Kriegsminister fühlt sich im Namen des gesamten Offiziers- und Unteroffizierskorps der deutschen Armee beleidigt durch die Behauptung unserer Genossin, daß in der deutschen Armee Soldatenmißhandlungen auf der Tagesordnung stehen."

Brief von Rosa Luxemburg an Franz Mehring vom 22. Mai 1914:

Ich kann Ihnen nicht sagen, welche Freude mir die Sache macht. Wieder also ein Prozeß, in dem nicht etwa ein Lapsus linguae (...) zu Gericht steht, sondern elementare Wahrheiten, notwendige Bestandteile unserer politischen Aufklärung. (104)

Rosas Verteidiger, Dr. Rosenfeld und Dr. Levi, können in dem zweiten Prozeß, der am 29. Juni 1914, am Tag nach dem Attentat in Sarajevo, vor dem Landgericht II in Berlin beginnt, mit Zeugenmaterial für dreißigtausend Soldatenmißhandlungen aufwarten. Es ist dies das Ergebnis eines Aufrufes in der sozialdemokratischen Presse.

Schon am ersten Tag erscheinen einhundert Zeugen der Verteidigung.

Beispielsweise der Zeuge Diefenbach, der 1902 bis 1903 als Einjähriger-Freiwilliger in einem westfälischen Artillerie-Regiment gedient hat. Er sagt aus, daß Soldaten von Unteroffizieren häufig mißhandelt wurden. Ohrfeigen, Püffe, Säbelstöße und auch Schläge mit der Reitgerte geschahen täglich. Ein Sergeant prügelte systematisch, ein Leutnant hat öfter, ein Major einmal einem Offizier eine Ohrfeige gegeben. Beschwerden unterblieben aus Angst.

Der Zeuge Dr. Rosenthal soll bekunden, daß bei einer Übung 1895 in Breisach kein Tag ohne Mißhandlungen verging. Der Zeuge bot dem Unteroffizier Reichle an, ihm eine Woche hindurch allen Schnaps zu zahlen, den er trank – und das war nicht wenig –, wenn er einen Tag nicht prügele.

Auch die anderen Unteroffiziere haben durchweg geprügelt.

Der Zeuge Jaeckel, der 1886 gedient hat, bezeugt schwere Mißhandlungen, die Blutungen zur Folge hatten, Anspukken von Soldaten durch Vorgesetzte, Schemelstrecken vor glühendem Ofen, des weiteren ordinäre Schimpfereien von Offizieren, von denen einer einem körperlich und geistig schwachen Soldaten den Kopf bis zum Hals in den Schnee stecken und diese Prozedur zu seiner Freude durch zwei Soldaten ausführen ließ. Dieser Leutnant habe auch den Säbel zwischen den auf den Rücken gebundenen Händen des Soldaten so durchgesteckt, daß sich die Spitze in die Kniekehlen einbohren mußte, und dann kommandierte er langsamen Schritt.

Musketier Hempel kam eines Tages zu spät in die Kaserne. Der Feldwebel erklärte der Kompanie, von einer Weitermeldung „dieses Schweins" an den Hauptmann Abstand nehmen zu wollen, aber man solle ihm die „Kompanieliebe" (nächtliche Mißhandlung im Schlafsaal) verpassen. Als der Dienst beendet war, erschoß sich Hempel mit dem Dienstgewehr. Der hinzugerufene Oberstabsarzt sagte: „Mein Sohn, du hast gut getroffen!"

Und so weiter, und so weiter.

„Leipziger Volkszeitung" Nr. 150 vom 3. Juli 1914:

„Die am Freitag wieder aufgenommene Verhandlung in dem Prozeß gegen die Genossin Luxemburg endete mit der Vertagung des Prozesses auf unbestimmte Zeit.

Der Staatsanwalt begründet den Vertagungsantrag mit einer Erklärung des Kriegsministers, daß es ihm in so kurzer Zeit nicht möglich sei, die Zeugenaussagen prüfen zu lassen. Eine ähnliche Erklärung gab der Staatsanwalt für sich ab. Die Angeklagte und die Verteidigung wehrten sich gegen die Vertagung, die auf eine Verschleppung hinauslaufe und nur dazu dienen solle, den Prozeß dem Zivilgericht zu entziehen, zu dem man kein Vertrauen habe, und ihn vor ein Kriegsgericht zu bringen. Nach langer Beratung gab jedoch das Gericht dem Vertagungsantrag statt."

Rosas Genugtuung über ihren Erfolg bei der Aufdeckung unmenschlicher Zustände in der deutschen Armee wird getrübt durch die kritische politische Situation in Europa.

Am 25. Juli 1914 erklärt Österreich nach der Ermordung des österreichischen Thronfolgers in Sarajevo Serbien den Krieg. Am 29. Juni mobilisiert Rußland einen Teil seiner Truppen. Die entscheidende Frage ist, würde das Deutsche Reich in den Konflikt hineingezogen werden oder in ihn eingreifen? Dann ist durch das System der Militärbündnisse der beiden Großmachtblöcke, nämlich England, Rußland und Frankreich einerseits und Deutschland und Österreich andererseits, ein europäischer Krieg, ein Weltkrieg, unvermeidbar.

Rosa ist noch optimistisch. Sie glaubt nicht daran, daß der deutsche Kaiser zu diesem Zeitpunkt den Krieg wünschte. Und sie hofft, die Sozialistische Internationale werde in der Lage sein, die Kriegspolitik der Regierungen abzublocken.

Am 29. Juli 1914 trifft sich das Büro der Internationale in Brüssel, um zur Kriegsgefahr Stellung zu nehmen.

Das Deutsche Reich ist durch Haase und Kautsky vertreten, Frankreich durch Jaurès, Guesde und Vaillant, Österreich durch Victor und Friedrich Adler, Rußland durch Axelrod. Lenin selbst ist nicht erschienen, sondern läßt sich durch seine Freundin Angelica Balabanow vertreten. Aus

Großbritannien ist Keir Hardie gekommen, die belgischen Sozialisten sind vertreten durch Emile Vandervelde und Camille Huysmans, die Schweizer Sozialdemokraten durch Karl Moor und Robert Grimm.

Als erster spricht Victor Adler. Er stellt die Lage der Sozialdemokraten in Österreich sehr pessimistisch dar. Das Volk, die Massen wollen den Krieg. Man demonstriere in den Straßen für den Krieg. Wenn sich die Sozialisten gegen den Krieg aussprechen sollten, würden sie sich völlig isolieren. Auch sei es unmöglich, einen für den Herbst in Wien geplanten Antikriegskongreß in der österreichischen Hauptstadt abzuhalten.

Während Adlers Rede ins Französische übersetzt wird, unterhält sich Rosa mit dem spanischen Delegierten Fabra-Ribas. Sie ist empört. Wo bleibt jetzt, da wirklich alles auf dem Spiel steht, die internationale Solidarität? Ja, man ist gegen den Krieg. Das ist das Ideal, die Sonntagsgesinnung. Aber wenn die Vaterländer in Gefahr sind, wird man trotzdem für sie in den Krieg ziehen. Das ist die bittere Wirklichkeit, die Alltagsgesinnung.

Zornig sagt Rosa zu dem Spanier: „Die Sitzung kann nicht in einer solchen Atmosphäre fortgesetzt werden.“ (105)

Immerhin, noch nicht in allen Ländern scheinen die Massen so kriegsbegeistert wie in Österreich.

Der deutsche Delegierte Hugo Haase verliest ein Telegramm, aus dem hervorgeht, daß noch gestern in Berlin Tausende von Arbeitern in siebenundzwanzig überfüllten Versammlungen und auf der Straße gegen den Krieg und für den Frieden demonstriert haben.

Was er jedoch nicht erwähnt, ist, daß im Parteivorstand der SPD nach Gesprächen mit dem Reichskanzler Bethmann Hollweg schon für den Kriegsfall die Weichen zu einer Politik des Burgfriedens zwischen Regierung und Opposition gestellt worden sind. Damit hat die SPD, statt die Regierung und den Kaiser in ihrem Kriegskurs zu bremsen, diesen noch den Rücken gestärkt.

In Berlin schreibt Wilhelm II. am 29. Juli an den Rand eines Telegramms des russischen Zaren Nikolaus II.:

„Die Sozen machen antimilit. Umtriebe in den Straßen, das darf nicht geduldet werden. Jetzt auf keinen Fall. Im Wiederholungsfall werde ich den Belagerungszustand proklamieren und die Führer samt und sonders tutti quanti einsperren lassen. Wir können jetzt keine soz. Propaganda mehr dulden."

Am 30. Juli versichert der Reichskanzler auf einer Sitzung des preußischen Staatsministeriums, daß von der Sozialdemokratie und deren Vorstand, falls Krieg ausbrechen sollte, kein Widerstand zu befürchten sei.

Bei der Nachmittagssitzung am 29. Juli in Brüssel überkommt Rosa Resignation und Trauer.

Die Beschlüsse, zu denen sich das höchste Gremium der europäischen Sozialisten aufrafft, fallen höchst mager aus.

Man verlegt den Kongreß, der für Ende August nach Wien einberufen worden ist und auf dem dem Krieg der Krieg erklärt werden soll, auf den 9. August nach Paris. Aber auf konkrete Maßnahmen – beispielsweise auf die Ausrufung des Generalstreiks in allen Ländern – kann man sich nicht einigen. Ja man streitet sich sogar, ob in Paris überhaupt das Mittel des Generalstreiks diskutiert werden soll. Die nationale Befangenheit der Politiker und damit die Lähmung und das zwangsläufige Versagen der II. Internationale muß als die traurige Realität anerkannt werden. Ein schwerer Schlag für eine Frau, für die internationale Solidarität nie ein bloßes Lippenbekenntnis gewesen ist.

Am Abend des 29. Juli findet im Cirque Royal ein großes Antikriegsmeeting der belgischen Arbeiter statt. Der Riesenbau ist bis auf den letzten Platz gefüllt.

Als die Delegierten der Internationale die Versammlung betreten, schlägt ihnen Sympathie entgegen. Wenn die Stimmung dieses Massentreffens repräsentativ wäre, dürfte es keinen Krieg in Europa geben. Für Stunden kommt bei manchen Delegierten die Illusion auf, noch sei nicht alles verloren. Vandervelde und Hugo Haase sprechen zur Menge. Jaurès ruft aus:

„Wir Franzosen haben die Pflicht, darauf zu bestehen, daß die französische Regierung energisch mit Rußland spricht, damit es sich dem Konflikt fernhält. Und tut Rußland das nicht, dann ist es unsere Pflicht zu sagen: Wir kennen nur einen Vertrag, den Vertrag, der uns an die Menschheit bindet."

Darauf bittet er „die kühne Frau, die das Herz des deutschen Proletariats mit der Flamme ihrer Gedanken erfüllt hat", das Wort zu nehmen.

Aber Rosa spricht nicht. Sie sitzt da, die Hände vor das Gesicht geschlagen. Zwei andere Delegierte kommen, drängen sie. Niemand begreift, warum sie es jetzt ablehnt zu sprechen.

Der Vorsitzende Vandervelde sagt: „Ich hätte gern Rosa Luxemburg das Wort gegeben, doch ich möchte ihr die Anstrengung ersparen."

Jaurès ruft knurrend dazwischen: „Sie wird sich im Gefängnis ausruhen!" (106)

Rosa bleibt regungslos, starr. Sie weiß, daß auch die leidenschaftlichste Rede jetzt nichts mehr ändern würde. Ist sie denn die einzige, der es ernst gewesen ist mit der internationalen Solidarität der Sozialisten? Am 30. Juli vormittags kommt man im Internationalen Sozialistischen Büro noch einmal zusammen.

Es wird eine Resolution verabschiedet.

„Die Proletarier aller betroffenen Länder verpflichten sich, ihre Demonstrationen gegen den Krieg nicht nur fortzusetzen, sondern sie noch zu verstärken. Die deutschen und die französischen Proletarier werden mit allen Kräften auf ihre Regierungen einwirken, so wie sie es jetzt getan haben, damit diese auf ihre Verbündeten Österreich und Rußland Druck ausüben, daß die beiden Länder davon ablassen, den Weltfrieden zu gefährden."

Das ist alles.

Niedergeschlagen wartet Rosa auf die Abfahrt ihres Zuges. Ihre letzten Stunden in Brüssel hat sie später in einem Brief an Hans Diefenbach geschildert:

Sie haben doch wohl auf dem Kopenhagener Kongreß Camille Huysmans gesehen, den großen Jungen mit den dunklen Locken und dem typischen Vlamengesicht? (...) Zehn Jahre lang gehörten wir beide dem Internationalen Bureau an, und zehn Jahre lang haßten wir einander, sofern mein „Taubenherz" eines solchen Gefühls überhaupt fähig ist. Weshalb – ist schwer zu sagen. Ich glaube, er kann politisch tätige Frauen nicht leiden, mir fiel wohl sein impertinentes Gesicht auf die Nerven. Es fügte sich nun bei der letzten Sitzung in Brüssel (...) daß wir zum Schluß einige Stunden zusammen waren. Ich saß gerade – es war in einem eleganten Restaurant – bei einem Strauß Gladiolen, die auf dem Tisch standen und in deren Anblick ich mich ganz vertiefte, ohne mich an dem politischen Gespräch zu beteiligen. Dann kam die Rede auf meine Abreise, wobei meine Hilflosigkeit in „irdischen Dingen" zum Vorschein kam, mein ewiges Bedürfnis nach einem Vormund, der mir das Billett besorgt, mich in den richtigen Zug steckt, meine verlorenen Handtaschen einsammelt – kurz meine ganze blamable Schwäche, die Ihnen schon so viele frohe Augenblicke bereitet hat. Huysmans beobachtete mich schweigend eine ganze Zeit, und der zehnjährige Haß wandelte sich in einer Stunde in glühende Freundschaft. Es war zum Lachen. Er hatte mich endlich schwach gesehen und war in seinem Element. Nun nahm er sofort mein Schicksale in die Hand, schleppte mich zusammen mit Anseele, dem reizenden Wallonen, zu sich zu einem Souper, brachte mir eine kleine Katze, spielte und sang mir Mozart und Schubert vor. Er besitzt ein gutes Klavier und einen hübschen Tenor, und es war ihm eine neue Offenbarung, daß mir die musikalische Kultur Lebensluft ist (...) Dann brachte er mich natürlich zum Zug, trug selbst meinen Koffer, saß dann noch im Coupé mit mir und beschloß plötzlich: Mais il est impossible de vous laisser voyager seule! Als ob ich wirklich ein Säugling wäre. Kaum habe ich ihm ausgeredet, daß er mich nicht wenigstens bis zur deutschen Grenze begleitete, er sprang hinaus, erst als der Zug in Bewegung war, und rief noch: Au revoir à Paris! (107)

Nach 14stündiger Nachtfahrt kommt Rosa zusammen mit Haase und Kautsky in Berlin an.

Dort hört sie die Nachricht: Jean Jaurès ist von einem Fanatiker ermordet worden.

Tot der Mann, der vielleicht, wenn überhaupt jemand, in der Lage gewesen wäre, die Sozialistische Partei und die Gewerkschaften im Fall des Kriegsausbruches zu einem Generalstreik zu bewegen. Eine Hoffnung weniger, ach was; sie weiß, daß es gar keine Hoffnung mehr gibt.

Am 31. Juli, nach den Antikriegsdemonstrationen der Vortage, hat der Parteivorstand der SPD die Parteimitglieder aufgerufen, keine Unbesonnenheit zu begehen.

Während im „Vorwärts" immer noch Artikel gegen den Krieg erscheinen, während noch einmal eine Delegation der SPD nach Paris reist, um mit den französischen Sozialisten zu sprechen, finden in der Reichstagsfraktion der Partei schon Besprechungen statt, wie man sich bei der anstehenden Abstimmung über die Kriegskredite verhalten soll. Immer mehr setzt sich angesichts des allgemeinen Hurra-Patriotismus im Land in der Parteiführung die Meinung durch, wenn es hart auf hart komme, müsse man zu Kaiser und Reich stehen.

Die Beweggründe für diese Einstellung sind unterschiedlich. Die einen sind tatsächlich vom patriotischen Fieber angesteckt, die anderen argumentieren: Widersetze man sich der Regierungspolitik, so werde man sich der Basis entfremden, eventuell sogar dem Kaiser den Vorwand liefern, in Deutschland eine Militärdiktatur zu errichten und alle Sozialdemokraten einsperren zu lassen. Daß bei den Militärs derlei Pläne erwogen werden, hatte sich 1910 herausgestellt. Es kommen finstere Zeiten!

V. Durch die Gefängnisse

„Wenn die Unterdrückung zunimmt
Werden viele entmutigt
Aber sein Mut wächst…
Wo immer geschwiegen wird
Dort wird er sprechen
Und wo Unterdrückung herrscht
und von Schicksal die Rede ist
Wird er die Namen nennen.“

Bert Brecht, Lob des Revolutionärs (108)

Rausch. Der patriotische Lärm in den Straßen, die Jagd auf Goldautomobile, die einander jagenden falschen Telegramme, die mit Cholerabazillen vergifteten Brunnen, die auf jede Eisenbahnbrücke Berlins bombenwerfenden russischen Studenten, die über Nürnberg fliegenden Franzosen, die Straßenexzesse des spionewitternden Publikums, das wogende Menschengedränge in den Konditoreien, die ohrenbetäubende Musik und patriotische Gesänge, die höchste Wellen schlagen; ganze Stadtbevölkerungen in Pöbel verwandelt, bereit zu denunzieren, Frauen zu mißhandeln, Hurra zu schreien und sich selbst durch wilde Gerüchte ins Delirium zu steigern, eine Ritualmordatmosphäre, in der der Schutzmann an der Straßenecke der einzige Repräsentant der Menschenwürde ist. (109)

Wortbilder gleich Gemälden von Dix oder Grosz, so drückt sich die Stimmung aus, die Rosa Luxemburg bei Ausbruch des Ersten Weltkriegs um sich wahrnimmt.

Ein 18jähriger Arbeiter in einer Berliner Schuhfabrik erlebt ihn so:

„Die Kriegsereignisse unterbrachen den täglichen Trott in der Fabrik nicht. Der Abteilungsleiter war so übellaunig-pedantisch wie immer, er kujonierte besonders die Heimarbeiterinnen nach wie vor, er ließ sie stundenlang warten, ehe er ihnen neue Arbeit gab, obwohl ich für jede das Material fertig zur Ausgabe auf den Tisch gelegt hatte. Man sprach über den Krieg wie etwa über ein Erdbeben, man nahm ihn hin wie ein Naturereignis. Unpolitischen Menschen mangelte es an Phantasie und an Wissen, um das Ausmaß des Geschehens aufnehmen zu können. Auch in der Zeit, in der es täglich um Tod und Leben von Tausenden Einzelpersonen und ganzen Völkern geht, gehen die kleinen täglichen Sorgen der eigenen Existenz vor. So diskutieren die Kollegen um diese Zeit mehr über Betriebsfragen als über den Krieg. Die Fabrikleitung hatte neuartige Zwickmaschinen gekauft. Monteure der Maschinenfabrik und ausgebildete Maschinenarbeiter waren mit dem Einbau beschäftigt; mehr als ein Drittel der Belegschaft fürchtete Arbeitslosigkeit (...) alles atmete auf, als Heeresaufträge hereinkamen.

Ich weiß nicht, ob unter meinen Arbeitskollegen Mitglieder der SPD waren. Ich habe auch niemals gesehen, daß ein Kollege das Parteiorgan, den ‚Vorwärts' las. Trotzdem war damals die Arbeiterschaft weit mehr mit der Sozialdemokratie verbunden als heute. Man wählte nicht nur sozialdemokratisch, man wollte es auch sein.

Ich kann mich nicht entsinnen, daß jemals ein Kollege die Beschlüsse der Sozialistischen Internationale gegen den Krieg erwähnte. Aber der Ausspruch Bebels, daß er, wenn es gegen den russischen Zaren gehe, auch das Gewehr ergreifen werde, war beinahe allgemein bekannt.

So war es eine richtige Annahme der deutschen Regierung, daß die erste ihrer Kriegserklärungen gegen den ‚blutbefleckten Zarismus' Zustimmung in der SPD und damit auch in der Arbeiterschaft finden werde. Die Regierung und die Generäle hatten sich ebenfalls den Ausspruch Bebels wohl gemerkt, und sie hatten nicht versäumt, sich von dem sozialdemokratischen Reichstagsabgeordneten Südekum bestätigen zu lassen, daß dieser Bebelausspruch weiterhin galt." (110)

28. Juli 1914: Österreich erklärt Serbien den Krieg. 31. Juli 1914: Russische Mobilmachung. 1. August 1914: Das Deutsche Reich erklärt Rußland und Frankreich den Krieg. Der deutsche Kaiser Wilhelm II. verkündet: „Ich kenne keine Parteien mehr, ich kenne nur Deutsche." 2. August 1914: Die Vorständekonferenz der deutschen Gewerkschaften beschließt, alle Lohnkämpfe zu unterlassen. 3. August 1914: In der Fraktionssitzung der SPD-Reichstagsfraktion stimmen vierzehn Abgeordnete, darunter der Partei- und Fraktionsvorsitzende H. Haase sowie G. Ledebour und Karl Liebknecht, gegen die Bewilligung der Kriegskredite. 4. August 1914: Großbritannien erklärt Deutschland den Krieg. Der Reichstag tritt zur Bewilligung des ersten Kriegskredites zusammen. Der 4. August gilt als ein „schwarzer Tag" in der Geschichte der SPD. Einstimmig votiert die Fraktion der Partei für die Kredite. Fraktionszwang hat auch die Gegner der Vorlage verpflichtet, so zu stimmen. Der Fraktionsvorsitzende, am Vortag noch ganz anderer Meinung, begründet seine Entscheidung mit den Worten: „... es gilt, Gefahr abzuwenden, die Kultur und die Unabhängigkeit unseres eigenen Landes sicherzustellen. Da machen wir wahr, was wir immer betont haben. Wir lassen in der Stunde der Gefahr das eigene Vaterland nicht im Stich."

Als Lenin in der Schweiz die Meldung vom Abstimmungsverhalten der SPD hört, hält er sie für eine Propagandalüge.

Depression

Rosa wird von tiefer Verzweiflung gepackt. Sie hatte schwere Depressionen, Selbstmordgedanken.

Sie ist entsetzt, mit welcher Selbstverständlichkeit sich jetzt auch die kritischen Köpfe in der Partei von der allgemeinen Hurra-Stimmung anstecken lassen. Leute, die noch vor ein paar Monaten, ja vor Wochen auf internationalen Kongressen für eine internationale Solidarität der europäischen Arbeiterschaft und gegen den Krieg, der in ihren Augen ein Krieg der Kapitalisten ist, getönt haben.

Hol sie der Teufel, dieses geborene Kanonfutter! schreibt sie an Kostja Zetkin. *Ich weiß wirklich nicht, ob ich nach dem Kriege in Deutschland bleibe.* (111)

Scheidemann spricht von patriotischem Pathos. Konrad Haenisch singt sich heiser an dem Lied „Deutschland, Deutschland über alles". Südekum erklärt und entschuldigt im neutralen Ausland die Waffenhilfe der SPD für den Imperialismus. Gewerkschaftsführer verbünden sich mit Konzernherren. Der große Taumel in den Patriotismus bleibt nicht auf das Deutsche Reich beschränkt. Plechanow, der einmal zur revolutionären Erhebung gegen den Krieg aufgerufen hat, verteidigt jetzt den Zaren gegen preußische Unkultur. Französische Sozialisten wie Guesde treten in ein Kriegskabinett ein und schwelgen in nationalistischen Tönen. Ein alter Freund Rosas, Parvus, hat schon als Parteigänger der Türken in den Balkankriegen gut verdient. Jetzt wird er Berater des Auswärtigen Amtes. Aber am unverzeihlichsten ist für Rosa Luxemburg die Sünde der SPD, gerade weil sie die wichtigste Partei in der II. Internationalen gewesen ist.

Es läßt sich denken, daß solche Kritik bis auf den heutigen Tag in gewissen Kreisen der Partei und der Gewerkschaftsbewegung höchst ungern gehört und gelesen wird, wohl nicht zuletzt, weil es nicht schwerfiele nachzuweisen, daß hier eine sich ebenfalls bis heute fortsetzende Tradition beginnt, in der die Sehnsucht nach Macht zur Anpassung um jeden Preis zwingt.

Rosa Luxemburg empört sich über die doppelte Moral, die aus der Haltung der Partei bei der Abstimmung über die Kriegskredite spricht.

Im Frieden gelte im Inneren jedes Landes Klassenkampf, nach außen die internationale Solidarität, im Krieg gelte im Inneren die Klassensolidarität, nach außen der Kampf zwischen den Arbeitern verschiedener Länder.

Am Tag nach der Abstimmung im Reichstag trifft sie

sich mit Mehring, Marchlewski, Ernst Meyer, Hermann Duncker, Wilhelm Pieck und Leo Jogiches.

Die Gruppe verschickt dreihundert Telegramme, um dem „charakter- und überzeugungsfressenden Götzen der Partei" zu trotzen. Die Botschaften enthalten die Bitte, gegen das Verhalten der Reichstagsfraktion Stellung zu nehmen und zu einer Besprechung nach Berlin zu kommen. Das Ergebnis ist zunächst katastrophal. Lediglich Clara Zetkin aus Stuttgart antwortet zustimmend.

Die Gruppe um Rosa Luxemburg diskutiert darüber, ob man zum Zeichen sichtbaren Protests aus der Partei austreten solle. Rosa lehnt das ab.

Im Oktober gelingt es ihr, eine Erklärung ins Ausland zu schmuggeln, die dort signalisieren soll, daß es im Deutschen Reich auch noch andere Sozialisten als jene gibt, die für die Kriegskredite gestimmt haben:

Die Genossen Dr. Südekum und Richard Fischer haben in der Parteipresse des neutralen Auslandes (Schweden, Italien, Schweiz) den Versuch unternommen, die Haltung der deutschen Sozialdemokratie im gegenwärtigen Kriege im Lichte ihrer Auffassung darzustellen. Wir sehen uns dadurch gezwungen, an der gleichen Stelle zu erklären, daß wir und sicherlich viele andere deutsche Sozialdemokraten den Krieg, seine Ursachen, seinen Charakter sowie die Rolle der Sozialdemokratie in der gegenwärtigen Lage von einem Standpunkte betrachten, der demjenigen der Genossen Südekum und Fischer durchaus nicht entspricht. Der Belagerungszustand macht es uns vorläufig unmöglich, unsere Auffassung öffentlich zu vertreten.

Karl Liebknecht, Rosa Luxemburg, Franz Mehring, Clara Zetkin (112)

Auf der Suche nach Bundesgenossen gegen die offizielle Politik der Partei sind Rosa und Karl Liebknecht miteinander bekannt geworden.

Liebknecht wurde am 13. August 1871 in Leipzig geboren. Er ist der Sohn des aus einer alten lutherischen Pfarrersfamilie stammenden Revolutionärs des Jahres 1848 und Mitbegründers der Sozialdemokratie, Wilhelm Liebknecht. Schon als Kind hat Karl erfahren, wie Politik das Leben der Menschen bestimmt. Die Familie ist in der Zeit der Sozialistengesetze isoliert, der Vater oft von der Mutter und den Kindern getrennt.

Nach dem Studium der Rechtswissenschaften hat Karl zusammen mit seinem älteren Bruder Theodor in Berlin eine Anwaltskanzlei eröffnet. Als Verteidiger in politischen Strafprozessen gerät er notwendigerweise in Konflikt mit den herrschenden Gewalten. Die aktuellen Probleme aus der praktischen Arbeit nimmt Liebknecht zum Anlaß, nicht nur in seinen Plädoyers, sondern auch auf den zahllosen Versammlungen und in Zeitungsartikeln auf das Unrecht der Klassenjustiz gegen Landarbeiter, streikende Bergleute, mißhandelte Gefangene und Soldaten hinzuweisen. In der SPD hat er eine Verstärkung der Jugendarbeit und der antimilitaristischen Propaganda nach dem Motto gefordert: Wer die Jugend hat, hat die Armee.

In seinem 1906 erschienenen „Rekrutenabschied" stellt Liebknecht fest, daß der Proletarier in der Armee nicht dem Schutz des Vaterlandes dient, sondern dem Schutz einer Klasse, die den Proletariern Feindschaft geschworen habe, und daß beim Einsatz gegen Streikbrecher und politische Demonstranten die Arbeiter im bunten Rock zum Kampf gegen ihresgleichen gezwungen seien. Diese Gedanken vertieft Liebknecht in seiner Schrift „Militarismus und Antimilitarismus", die ihm 1907 eine Anklage wegen Hochverrats und eine Verurteilung zu eineinhalb Jahren Festungshaft einbringt.

Von der Sache her werden dieser aufregende Prozeß und Liebknechts Verurteilung vor dem höchsten deutschen Gericht zu einem vollen Erfolg. Sein mutiges und geschicktes Auftreten, das ihn vom Angeklagten zum Ankläger werden läßt, gibt Liebknecht große Popularität.

Bei seinem Strafantritt kommt es unter der Berliner Arbeiterschaft zu einer Sympathiekundgebung. Noch während seiner Festungshaft wird er 1907 ins Preußische Abgeordnetenhaus gewählt. 1912 zieht Liebknecht in den Reichstag ein und eröffnet dort den Kampf gegen die Heeresvorlage von 1913 mit einem Angriff auf das internationale Rüstungskapital, das er der Vaterlandslosigkeit bezichtigt. Trotz aller patriotischen Beteuerungen scheue sich die Rüstungsindustrie nämlich nicht, mit möglichen Gegnern Waffenlieferungen zu vereinbaren und Militärgeheimnisse auszutauschen. Liebknechts Enthüllungen über die Beamtenbestechung durch die Firma Krupp haben einen Prozeß gegen deren Angestellte zur Folge.

Am 4. August 1914 hat sich Liebknecht dem Fraktionszwang noch gebeugt. Nun, Ende August 1914, versucht er den Berliner Zentralvorstand der SPD gegen die Kriegskredite, die im Dezember im Reichstag zur Abstimmung anstehen werden, zu mobilisieren und plant, Protestversammlungen abzuhalten. Zu einer Besprechung über solche Aktionen lädt er Leusch, den Redakteur der „Leipziger Volkszeitung", den SPD-Abgeordneten Ledebour und Rosa Luxemburg in seine Wohnung ein. Ledebour zeigt sich sehr zurückhaltend. Liebknechts Vorschlag, Protestversammlungen zu veranstalten, lehnt er energisch ab. Über den Vorstoß beim Berliner Zentralvorstand zeigt er sich ausgesprochen verärgert. Auch Leusch ist für so etwas nicht zu haben.

Also beschließen Rosa Luxemburg und Liebknecht, allein etwas zu unternehmen. Sie brechen zu einer Agitationsreise durch West- und Süddeutschland auf.

Als nächsten Schritt versucht die Gruppe um Rosa durch persönliche Kontakte auf die SPD-Abgeordneten einzuwirken. Am 17. November schreibt sie Kostja Zetkin:

Am 2. Dezember wird sich natürlich die Geschichte vom 4. August wiederholen. Für ein Separatvotum (nämlich anders zu stimmen als die Mehrheit der Fraktion) ist Ledebour schon nicht zu haben, und von den anderen wird jeder eine andere Ausrede haben. Die Mutter müßte gleich an Geyer, Henke und Bock schreiben, daß jetzt für sie eine letzte Gelegenheit gegeben ist, durch eine offene Erklärung der Minderheit die Ehre zu retten. Das ist sehr wichtig, denn die Fraktion kommt hier schon am nächsten Sonntag zusammen. Bitte die Mutter unbedingt, diese Briefe zu schreiben. Karl und ich tun hier natürlich, was möglich…

Sie versuchen in zahlreichen Besprechungen, Abgeordnete zu einem „Nein" zu den Kriegskrediten zu bestimmen. Ohne Erfolg. *Die Ausflüchte gingen bis zum platten Eingeständnis persönlicher Feigheit.* (113)

Am 2. Dezember 1914 stimmt Karl Liebknecht als einziger Abgeordneter der SPD gegen die Kriegskredite. Er durchbricht damit den sogenannten „Burgfrieden", das Stillhalteabkommen, zu dem sich die Parteien nach dem Kaiserwort bereit erklärt haben. Liebknechts Verhalten wird als Disziplinbruch von der SPD-Fraktion scharf verurteilt.

Für Rosa aber gibt es kein Kadavergehorsam gegenüber der Partei als Organisation! Ganz ähnlich argumentiert Liebknecht am 3. Februar 1915 in einem Schreiben an den „Vorwärts". Als Begründung seines „Nein" zu den Kriegskrediten gibt er an, daß die Bewilligung nicht nur den Interessen der Arbeiter, sondern auch dem Parteiprogramm und den Beschlüssen internationaler Kongresse der Sozialisten schroff zuwiderlaufe.

Am 7. Februar wird Karl Liebknecht als Armierungssoldat zum Landsturm einberufen. Kurz zuvor haben Rosa und er noch eine Zeitschrift ins Leben gerufen, die sich als Sprachrohr der innerparteilichen Opposition in der SPD versteht. Sie heißt „Die Internationale". Es ist schwierig, das Geld für ein solches Unternehmen zusammenzukratzen und eine Druckerei zu finden. Um all dies kümmert sich Leo Jogiches, der im Hintergrund und bald aus dem Untergrund viel von der praktischen Arbeit erledigt. Rosa verbüßt zu dieser Zeit ihre Haftstrafe aus dem Frankfurter Prozeß. Ihre Artikel werden mit Hilfe ihrer Sekretärin Mathilde Jacob und einer sympathisierenden Gefängnisbeamtin herausgeschmuggelt.

Der gute Geist

Mathilde Jacob ist zwei Jahre jünger als Rosa. Sie stammt aus einer in bescheidenen Verhältnissen lebenden jüdischen Familie und wohnt zu dieser Zeit mit ihrer Mutter in Berlin-Moabit, in der Altonaer Straße 11, im Gartenhaus, zweiter Stock. Dort betreibt sie mit einer jungen Angestellten ein kleines Büro für Schreibarbeiten und Vervielfältigungen. Zu ihren Kunden gehört auch Franz Mehring, der sie empfohlen hat, als er zusammen mit dem nach Berlin übersiedelten Julian Marchlewski und Rosa zwischen Dezember 1913 und Dezember 1914 die „Sozialdemokratische Korrespondenz", ein Informationsblatt der Linken in der SPD, herausgibt. Daneben hat Mathilde häufig Schreibarbeiten für Rosa erledigt.

Ihre Zuneigung, ja Bewunderung für Rosa spricht aus Mathildes Bericht über die erste Begegnung der beiden Frauen:

„Ich hatte das Glück, im Jahre 1913 zu Rosa Luxemburg in persönliche Beziehung zu treten. Niemals vorher hatte eine Frau einen so tiefen Eindruck auf mich gemacht. Ihre großen leuchtenden Augen, die alles zu verstehen schienen, ihre Bescheidenheit und Güte, ihre fast kindliche Freude an allem Schönen ließen mein Herz für sie höher schlagen.

So oft ich auch später Rosa zu Versammlungen, Konferenzen oder Demonstrationen begleitete, der erste Eindruck blieb bestehen: Sie sah so bescheiden und anspruchslos aus, daß Menschen, die sie noch nicht gesehen hatten, verwundert ausriefen: Das ist Rosa Luxemburg?" (114)

Mathilde Jacob wird in den Jahren der Gefängnisaufenthalte Rosas guter Geist. Sie hütet nicht nur ihre geliebte Katze Mimi, schmuggelt Korrespondenz in die Gefängnisse und Schriftstücke wieder heraus. Sie holt auch aus Rosas Wohnung bestimmte Bücher, beschafft Kleider, schickt ihr Blumen.

Über Rosa Luxemburgs Verhaftung unterrichtet Karl Liebknecht die sozialdemokratische Presse mit einer kurzen Notiz:

„Donnerstag Mittag (den 18. Februar 1915) ist die Genossin Rosa Luxemburg in ihrer Wohnung von zwei Kriminalbeamten plötzlich verhaftet worden. Sie wurde zunächst im Automobil nach dem Berliner Polizeipräsidium Abteilung VII (politische Polizei) und von dort im grünen Wagen nach dem Weibergefängnis in der Barnimstraße transportiert. Es handelt sich um die Verbüßung der einjährigen Gefängnisstrafe, die der Genossin Luxemburg im vergangenen Jahr in Frankfurt am Main zudiktiert wurde; auf höheren Befehl ist jetzt die bis zum 31. März erteilt gewesene Strafaufschubbewilligung (Rosa war krank gewesen und hatte im Dezember 1914 im Krankenhaus gelegen) aufgehoben und die sofortige Strafvollstreckung telegrafisch angeordnet worden." (115)

An Mathilde Jacob schreibt Rosa über ihren Haftantritt:

Seien Sie um mich ganz ruhig, es geht mir gesundheitlich und „gemütlich" ganz gut. Auch der Transport im „grünen Wagen" hat mir keinen Schock verursacht, hab' ich doch schon genau die gleiche Fahrt in Warschau durchgemacht. Ach, es war so frappant ähnlich, daß ich auf verschiedene heitere Gedanken kam. Freilich war auch ein Unterschied: Die russischen Gendarmen haben mich als „Politische" mit großem Respekt eskortiert, die Berliner Schutzleute hingegen erklärten mir, es sei „schnuppe", wer ich sei, und steckten mich mit neun „Kolleginnen" in einen Wagen. Na, das alles sind Lappalien schließlich, und vergessen Sie nie, daß das Leben, was auch kommen mag, in Gemütsruhe und Heiterkeit zu nehmen ist. Diese besitze ich nun auch hier in dem nötigen Maße. Damit Sie übrigens keine übertriebene Vorstellung von meinem Heldentum bekommen, will ich reumütig bekennen, daß ich in dem Augenblick, wo ich zum zweiten Mal an jenem Tage mich aufs Hemd ausziehen und betasten lassen mußte, mit knapper Not die Tränen zurückhalten konnte. (116)

Sehr am Herzen liegt Rosa ihre Katze Mimi. Sie hat sie seinerzeit im Klassenzimmer der Parteischule, wo sie Vorlesungen hielt, gefunden. Das Tier war durch einen umgefallenen Besen verletzt und von ihr gesund gepflegt worden.

Liebes Fräulein Jacob, ich erweise Ihnen die höchste Ehre, die ich einem Sterblichen antun kann: Ich werde Ihnen meine Mimi anvertrauen! Sie müssen aber noch auf bestimmte Nachricht warten, die Sie von meinem Rechtsanwalt bekommen. Dann werden Sie sie in Ihren Armen (nicht etwa im Körbchen oder im Sack!!!) im Auto entführen müssen mit Hilfe meiner Wirtschafterin, die Sie mitnehmen am besten (ich meine nur für die Fahrt, nicht fürs Leben) und die alle Siebensachen der Mimi (ihr Kistchen, Torfmull, Schüsselchen, Unterlagen und – bitte, bitte! – einen roten Plüschsessel, an den sie gewöhnt ist) mit verpacken wird. Das alles kann doch im Auto verstaut werden. (117)

Ende März erscheint die erste Nummer der Zeitschrift „Die Internationale": Kaum ist sie in der Öffentlichkeit, da werden Rosa, Hering, Clara Zetkin, der Drucker und Verleger des Hochverrats angeklagt; zwar wird das Verfahren später eingestellt, aber die Zensur schreitet fort. Schon die erste Nummer, soweit sie nicht schon verschickt ist, wird konfisziert.

1915 ist ein Jahr, in dem es um das kleine Häuflein der Opposition nicht gut bestellt ist. Clara Zetkin wird im Juli verhaftet. In Berlin wandern Wilhelm Pieck, Ernst Meyer und Hugo Eberlein ins Gefängnis.

In der Zelle 219 des Weibergefängnisses entsteht die Schrift „Die Krise der Sozialdemokratie", die später unter dem Titel „Juniusbroschüre" bekannt wird: einhundert Druckseiten, von Mathilde Jacob getreulich nach draußen geschmuggelt.

Daneben bleibt Rosa Zeit für ihr Hobby, die Beschäftigung mit der Botanik:

Für die Blumen einen ganz besonderen Dank. Sie wissen gar nicht, welche Wohltat Sie mir damit erweisen. Ich kann nämlich wieder botanisieren, was meine Leidenschaft und beste Erholung nach der Arbeit ist. Ich weiß nicht, ob ich Ihnen meine Botanisierhefte schon gezeigt habe, in denen ich vom Mai 1913 ab etwa 250 Pflanzen eingetragen habe –

alle prächtig erhalten. Ich habe sie alle hier, ebenso wie meine verschiedenen Atlanten, und nun kann ich ein neues Heft anlegen, speziell für die „Barnimstraße“. (118)

In ihren Briefen an Mathilde Jacob berichtet Rosa auch über ihre Leseeindrücke und empfiehlt der Sekretärin, die immer mehr auch zur Vertrauten und Freundin wird, dieses und jenes Buch. Als Mathilde nach Thüringen in Urlaub fährt, schreibt ihr Rosa:

Ich freue mich für Sie, daß Sie soviel sehen; für mich wäre das eine Strafe, wenn ich Museen und dergleichen besuchen müßte. Ich kriege dabei gleich Migräne und bin wie gerädert. Für mich besteht die einzige Erholung im Schlendern oder Liegen im Grase, in der Sonne, wobei ich die winzigsten Käfer beobachte oder auf die Wolken gaffe. (119)

Oder sie urteilt über die Frauen in Goethes Leben:

Zur Frau von Stein übrigens, bei aller Pietät für ihre Efeublätter: Gott straf mich, aber sie war eine Kuh. Sie hat sich nämlich, als Goethe ihr den Laufpaß gab, wie eine keifende Waschfrau benommen, ich bleibe dabei, daß der Charakter einer Frau sich zeigt, nicht wo die Liebe beginnt, sondern wo sie endet. (120)

Nach sechs, acht Monaten Haft verschlechtert sich Rosas Gesundheitszustand so sehr, daß sie zeitweilig das Bett hüten muß. Einmal in der Woche darf Mathilde Jacob ihr Zusatznahrung bringen. Mathilde will Mimi, die von Rosa so heiß geliebte Katze, einmal zur Besuchszeit mitbringen, aber Rosa winkt ab:

Die Idee mit der Mimi zeigt mir, daß auch gute Geister, ja namentlich diese, die Schwäche und Gebrechlichkeit der irdischen Dinge nicht zu erfassen vermögen. Die Mimi im Korb getragen, für einen Tag mitgenommen und dann wieder abgeliefert! Wie wenn es sich um eine gewöhnliche Kreatur aus der Gattung felis domestica handelte. Nun, wissen Sie, guter Geist, daß Mimi eine kleine Mimose, ein hypernervöses Prinzeßchen im Katzenfell ist, das schon, als ich, ihre eigene Mutter, sie einmal mit Gewalt aus dem Haus heraustragen wollte, Krämpfe gekriegt hat vor Aufre-

gung und mir in den Armen steif geworden ist, mit brechenden Äuglein wieder in die Wohnung getragen werden mußte und nach Stunden zu sich kam? Ja, ja, Sie haben keine Ahnung, was mein Mutterherz schon durchgemacht hat. Also lassen wir Mimichen in der Wohnung. (121)

Am 21. Dezember 1915 stimmen zwanzig Reichstagsabgeordnete der SPD gegen die erneute Kriegskreditvorlage, während zweiundzwanzig weitere der Abstimmung fernbleiben. Am 1. Januar 1916 kommt es in der Berliner Anwaltskanzlei von Karl Liebknecht, der für die Tagungszeit des Parlaments von der Armee beurlaubt ist, zu einem Treffen der radikalen Linken. Die Frauen und Männer beschließen, in der SPD eine oppositionelle Gruppe zu bilden und eine politische Korrespondenz mit Kommentaren zur Tagespolitilk herauszugeben, zunächst in Schreibmaschinenschrift. Nach dem Anführer des römischen Sklavenaufstandes wird das Blatt „Spartakusbriefe" genannt. Von ihm leitet sich der nunmehr gebräuchliche Name „Spartakusgruppe" her.

Am 22. Januar wird Rosa aus dem Gefängnis entlassen. Noch acht Tage vorher hat der Berliner Polizeipräsident erwogen, sie sofort wieder in „Sicherheitshaft" nehmen und sie an das Oberkommando in den Marken überstellen zu lassen, weil verhindert werden müsse, daß „ihre ganze nicht zu unterschätzende Agitationskraft in Wort und Schrift dem äußersten radikalen Flügel der SPD zugute kommt". (122)

Der Polizeipräsident fürchtet „Friedensdemonstrationen", die in Anbetracht der bevorstehenden Offensive gegen Verdun, bei der insgesamt siebenhunderttausend Menschen das Leben lassen werden, höchst unerwünscht sind. Dann aber hört die Polizei, daß Liebknecht von solchen Demonstrationen aus Sicherheitsgründen für Rosa Luxemburg abgeraten hat. Also unterbleibt vorläufig die Überstellung ins Militärgewahrsam.

Überleben hinter Gittern

Am 9. März 1916 schreibt Rosa Luxemburg an Clara Zetkin, der es nach mehrmonatiger Schutzhaft gesundheitlich sehr schlecht geht:

Wie mich die hiesigen Genossinnen empfangen haben, wirst Du wohl schon gehört haben. Über tausend an der Zahl holten sie mich ab, und dann kamen sie massenhaft zu mir in die Wohnung, um mir die Hand zu drücken. Meine Wohnung war und ist noch vollgestopft mit ihren Geschenken, Blumenkästen, Kuchen, Stollen, Konservenbüchsen, Teesäckchen, Seife, Kakao, Sardinen, feinste Gemüse – wie in einem Delikatessenladen, alles von diesen armen und herzlichen Frauen selbst gebacken, selbst eingemacht, selbst gebracht. Du wirst wissen, was ich empfinde, wenn ich das sehe. Ich möchte heulen vor Beschämung und tröste mich nur mit dem Gedanken, daß ich hier doch nur die Holzstange bin, an der sie die Fahne ihrer allgemeinen Kampfbegeisterung gehängt haben. (123)

Rosa ist glücklich, einen Frühling in Freiheit genießen zu können. Sie lernt um diese Zeit die Frau Karl Liebknechts, Sonja, kennen, die von nun an neben Clara Zetkin und Luise Kautsky zum Kreis ihrer engeren Freundinnen gehört, an die viele Briefe aus den Gefängnissen gerichtet sind:

Vorigen April rief ich Euch einmal beide, wenn Sie sich erinnern, telefonisch dringend um 10 Uhr früh in den Botanischen Garten. Wir verbargen uns hinter den Büschen und saßen auf den Steinen neben dem kleinen Bach. Als die Nachtigall aufgehört hatte zu singen, vernahm man plötzlich einen durchdringenden monotonen Ruf, der sich etwa wie Gligligligliglick anhörte. Ich sagte, es müsse irgendein Sumpfvogel sein, und Karl stimmte mir zu, aber wir fanden nie genau heraus, was für ein Vogel es war. Denken Sie, vor ein paar Tagen hörte ich ganz nahe bei mir denselben Vogelruf frühzeitig am Morgen. Ich brannte vor Ungeduld herauszufinden, was für ein Vogel es sei, und es ließ mir keine Ruhe, bis ich es geschafft hatte. Es ist kein Sumpfvogel.

Es ist ein Wendehals, ein grauer Vogel, etwas größer als ein Spatz. Er hat seinen Namen von der Art und Weise, in der er, wenn ihm Gefahr droht, durch komische Gesten und Verdrehungen des Halses seine Feinde einzuschüchtern versucht. (124)

In diesem Frühjahr unternimmt Rosa Reisen zu illegalen Zusammenkünften und Versammlungen. Sie knüpft wieder Kontakte zu Parteifreunden. Sie besucht Paul Levi, der in Königstein zur Erholung ist.

Ihre intime Beziehung zu diesem Mann, den sie wahrscheinlich schon im Laufe des Jahres 1913 kennengelernt hat und der sie neben Rosenfeld als Anwalt während des Frankfurter Prozesses vertrat, ist lange verborgen geblieben. Man war im Kreise der Sozialisten dieser Tage von einer für uns erstaunlichen Diskretion. (125)

Die „Juniusbroschüre", diese leidenschaftliche Abrechnung mit Partei und Gesellschaft, ist endlich erschienen. In diesen Tagen, da die Schlacht von Verdun tobt, wirken gewisse Sätze, die schon vor einem Jahr geschrieben worden sind, fast prophetisch:

Das Geschäft gedeiht auf Trümmern, Städte werden zu Schutthaufen, Dörfer zu Friedhöfen, Länder zu Wüsteneien, Bevölkerungen zu Bettlerhaufen, Kirchen zu Pferdeställen; Völkerrecht, Staatsverträge, Bündnisse, heiligste Worte, höchste Autoritäten in Fetzen zerrissen; jeder Souverän von Gottes Gnaden den Vetter von der Gegenseite als Trottel und wortbrüchigen Wicht, jeder Diplomat den Kollegen von der anderen Partei als abgefeimte Schurken, jede Regierung die andere als das Verhängnis des eigenen Volkes der allgemeinen Verachtung preisgebend; und Hungertumulte (...) in Rußland und Elend und Verzweiflung überall. (126)

Die Juniusbroschüre – das Pseudonym spielt auf den unbekannten Autor an, der in den Briefen im „London Public Adviser" zwischen 1769 und 1822 das Ministerium des Herzogs von Grafton in England kritisierte – ist nicht nur wie ihr Titel verheißt, eine Analyse der Krise der Sozialdemokratie, mehr noch ist sie eine zusammenhängende Darstellung über die Ursachen und das ideologische Wurzelwerk des Ersten Weltkriegs aus der Sicht einer Marxistin. Die Broschüre ist eine wütende Anklage gegen eine brutale heuchlerische Moral, für die Menschenleben die billigste unter allen Waren sind. Sie geißelt in einer häufig überhöhten, an expressionistische Lyrik erinnernden Sprache den Verrat an der Solidarität der Sozialisten.

Maifeiern sind Veranstaltungen, die im Deutschen Reich im Zeichen des „Burgfriedens“ unterbleiben sollen.

Als Rosa und Liebknecht Ende April 1916 mit Ledebour und Haase die Möglichkeit erörtern, in diesem Jahr wieder eine Kundgebung zum 1. Mai zu organisieren, erhalten sie zur Antwort, das sei zwecklos, es herrsche keine revolutionäre Stimmung unter den Massen, man werde sich lächerlich machen.

Wieder einmal beschließen Rosa, Karl und ein kleines Grüppchen politischer Freunde, auf eigene Faust zu handeln. Sie vervielfältigen Handzettel und verteilen sie in den Berliner Fabriken: „1.-Mai-Demonstration 8 Uhr abends auf dem Potsdamer Platz!“ Fast zehntausend Menschen kommen. Das Gelände ist schon vorher von der Polizei umstellt worden. Als Liebknecht ausruft „Nieder mit dem Krieg! Nieder mit der Regierung!“, werfen sich Polizisten auf ihn. Rosa versucht ihrem Freund beizuspringen, wird aber zur Seite gedrückt. Die Demonstranten auf dem Platz werden unter Einsatz von Berittenen verstreut, liefern sich aber noch Stunden danach in angrenzenden Straßen Kämpfe mit der Polizei.

Das Mai-Flugblatt wird im ganzen Deutschen Reich verbreitet und macht auf das Bestehen der Antikriegs-Opposition aufmerksam.

Am 28. Juni 1916 wird Liebknecht zu zweieinhalb Jahren Zuchthaus verurteilt. An diesem Tag kommt es in Berlin zu einem Streik von fünfundfünfzigtausend Munitionsarbeitern. Der Streik greift auf Braunschweig und Bremen über. Ein Oberkriegsgericht erhöht Liebknechts Strafe auf vier

Jahre und einen Monat. Am 6. Dezember 1916 wird er in das Zuchthaus Luckau in Sachsen eingeliefert. Verbunden mit der Strafe sind der Verlust der bürgerlichen Ehrenrechte auf sechs Jahre. In dieser Zeit kann Karl weder seinen Anwaltsberuf ausüben noch wählen, noch selbst für eine parlamentarische Körperschaft kandidieren.

In den ersten Tagen des Juli hält sich Rosa in Leipzig auf, um dort an Besprechungen teilzunehmen und politische Referate zu halten.

Als Mathilde Jacob am Vormittag eines Tages die Treppen zu Rosas Wohnung hinaufsteigt, stehen plötzlich zwei Männer neben ihr. Sie stellen sich als Genossen aus Neukölln vor und bitten, in die Wohnung eingelassen zu werden. Angeblich wollen sie ein Flugblatt in Auftrag geben. Sie beharren darauf, persönlich mit Rosa zu verhandeln, und erkundigen sich, wann Mathilde Jacob sie zurückerwarte. Am Nachmittag kommt Rosa. Sie bringt den Redakteur des „Vorwärts“, Ernst Meyer, und den Kunsthistoriker Eduard Fuchs zum Kaffee mit. Mathilde erzählt, was am Vormittag vorgefallen ist. Meyer findet den Vorfall seltsam. Am anderen Morgen, Rosa liegt noch im Bett, klingeln eben die zwei Männer vom Vortag wieder an der Wohnungstür. Als Mathilde Jacob öffnet, weisen sie sich als Kriminalbeamte aus. Sie sind gekommen, um Rosa in Sicherheitshaft zu nehmen.

„Der Theorie nach“, erklärt Paul Frölich zu dieser Einrichtung, „hatte der Staatsgefangene als Ehrengast alle persönliche Freiheit innerhalb des Gefängnisses, nur nicht das erste Recht jedes Gefangenen: zu wissen, wann seine Haft ablaufen werde. Mit preußischer Pünktlichkeit trafen die Haftbefehle ein, echte lettres de cachet, die das Schicksal für weitere drei Monate bestimmten. Die Gefangene durfte sich mit allem beschäftigen, was sie mochte, nur nicht mit dem, was sie wollte, mit Politik. Sie durfte mit der Außenwelt ungehindert verkehren, brieflich: die Briefe wurden zensiert; persönlich: monatlich einmal mit einem Menschen, den das Generalkommando für würdig hielt. Der Aufenthalt in dieser gastlichen Stätte mußte bezahlt werden.“ (127)

Eine Odyssee durch deutsche Strafanstalten. Erste Etappe: das Weibergefängnis in Berlin, später führt es den Namen „Militär-Frauengewahrsam Barnimstraße". Dieser Aufenthalt endet mit folgender von Mathilde Jacob überlieferten Szene:

„Ich hatte von der Kommandantur, der die Schutzhaftgefangenen unterstanden, generelle Erlaubnis bekommen, Rosa Luxemburg einmal in der Woche, und zwar für eine Stunde zu besuchen. Diese Sprechstunden überwachte ein Kriminalbeamter, der aus dem Polizeipräsidium entsandt wurde.

Eines Tages wurde er durch den unangenehmen Beamten abgelöst, der sich schon bei der Verhaftung Rosa Luxemburgs übel benommen hatte (...) Er sollte fortan die Sprechstunden überwachen. Gleich beim ersten Mal bemühte er sich, sie uns zu verleiden. Unausgesetzt suchte er Rosa Luxemburg durch ungehörige Bemerkungen herauszufordern. Wir blieben äußerlich ruhig, unterhielten uns und besprachen während der uns zustehenden Stunde alles so gut wie möglich.

Da wir die Gegenwart dieses Überwachungsbeamten einfach nicht beachteten, sagte er bei einer der nächsten Sprechstunden nach Verlauf von etwa 10 Minuten, die Sprechstunde sei beendet.

‚O nein', meinte Rosa Luxemburg, ‚ich habe gerade Wichtiges zu besprechen. Ich führe das Gespräch zu Ende.' Dies tat sie auch. Sie gab Punkt für Punkt ihre Wünsche an (...)

Die unverschämten Bemerkungen des Beamten fielen immer wieder, so daß Rosa Luxemburg eine Tafel Schokolade nach ihm schleuderte und aufgeregt rief, daß man von einem dreckigen Spitzel kein besseres Benehmen verlangen könne." (128)

Sie wird ins Polizeipräsidium strafverlegt. Dort ist die Zelle ganze elf Kubikmeter groß, schmutzig, verwanzt, sehr primitiv eingerichtet, da die Gelasse nur für Aufgegriffene gedacht sind, die normalerweise nach einer Nacht wieder entlassen werden.

Tag und Nacht donnern vor dem Fenster die S-Bahn-Züge vorbei. Ein Hof für Spaziergänge ist nicht vorhanden. Licht fällt nur durch ein mattes Oberlicht über der Tür ein. Trotzdem schreibt Rosa Flugblätter und Artikel.

(Übrigens ist es zu der „Schutzhaft" auf Veranlassung eines SPD-Abgeordneten gekommen.)

Ich habe mich so trainiert in festem Gleichmut, daß ich alles mit heiterer Miene schlucke, ohne mit der Wimper zu zucken, heißt es in einem Brief an Luise Kautsky.

Aber manchmal gibt sie auch zu: *Ich bin in der Tat ein wenig ein Mensch ohne Haut geworden...* (129). Oder: *der anderthalbmonatige Aufenthalt dort hat auf meinem Kopf graue Haare und in meinen Nerven Risse zurückgelassen, die nie mehr verschwinden werden.*

Ende Oktober 1916 kommt Rosa auf die Festung Wronke in einem entlegenen Winkel der Provinz Posen. Verglichen mit dem Polizeipräsidium in Berlin ist das fast eine Idylle. Die Zellentüren stehen den ganzen Tag offen. Es gibt Blumenbeete, Vogelgezwitscher.

Von Wronke aus setzt ein lebhafter Briefwechsel mit dem Mediziner Hans Diefenbach ein. Rosa kennt den jungen Arzt, einen schüchternen, literarisch und musikalisch interessierten jungen Mann, aus der Zeit in Berlin-Südende.

Jetzt haben die Briefe eindeutig erotische Untertöne, klingen mal spöttisch, dann wieder lockend, auch häufig etwas belehrend. Noch in Berlin hat sie Hans Diefenbach ein Amateurporträt von sich geschenkt, das die Widmung trägt: *Ein Klumpen von Lumpen.* (130) Als Diefenbach, der Militärarzt ist und sehr unter dem Hurra-Patriotismus seiner Kameraden leidet, sie einmal in Wronke besuchen kommen will, schreibt sie ihm:

Hänschen! Ich freue mich so furchtbar auf Ihren Besuch! Nur machen Sie mir keine Überraschungen. Telegrafieren Sie mir eventuell, wann sie kommen. Und noch eins:

1. Kommen Sie in Uniform.

2. Seien Sie hier ganz natürlich, wie wenn wir zu Hause wären, auch auf den üblichen Wiedersehenskuß verzichte ich nicht; sonst, wenn Sie steif und befangen sind, werde ich's noch mehr unwillkürlich, und dann haben wir beide nichts davon. Also ich erwarte Sie mit Ungeduld! (131)

In den Briefen an Hans Diefenbach finden sich Sätze, in denen Rosa sich so vorbehaltlos wie sonst selten vor jemandem zu erkennen gibt:

In fünf Tagen sind eben volle acht Monate des zweiten Jahres meiner Einsamkeit durch. Dann kommt sicher wieder, wie voriges Jahr, eine Belebung von selbst, zumal es ja zum Frühling geht. Übrigens wäre alles viel leichter zu erleben, wenn ich bloß nicht das Grundverbot vergessen würde, das ich mir fürs Leben gemacht habe: Gut sein ist Hauptsache! Einfach und schlicht gut sein, das löst und bindet alles und ist besser als alle Klugheit und Rechthaberei. Aber wer soll mich daran hier erinnern, wenn nicht einmal die Mimi da ist. Die wußte mich zu Hause so manches Mal durch ihren schweigenden, langen Blick auf den richtigen Weg zu führen, daß ich sie (Ihnen zum Trotz!) immer wieder abküssen mußte und sagen: Du hast recht, gut sein ist Hauptsache. Wenn Sie also aus meinem Schweigen oder Reden manchmal merken, daß ich trotzig oder verbissen bin, mahnen Sie mich nur an den Wahrspruch der Mimi und – gehen Sie mir mit dem Beispiel voran: Seien Sie gut, ob ich's auch nicht verdiene.

Oder, wenn Rosa nach der Lektüre von Gerhart Hauptmanns „Emanuel Quint" schreibt:

Mich hat dort unter unzähligen anderen ein Problem gepackt, das ich sonst noch nirgends dargestellt fand und das ich aus eigenem Leben so tief empfinde: die Tragik des Menschen, der der Menge predigt und fühlt, wie jedes Wort im demselben Augenblick, wo es seinen Mund verläßt, vergröbert und erstarrt und in den Hirnen der Hörer zum Zerrbild wird; und auf dieses Zerrbild seiner selbst wird nun der Prediger festgenagelt. (132)

Immer häufiger wird in diesen Briefen als Reaktion auf die

Einsamkeit die sich steigernde Fähigkeit sichtbar, durch intensive Erinnerung Erlebnisse und die Welt draußen verdichtet lebendig werden zu lassen.

Sehnsüchte

... was braucht's Bach und Matthäuspassion! Wenn ich an einem lauen Frühlingstag einfach in meinem Südende auf den Straßen schlendere – ich glaube, dort kennt mich schon jedermann an meinem verträumten Herumstrolchen –, beide Hände in den Taschen des Jäckchens, ohne Ziel, nur um zu gaffen und das Leben einzusaugen – aus den Häusern tönt osterliches Matratzenklopfen, eine Henne gackert irgendwo laut, kleine Schulbuben balgen sich auf dem Nachhauseweg mitten auf dem Fahrdamm mit hellem Geschrei und Lachen, ein vorbeikeuchender Stadtbahnzug sendet einen kurzen grüßenden Pfiff in die Luft, ein schwerer Bierwagen rattert die Straße herunter, und die Hufe seiner Pferde klopfen rhythmisch und kräftig auf der Eisenbahnbrücke, dazwischen schilpen lärmend die Spatzen –, so ergibt das alles in hellem Sonnenschein eine solche Symphonie, ein solches „Lied an die Freude", wie sie kein Bach und kein Beethoven wiedergeben kann, und mein Herz jauchzt über alles, über jede nüchternste Kleinigkeit.

Ich stehe neben anderen Gaffern an dem kleinen Südende-Bahnhof, vor dem stets irgendwelche Grüppchen herumlungern. Wissen Sie noch? Links der Blumenladen, rechts der Zigarrenladen. Wie herrlich das Farbengewirr im Schaufenster des Blumenladens! Das hübsche Ladenfräulein lächelt mir von innen zu, über die Blumen hinweg, die sie einer Dame verkauft, sie kennt mich gut, da ich nie vorbeigehe, ohne, sei es auch für die letzten 10 Pf, ein Sträußchen zu kaufen. Im Fenster des Zigarrenladens hängen Lotterielose, sind sie nicht entzückend? Ich lächele beglückt über Pferdelotterielose. Drinnen im Laden, dessen Tür breit offensteht, spricht jemand (für 5 Pf) laut in das

Telephon: „Ja. Wie? Ja. Ich komme also um 5 Uhr. Ja. Na schön. Dann auf Wiedersehen, also. Um 5 Uhr. Auf Wiedersehen! Adieu!" (...) Wie sympathisch diese speckige Stimme und dieses dumme Gespräch! Wie erfreulich scheint mir, daß dieser Herr um 5 Uhr irgendwohin kommen wird. Ich möchte ihm beinahe zurufen: Grüßen Sie bitte von mir – was weiß ich, wen. Wen sie wollen (...)

Hier stehen zwei alte Weiber mit Markttaschen am Arm und schwatzen mit den üblichen geheimnisvoll verbissenen Mienen. Ich finde sie lieblich (...) An der Ecke trippelt der einäugige, hagere Zeitungsmensch, reibt sich die Hände und ruft wie ein Automat sein ewiges: „Vossische Zeitung mit Zeitbilda" (...) Wenn graues Wetter ist – ich muß ja hier zur Parteischule jeden Tag vorbei –, bringt mich dieser Mensch mit seiner Aussprache zur Verzweiflung, und ich verliere jedesmal die Hoffnung, daß aus meinem Leben noch irgendetwas Vernünftiges wird. Jetzt, da er von oben bis unten in der Aprilsonne badet, finde ich seine „Zeitbilda" rührend, lächle ihn wie einen alten Freund an und suche ihm durch Kauf seiner „Voschschen" alle die grimmigen Blicke abzubitten, die ich ihm im Winter zugeschleudert hatte (...)

Hänschen, ich glaube, Posen liegt östlicher als Wronke. Zu Ihnen kommt die Aprilsonne zuerst. Schicken Sie sie dann schleunigst zu mir, damit sie mir wieder die Wunder des Lebens zeigt, die überall auf der Straße liegen, und mich wieder gut, klar und ruhig macht. (133)

Im Juli 1917 wird Rosa aus ihrer fast idyllischen Festung herausgerissen und in das Gefängnis nach Breslau verlegt. „Ein düsterer Bau. Sie war immer eingeschlossen. Nur zu dem kurzen ‚Spaziergang' durfte sie aus der Zelle. In dem engen Gefängnishof streifte sie an der Mauer entlang, wo ein bißchen Sonne hinkam, und ihre farbenhungrigen Augen suchten nach dem Grün verkümmerter Grashalme, die sich zwischen den Pflastersteinen hindurchzwängten." (134)

Sie beginnt wieder zu schreiben. Ein Verleger hat angefragt: Warum schreiben Sie nicht einmal etwas über Tolstoi?

Der Vorschlag gefällt ihr nicht. Sie fragt zurück: *Für wen? Warum? Jeder kann Tolstois Bücher lesen, und wenn man dabei den starken Atem von Leben, der ihnen innewohnt, nicht merkt, dann kann man das durch keinen Kommentar erreichen.*

Sie übersetzt Korolenko

Statt dessen schlägt sie vor, das Buch des russischen Dichters Korolenko zu übersetzen und mit einer Einleitung zu versehen. In dieser Einleitung, die sie während ihrer ersten Monate in Breslau verfaßt, versucht sie herauszuarbeiten, was die russische Literatur des 19. Jahrhunderts von der des übrigen Europas unterscheidet, was an ihr außergewöhnlich, ja einmalig war. Ihrer Meinung nach wurde sie vor allem aus Opposition gegen das zaristische Regime geboren, aus dem Geist des Kampfes.

Wenn sie den Oppositionsgeist gegen die herrschende Ordnung als das Hauptkennzeichen der russischen Literatur ihrer Zeit herausstellt, so gilt ihre Begeisterung damit keineswegs einer Literatur wie der des späteren, engstirnigen Dogmatismus des Sozialistischen Realismus unter der Herrschaft Stalins.

Nichts irriger freilich, als sich danach die russische Literatur als Tendenzkunst in rohem Sinne, schmetternde Freiheitsfanfare, Armeleutemalerei vorzustellen oder gar alle russischen Dichter für Revolutionäre, zum mindesten für Fortschrittler zu halten. Schablonen wie „Reaktionär" oder „Fortschrittler" besagen an sich in der Kunst noch wenig. (...)

Gerade der Reaktionär Dostojewski ist der künstlerische Anwalt der „Erniedrigten und Beleidigten", wie der Titel eines seiner Werke lautet. (...) Doch beim wahren Künstler ist das soziale Rezept, das er empfiehlt, Nebensache; die Quelle seiner Kunst, ihr belebender Geist, nicht das Ziel, das er sich bewußt steckt, ist das Ausschlaggebende. (135)

Was fasziniert sie an Korolenko? Sie gibt darauf selbst die Antwort:

Korolenko ist eben seiner Abstammung nach Pole, Ukrainer und Russe zugleich, und schon als Kind mußte er dem Ansturm der drei „Nationalismen" standhalten, von denen jeder ihm zumutete, „irgend jemanden zu hassen und zu verfolgen". An der gesunden Menschlichkeit des Knaben scheiterten frühzeitig alle derartigen Versuchungen. Die polnischen Traditionen wehten ihn nur als letzter ersterbender Hauch einer geschichtlich überwundenen Vergangenheit an. Von dem ukrainischen Nationalismus fühlte sein gerader Sinn sich durch das Gemisch von maskeradenhaftem Geckentum und reaktionärer Romantik abgestoßen. Und die brutalen Methoden der offiziellen Russifizierungspolitik gegenüber den unterdrückten Polen wie den Unierten in der Ukraine waren eine wirksame Warnung vor dem russischen Chauvinismus für ihn, den zarten Knaben, der stets instinktiv zu den Schwachen und Bedrückten, nicht zu den Starken und Triumphierende sich hingezogen fühlte. Aus dem Widerstreit der drei Nationalitäten, dessen Feld seine wolynische Heimat war, rettete er sich in die Humanität. (136)

Korolenko, der Chronist der großen Cholera-Epidemie des Jahres 1893 und der ihr folgenden Volksunruhen, der Verteidiger der sieben wotjakischen Bauern des Dorfes Großer Multan im Gouvernement Wjatka, die des Ritualmordes beschuldigt und zu Zuchthaus verurteilt werden – das ist für Rosa eine Spiegelung ihrer selbst. Vieles, was sie beschäftigt, wird auch bei diesem Autor zur Diskussion gestellt.

Von einer Granate zerrissen

Im Herbst erhält Rosa die Nachricht: „In Ausübung seines Dienstes ist Dr. Hans Diefenbach in der Nacht vom 24. auf den 25. Oktober 1917 von einer Granate zerrissen worden." In Berlin im engeren Freundeskreis Rosas war man allgemein davon ausgegangen, daß die beiden nach Kriegsende heiraten würden. Auf einen Kondolenzbrief der Schwester des Gefallenen an sie antwortet Rosa:

Haben Sie vielen Dank für Ihre Zeilen. Wenn in einem solchen Schmerz von Trost gesprochen werden kann, so haben mir ihn Ihre Worte gewährt (...) Sie haben recht: Hans übertraf alle Menschen, die ich kenne, an innerer Noblesse, Reinheit und Güte. Das ist bei mir nicht der übliche Drang, von einem Toten Gutes zu sagen. Erst neulich, aus meinem vorigen Gefängnis, schrieb ich ihm aus einem besonderen Anlaß, der unsere gemeinsamen Freunde betraf, wie wohltuend und beruhigend für mich der Gedanke sei, er, Hans, sei nie und nimmer fähig, eine unnoble Handlung zu begehen, auch unbeobachtet, auch im geheimsten Gedankenfach nicht. (...) Seine Schwächen – natürlich hatte er sie auch – waren die eines Kindes, das für das Reale im Leben, für den Kampf und all seine unvermeidliche Brutalität nicht ausgerüstet ist und mit ständiger innerer Angst vor dem Leben lebt. Ich fürchtete immer für ihn, er werde ewig ein Dilettant des Lebens bleiben, allen Stürmen des Lebens preisgegeben; ich suchte, soviel an mir lag, mit sanftem Druck ihn dahin zu bringen, sich doch in der Realität irgendwie zu verankern. Nun ist alles dahin. Ich habe zugleich den teuersten Freund verloren, der wie keiner jede meiner Stimmungen, jede Empfindung verstand und mitempfand. (137)

In seinem Testament hat Hans Diefenbach die Verfügung getroffen, daß Rosa die Zinsen von fünftausend Mark aus seinem Vermögen bis an ihr Lebensende erhalten solle. „Ich treffe diese Bestimmung, da meine ausgezeichnete Freundin in der Privatökonomie vielleicht keine so geniale Meisterin ist wie in der Nationalökonomie."

Auch daß die Summe festgelegt ist, hat seinen guten Grund. Diefenbach hat verhindern wollen, daß Rosa das Geld sofort für Parteizwecke ausgibt.

Von Spartakus zur USPD

Zwischen dem 6. und dem 9. April 1917 vollzieht sich die Gründung der Unabhängigen Sozialdemokratischen Partei Deutschlands (USPD) unter der Führung Karl Kautskys. Die Politiker, von denen der Anstoß zu dieser Abspaltung ausgeht, unter ihnen übrigens auch Bernstein und Haase, verurteilen die Unterstützung des Krieges durch die Führer der Sozialdemokratie. Sie ziehen mit diesem Programmpunkt 170 000 Mitglieder in die neue Partei mit herüber; sie verlangen eine Amnestie für politische Gefangene, die Aufhebung der Zensur und uneingeschränktes Vereins-, Versammlungs- und Koalitionsrecht, den Achtstundentag und das allgemeine, gleiche, geheime und direkte Wahlrecht.

Von Anfang an ist dies nicht die Partei von Rosa Luxemburg, Liebknecht und Jogiches, wenngleich sich die Spartakusgruppe unter Wahrung eines eigenen Standpunkts der USPD anschließt. Mit den meisten der führenden USPD-Anhänger haben die Angehörigen der Spartakusgruppe in der Vergangenheit schwere ideologische Auseinandersetzungen gehabt. Rosa hat vor einer Spaltung der SPD noch Anfang 1917 mit den Worten „Flucht bleibt Flucht" gewarnt.

Nach der Verhaftung von Karl Liebknecht, Rosa Luxemburg und anderen wichtigen Mitgliedern der Spartakusgruppe hat Leo Jogiches ab 1916 die Herausgabe der „Spartakusbriefe" übernommen. Praktisch liegt seit dieser Zeit die Leitung der Gruppe mit all ihren Stützpunkten in seinen Händen. Aus den Polizeiakten läßt sich ersehen, wie sich der Fahndungsapparat der deutschen Behörden immer mehr auf einen geheimnisvollen Mann konzentriert, der überall und nirgends zu sein scheint, bei dem offensichtlich alle Fäden der Spartakusgruppe zusammenlaufen.

Bereits 1916 taucht bei den Vernehmungen von Antikriegskämpfern immer häufiger die Frage nach einem gewissen A. Krumbügel oder W. Kraft auf. Es ist Jogiches, der sich dieser beiden Decknamen bedient. Nur ganz wenige

Mitglieder der Spartakusgruppe kennen ihn persönlich. An sie schickt er seine Anweisungen und Informationen, die mehrmals abgeschrieben und deren Originale dann vernichtet werden, während die Abschriften weiter kursieren.

Jogiches tarnt seine Arbeit so geschickt, daß er nicht ein einziges Mal seine Wohnung zu wechseln braucht. In seiner Umgebung gilt er als wohlhabender Schweizer, der in Deutschland Schiebergeschäfte tätigt.

Der Büffelbrief

Obwohl sie jetzt selbst häufig von Depressionen heimgesucht wird, die sie mit Selbstdisziplin zu überwinden trachtete, findet Rosa Kraft, aus dem Gefängnis anderen tröstende Briefe zu schicken: an Clara Zetkin, deren beide Söhne im Feld stehen, an Sonja Liebknecht, deren Mann unter noch härteren Bedingungen im Zuchthaus sitzt. Und immer wieder sind es Erlebnisse mit Pflanzen und Tieren, in deren Schilderungen sich Rosas Gefühlsintensität entlädt. Sie kann sich total betroffen darüber ereifern, wenn Soldaten ein Büffelgespann mißhandeln:

Der begleitende Soldat, ein brutaler Kerl, fing an, derart auf die Tiere mit dem dicken Ende des Peitschenstiels loszuschlagen, daß die Aufseherin ihn empört zur Rede stellte, ob er denn kein Mitleid mit den Tieren hätte. „Mit uns Menschen hat auch niemand Mitleid“, antwortete er mit bösem Lächeln und hieb noch kräftiger ein (...) Die Tiere zogen schließlich an und kamen über den Berg, aber eines blutete (...) Sonitschka, die Büffelhaut ist sprichwörtlich an Dicke und Zähigkeit, und die war zerrissen. Die Tiere standen dann beim Abladen ganz still, erschöpft, und eines, das, welches blutete, schaute dabei vor sich hin mit einem Ausdruck (...) wie ein verweintes Kind. Es war direkt der Ausdruck eines Kindes, das hart bestraft worden ist und nicht weiß, wofür, weshalb, nicht weiß, wie es der Qual und der rohen Gewalt entgehen soll (...) Ich stand davor, und das Tier blickte mich an, mir rannen die Tränen herunter – es waren **seine** *Tränen, man kann um den liebsten Bruder nicht schmerzlicher zucken, als ich in meiner Ohnmacht um dieses stille Leid zuckte. Wie weit, wie unerreichbar, verloren die schönen freien saftiggrünen Weiden Rumäniens! Wie anders schien dort die Sonne, blies der Wind, wie anders waren die schönen Laute der Vögel (…) oder das melancholische Rufen des Hirten. Und hier – diese fremde schaurige Stadt, der dumpfe Stall, das ekelerregende muffige Heu, mit faulem Stroh gemischt, die fremden, furchtbaren Menschen und – die Schläge, das Blut, das aus der frischen Wunde rinnt (…) Oh, mein armer Büffel, mein armer, geliebter Bruder, wir stehen hier beide ohnmächtig und stumm und nur eins im Schmerz, in Ohnmacht, in Sehnsucht.* (138)

Das sind Sätze, aus denen die Überreizung der Nerven durch die lange Abgeschiedenheit nur zu deutlich sprechen. In manchen Briefen klingt es, als wolle sie sich selbst Mut zusprechen, aber auch die Erschöpfung klingt durch:

Ich freue mich so schon auf den Frühling, das einzige, was man nie satt kriegt, solange man lebt, was man im Gegenteil mit jedem Jahr mehr zu würdigen und zu lieben versteht. Wissen Sie, Sonitschka, daß der Anfang des Frühlings in der organischen Welt, d.h. das Erwachen zum Leben jetzt beginnt, Anfang Januar, ohne auf den Kalenderfrühling zu warten? Während nämlich nach dem Kalender erst der Winter beginnt, befinden wir uns in der größten astronomischen Sonnennähe, und dies hat eine so geheimnisvolle Wirkung auf alles Leben, daß auch auf unserer nördlichen Halbkugel, die im Winterschnee eingehüllt ist, zu Beginn des Januar wie mit einem Zauberstab die Pflanzen- und Tierwelt erweckt wird… (139)

Gegen das Kriegsende und die Russische Revolution

Im Februar 1917 hat die immer weiter um sich greifende Unzufriedenheit der russischen Bevölkerung mit dem Zarenregime (militärische Niederlagen, Hungersnot unter der Zivilbevölkerung) in Rußland zu Streiks, Zusammenstößen zwischen Demonstranten und der Polizei und schließlich zur Revolution geführt. Die sogenannte „Februarrevolution" ist eine bürgerliche Revolution gewesen. Der Zar dankt ab. Die Macht übernimmt eine von bürgerlichen Parteien geführte „Provisorische Regierung". Plechanow, nun Menschewik, aber auch Lenin und Trotzki kehren aus dem Exil nach Petrograd (St.Petersburg) zurück. Die Bolschewiki gewinnen zusehends an politischer Macht. Nach dem sogenannten Juliputsch, einer Schießerei zwischen Bolschewiki und Soldaten, wird Lenin des Hochverrats angeklagt, Trotzki verhaftet. Aber die bürgerliche Regierung muß Trotzki wieder freilassen. Am 25. September 1917 wird er, wie schon 1905, Präsident des Petrograder Sowjets. Das Gerücht, die Stadt solle bei einem weiteren Vorstoß des Feindes kampflos an die Deutschen übergeben werden, macht die Unfähigkeit der Provisorischen Regierung deutlich und schafft eine günstige Ausgangssituation, die bürgerliche nun in eine proletarische Revolution zu überführen.

Am 6. November 1917 beginnen die Petrograder Arbeiter, Soldaten und Matrosen unter Führung der Bolschewiki den bewaffneten Aufstand zum Sturz der bürgerlichen Regierung. Innerhalb kurzer Zeit besetzen sie die wichtigsten strategischen Punkte in der Stadt. Am 7. November ist die Provisorische Regierung entmachtet. Tags darauf beschließt der Zweite Gesamtrussische Sowjetkongreß die Übernahme der Macht durch die Arbeiter-, Soldaten- und Bauerndeputierten. Mit dem Dekret über den Frieden und dem Dekret über Grund und Boden zeigen die Sowjets ihre Entschlossenheit, mit einer Revolution für die Grundinteressen der Arbeiterklasse Ernst zu machen. Unter dem Vorsitz von Lenin wird der Rat der Volkskommissare gebildet. Der alte

Staatsapparat wird zerschlagen. Großbetriebe, Banken und das Verkehrswesen werden in den folgenden Monaten sozialisiert.

Die Möglichkeiten des Sieges einer proletarischen Revolution in Rußland beurteilt Rosa unter anderem deshalb skeptisch, weil ihr die internationale Unterstützung fehlt. Im November 1917 schreibt sie an Mathilde Wurm, die Frau des SPD-Reichstagsabgeordneten Emanuel Wurm:

Um die Russen bangt mein Herz sehr, ich erhoffe leider keinen Sieg der Leninisten, aber immerhin – ein solcher Untergang ist mir doch lieber als „Lebenbleiben für das Vaterland" ... (140)

Und einige Tage später heißt es in einem Brief an Luise Kautsky:

Freust Du Dich über die Russen? Natürlich werden sie sich in diesem Hexensabbath nicht halten können – nicht weil die Statistik eine zu rückständige ökonomische Entwicklung in Rußland aufweist, wie Dein gescheiter Gatte ausgerechnet hat, sondern weil die Sozialdemokratie in dem hochentwickelten Westen aus hundsjämmerlichen Feiglingen besteht und die Russen, ruhig zusehend, sich werden verbluten lassen (...) Ich erwarte noch viel Großes in den nächsten Jahren, nur möchte ich die Weltgeschichte nicht bloß durch das Gitter bewundern. (141)

An Informationsmöglichkeiten verfügt Rosa im Gefängnis nur über bürgerliche Zeitungen und Unterlagen, die ihr von Besuchern eingeschmuggelt werden.

In dieser Zeit entsteht die Schrift „ Zur russischen Revolution". Da sie einen der Texte darstellt, die seither im kapitalistischen wie im sozialistischen Lager immer wieder heftige Diskussionen und Kontroversen hervorgerufen haben, muß hier neben den Kernpunkten ihres Inhalts auch die Editionsgeschichte genauer dargestellt werden.

„Im Sommer 1918", so berichtet Paul Levi im Vorwort der von ihm edierten Ausgabe, „schreibt Rosa Luxemburg Artikel für die ‚Spartakusbriefe' aus dem Breslauer Gefängnis, in denen sie sich kritisch mit der Politik der Bolschewiki auseinandersetzt. (...) Ihre Freunde hielten die Veröffentlichung damals für nicht opportun, und ich schloß mich ihnen an.

Da Rosa Luxemburg hartnäckig auf der Veröffentlichung beharrte, reiste ich im September 1918 zu ihr nach Breslau, wo ich sie nach langer ausführlicher Unterredung im Gefängnis zwar nicht überzeugte, aber bestimmte, von dem Druck eines neuerlich geschriebenen Artikels gegen die Taktik der Bolschewiki Abstand zu nehmen. Um mich von der Richtigkeit ihrer Kritik zu überzeugen, schrieb Rosa Luxemburg die vorliegende Broschüre. Sie teilte mir den Inhalt aus dem Gefängnis durch eine vertraute Freundin mit." (142)

Nach der Ermordung Rosa Luxemburgs im Januar 1919 war Leo Jogiches offenbar dafür, die Blätter der nicht vollendeten Schrift zu vernichten. Nach Clara Zetkin soll er bemerkt haben: „Verbrennen Sie das." (143) Als Clara Zetkin mit Erstaunen reagierte, soll er weiter gesagt haben: „meinen Sie nicht aus Rücksicht auf unsere russischen Freunde. Die können noch andere Kritik vertragen. Nein, nein! Wegen Rosa. Sie hat ihre anfängliche Beurteilung der bolschewistischen Methoden und Taktik in wichtigen Punkten modifiziert. (...)

Die deutsche Revolution selbst zwang sie dazu. Sie stellte vor die Massen die Frage der Diktatur, Demokratie, des Rätesystems. Rosa dachte nicht mehr daran, mit ihrer alten Kritik an die Öffentlichkeit zu kommen. Sie hatte die Absicht, eine neue größere Abhandlung über die russische Revolution zu schreiben."

Aber was ist nun eigentlich der Inhalt dieser in drei Epochen deutscher Geschichte – Weimarer Republik, Zeit der beiden deutschen Staaten nach 1945 und schließlich die Jahre nach der Wiedervereinigung – so heiß umstrittenen Schrift?

Nach einer einleitenden Passage setzt sich Rosa Luxemburg zunächst mit der Agrar- und Nationalitätenpolitik der Bolschewiki auseinander. Zum ersten Punkt lauten ihre entscheidenden Argumente:

Die Parole (...) die von den Bolschewiki herausgegeben wurde: sofortige Besitzergreifung und Aufteilung des Grund und Bodens durch die Bauern (...) ist nicht nur keine sozialistische Maßnahme, sondern (...) schneidet den Weg zu einer solchen ab, sie türmt vor der Umgestaltung der Agrarverhältnisse im sozialistischen Sinne unüberwindliche Schwierigkeiten auf. (144)

Im zweiten Punkt sah sie es als „oberstes Gebot" an, sich allen nationalistischen Sonderbestrebungen entgegenzustellen. Im Gegensatz zu Lenins Parole von der Selbstbestimmung der Völker tritt sie dafür ein, die kompakteste Zusammenfassung der revolutionären Kräfte auf dem ganzen Gebiet des Reiches anzustreben, die Integrität des russischen Reiches als Revolutionsgebiet mit Zähnen und Nägeln zu verteidigen.

Und nun kommen in der Schrift jene beiden Themen zur Sprache, die den Schlüsselcharakter des Textes „ Zur russischen Revolution" bedingen: Kritik an der Auflösung der „Konstituante", der verfassunggebenden Versammlung, und Kritik an der Einschränkung der demokratischen Rechte. Zum Verständnis der damaligen Situation:

Die verfassunggebende Versammlung war zunächst von den Führern der Bolschewiki stürmisch gefordert worden. Am 6. Januar 1918 wurde sie von ihnen aufgelöst. Rosa Luxemburg begreift, daß Lenin und Trotzki „die Geschichte der Revolution" nicht einer Versammlung anvertrauen wollten, die das gestrige kerenskische Rußland spiegelte. Sie ist aber der Meinung, daß man dann statt dessen eine Versammlung des *erneuerten, weitergegangenen Rußland* einberufen müsse. Sie ist für eine Kombination der Sowjets und der Konstituierenden Versammlung, was die aktuelle Situation in Rußland Anfang des Jahres 1918 betrifft. Grundsätzlich polemisiert sie gegen die Vorstellung von der „generellen Untauglichkeit" jeder aus allgemeinen Volkswahlen hervorgegangenen Volksvertretung während der Revolution. Denn:

Gewiß, jede demokratische Institution hat ihre Schranken und Mängel, was sie wohl mit sämtlichen menschli-

chen Institutionen teilt. Nur ist das Heilmittel, das Trotzki und Lenin gefunden: die Beseitigung der Demokratie überhaupt, noch schlimmer als das Übel, das es steuern soll: Es verschüttet nämlich den lebendigen Quell selbst, aus dem heraus alle angeborenen Unzulänglichkeiten der sozialen Institutionen allein korrigiert werden können: das aktive, ungehemmte, energische politische Leben der breitesten Volksmassen.(...)

Fällt das alles hinweg, was bleibt in Wirklichkeit? Lenin und Trotzki haben anstelle der aus allgemeinen Volkswahlen hervorgegangenen Vertretungskörperschaften die Sowjets als die einzige wahre Vertretung der arbeitenden Massen hingestellt. Aber mit der Erdrückung des politischen Lebens im ganzen Land muß auch das Leben in den Sowjets immer mehr erlahmen. Ohne allgemeine Wahlen, ungehemmte Presse- und Versammlungsfreiheit, freien Meinungskampf erstirbt das Leben in jeder öffentlichen Institution, wird zum Scheinleben, in der die Bürokratie allein das tätige Element bleibt. Das öffentliche Leben schläft allmählich ein, einige Dutzend Parteiführer von unerschöpflicher Energie und grenzenlosem Idealismus dirigieren und regieren, unter ihnen leitet in Wirklichkeit ein Dutzend hervorragender Köpfe, und eine Elite der Arbeiterschaft wird von Zeit zu Zeit zu Versammlungen aufgeboten, um den Reden der Führer Beifall zu klatschen, vorgelegten Resolutionen einstimmig zuzustimmen, im Grunde also eine Cliquenwirtschaft – eine Diktatur allerdings, aber nicht die Diktatur des Proletariats, sondern die Diktatur einer Handvoll Politiker, d. h. Diktatur im rein bürgerlichen Sinne, im Sinne der Jakobinerherrschaft (das Verschieben der Sowjetkongresse von drei Monaten auf sechs Monate!). Ja noch weiter: Solche Zustände müssen eine Verwilderung des öffentlichen Lebens zeitigen: Attentate, Geiselerschießungen etc. Das ist ein übermächtiges, objektives Gesetz, dem sich keine Partei zu entziehen vermag. (145)

Als Randbemerkung taucht dann der seither immer wieder zitierte Satz auf:

Freiheit nur für die Anhänger der Regierung, nur für Mitglieder einer Partei – mögen sie noch so zahlreich sein – ist keine Freiheit. Freiheit ist immer Freiheit der Andersdenkenden. Nicht wegen des Fanatismus der „Gerechtigkeit", sondern weil all das Belebende, Heilsame und Reinigende der politischen Freiheit an diesem Wesen hängt und seine Wirkung versagt, wenn die „Freiheit" zum Privilegium wird. (146)

Das Bekenntnis zur Meinungsfreiheit kann nicht darüber hinwegtäuschen, daß die Schrift hier tatsächlich Widersprüche enthält.

Rosa Luxemburg fordert in ihr die „sozialistische Demokratie" im Unterschied zur „bürgerlichen Demokratie". Sie setzt dann aber den Begriff „sozialistische Demokratie" mit dem von Marx und Engels geprägten Begriff der „Dikatatur des Proletariats" gleich, kritisiert aber dann auch wieder die Art und Weise, wie in Rußland von Lenin und Trotzki diese Diktatur praktiziert wird.

Manfred Scharrer hat diese Widersprüche genauer gekennzeichnet. Und man kann ihm in diesem Punkt folgen, auch ohne seine daraus abgeleitete These zu teilen, Rosa Luxemburg komme das „zweifelhafte Verdienst" zu, die antidemokratische Haltung der KPD (in der Weimarer Republik) begründet zu haben.

„‚Sozialistische Demokratie'", so schreibt Scharrer, „beginnt für sie (Rosa Luxemburg) mit dem Moment der Machtergreifung durch die sozialistische Partei. So weit so klar. Verwirrung entsteht jedoch dann, wenn Luxemburg die sozialistische Demokratie gleichzeitig mit dem Begriff der ‚Diktatur des Proletariats' belehnt. Unübersehbar ist dabei, daß sie fürchtet, mit dieser Art Formulierungskunst in die Nähe des Dikatur-Modells von Lenin und Trotzki zu geraten. Sie versichert deshalb ausdrücklich: *Aber diese Diktatur besteht in der Art der Verwendung von Demokratie, nicht in ihrer Abschaffung.*

Es kann bei diesen Versuchen, am Begriff der Diktatur des Proletariats festzuhalten und gleichzeitig demokratische

Überzeugungen nicht verraten zu wollen, nicht übersehen werden, daß Rosa Luxemburg ein heilloses begriffliches Verwirrspiel eröffnet.

Nicht unerwähnt bleiben darf an dieser Stelle, daß die Grundlagen zu diesem Spiel Marx und Engels gelegt haben. Besonders die Formulierung von Engels, die demokratische Republik sei ‚sogar die spezifische Form für die Diktatur des Proletariats', verwischte die Grenze zwischen Demokratie und Diktatur auf gefährliche Weise." (147)

Dabei will aber nun wiederum bedacht sein, daß die Schrift „Zur russischen Revolution" kein druckfertiges Manuskript darstellt.

Abgesehen davon, daß Rosa Luxemburg solche Widersprüche bei erneuter Durchsicht klar geworden wären, muß man auch die Zeiten, in denen die Begriffe geprägt wurden, im Verhältnis zu den damals real etablierten Institutionen in Rechnung stellen.

Als Marx und Engels den Begriff der „Diktatur des Proletariats" erfanden, regierten in der Mehrzahl der Länder Europas Könige. Als Rosa Luxemburg von sozialistischer Demokratie im Unterschiede zu bürgerlicher schrieb, war im Deutschen Reich das jeder tatsächlichen Demokratie spottende Klassenwahlrecht noch in Kraft.

Entscheidend ist aber, daß in der Schrift „Zur russischen Revolution" der Finger auf ein weiterhin im Grunde ungelöstes Problem gelegt wird, das sich so umschreiben läßt:

Wieviel „Diktatur" ist zur Durchsetzung sozialer Gerechtigkeit und zur Verteidigung der revolutionären Errungenschaften unabdingbar, und wieviel „Demokratie" muß in einer Gesellschaft unbedingt erhalten bleiben?

Ungeduld

1918. Immer noch im Gefängnis in Breslau. Aus Briefen: *Meine Nerven, meine Nerven. Ich kann nicht schlafen.* Eine Haftbeschwerde wird abgewiesen: „All diese Tatsachen zusammengenommen rechtfertigen den dringenden Verdacht, daß die Beschwerdeführerin gewillt ist, für die Verwirklichung ihrer politischen Anschauungen und Ziele, insbesondere für die Erzwingung eines Friedens durch Aufreizung der Volksmassen, tatkräftig mit allen ihr zu Gebote stehenden Mitteln einzutreten."

So wörtlich im Beschluß des Reichsmilitärgerichts vom 22. Januar 1918.

Mitte März 1918 wird Leo Jogiches verhaftet. Jetzt verbittet sich Rosa jegliche Lebensmittelsendungen von Mathilde Jacob. Sie sei in Breslau noch ganz gut dran. Jetzt müsse man Leo helfen. „Du weißt doch", sagt sie zu Mathilde, „daß das Essen in den Gefängnissen ungenießbar ist und Leo fast ausschließlich von dem lebt, was du hineingibst. Bitte sag mir, was du ihm bringst." Und als Mathilde Rechenschaft ablegt, antwortet Rosa: „Ich merke schon, du machst deine Sache gut. Habe ich auch nicht anders von dir erwartet."

Mathilde muß ihre Sache noch über sieben Monate hin gut machen. Für den Fall, daß Leo neue Unterwäsche brauche, ordnet Rosa an, möge man dafür ihre Bettwäsche zerschneiden.

Gefängniskalender

Eintragungen teils mit Tinte, teils mit Bleistift, alles in allem in drei Soennecken-Umschlag-Kalender, die Mathilde besorgt hat:

16. März. Um 9 Uhr früh Wendehals lange gerufen. Nachmittags 4 wieder. Krähen sind fort. 17. März: Buchfink gesungen. Pirol ist da. Wendehals um ½5 und ½6 abends gerufen. 18. März: Um 10 Uhr Buchfink. Nr. 7 Brief von

Mathilde, Brief von Martha. Haubenlerchen liefen im Hof. 20. März: Paket an Kostja, Gewitterwolken und Donner um 5 Uhr nachmittags. 29. März: 51 Kilo. 1. April: Den kleinen Fuchs gesehen. Star singt immerzu bis 7 Uhr abends. 2. April: 22 Grad C. im Schatten um 4 Uhr. (148)

Und draußen?

28. Januar bis 4. Februar 1918. In Berlin führen etwa vierhunderttausend Arbeiterinnen und Arbeiter einen politischen Massenstreik durch. Zum Streikprogramm gehören die Forderungen: sofortiger Friedensschluß ohne Annexion, bessere Lebensmittelversorgung, Einführung des allgemeinen, gleichen, direkten und geheimen Wahlrechts in Preußen. Die Streikbewegung breitet sich über das ganze Deutsche Reich aus. Schließlich streiken mehr als eine Million Arbeiter. Es werden außerordentliche Kriegsgerichte eingesetzt. Es gelingt der Regierung, den Streik niederzuschlagen. Fünftausend Arbeiter werden zum Militärdienst eingezogen, Tausende zu hohen Zuchthausstrafen verurteilt.

Dem Aktionsausschuß, der den Streik in Berlin organisieren und koordinieren soll, gehören die Abgeordneten Haase, Ledebour und Dittmann von der USPD, die Vorstandsmitglieder Ebert, Scheidemann und Braun von der SPD an.

1925 sagt Ebert, dem vorgeworfen wird, zu diesem Zeitpunkt Landesverrat getrieben zu haben, über seine Motive folgendes aus:

„Ich bin mit der bestimmten Absicht in die Streikleitung eingetreten, den Streik zum schnellsten Abschluß zu bringen und eine Schädigung des Landes zu verhüten (...) Ich kann auf das bestimmteste erklären, daß die Leitung der SPD in Fragen der Munitionsarbeiterstreiks in ihrem Inneren den Standpunkt gehabt hat, den sie äußerlich vertreten hat, daß sie diesen Streik also verurteilt hat." (149)

Am 13. Juli 1918 bewilligt der Reichstag gegen die Stimmen der USPD die 12. Kriegskreditvorlage in Höhe von fünfzehn Millionen Mark. An den Litfaßsäulen verkünden Plakate: „Die beste Sparkasse – Kriegsanleihe!"

Zwischen dem 15. und 17. Juli 1918 kommt die letzte deutsche Offensive an der Marne und bei Reims nach schweren Verlusten zum Stehen. Durch vier große Offensiven der Alliierten im Westen gerät Deutschland an den Rand des militärischen Zusammenbruchs. Am 8. August 1918 sagte der deutsche Kaiser nach einem Vortrag hoher Generalstabsoffiziere:

„Ich sehe, wir müssen Bilanz ziehen (...) Der Krieg muß beendet werden..."

Am 9. September 1918 spricht der Kaiser zu den Arbeitern der Krupp-Werke. Seine Rede beginnt mit dem Satz:

„Schon lange hat es mich in diesem Krieg zu Ihnen hingezogen..."

Sie schließt:

„Werdet stark wie Stahl, und der deutsche Volksblock, zu Stahl zusammengeschweißt, der soll dem Feind seine Kraft zeigen. Wer also von Euch entschlossen ist, dieser meiner Aufforderung nachzukommen, wer das Herz auf dem rechten Fleck hat, wer die Treue halten will, der stehe jetzt auf und verspreche mir an Stelle der gesamten deutschen Arbeiterschaft: wir wollen kämpfen und durchhalten bis zum Letzten. Dazu helfe uns Gott. Und wer das will, der antworte mit Ja!" (Die Versammelten antworten mit lautem Ja.) „Ich danke Euch. Mit diesem Ja gehe ich jetzt zum Feldmarschall!" (150)

Kassiber

Ende Oktober 1918 läßt Paul Levi durch Mathilde Jacob folgenden Kassiber Rosa ins Gefängnis schmuggeln:

„Ich gebe Ihnen einige Nachrichten ohne weiteren Zusammenhang nur in der Reihenfolge, in der ich sie notiert habe: Zum Zeichen der Stimmung in den Heeresteilen ist von Bedeutung die Nachricht: Am Freitag sollte von der

Flotte ein großer Schlag gegen England geführt werden. Die Flotte fuhr aus, aber (kam) nach einiger Zeit unverrichteter Dinge wieder zurück, da die gesamte Flotte meuterte ..."

Bei diesem Ereignis, über das Levi berichtet, handelt es sich um den Aufstand der Matrosen in Kiel, bei dem am 27. Oktober 1918 Soldatenräte gebildet werden. Diese geben das Signal zur Revolution. Am 3. November 1918 demonstrieren dreitausend Kieler Matrosen und Arbeiter für die Freilassung verhafteter Kameraden und für den Frieden. Während die meisten der gegen die Meuterer eingesetzten Verbände den Gehorsam verweigern, schießt eine Patrouille unter dem Befehl des Leutnants Steinhäuser an der Ecke Brunswicker- und Karlstraße nach der Aufforderung, auseinanderzugehen. Es gibt neun Tote und neunundzwanzig Verletzte. Als sich die Demonstranten verstreuen, tritt ein Matrose vor und schießt Leutnant Steinhäuser nieder. Die Revolution hat begonnen. Am 5. November treten die Kieler Arbeiter in den Streik. In Lübeck und Brunsbüttel werden Arbeiter- und Soldatenräte gebildet. Die revolutionären Ereignisse greifen auf viele andere Städte des Deutschen Reiches über. Rosa Luxemburg ist immer noch in Haft. Die am 12. Oktober von der Regierung Preußens verkündete Amnestie politischer Häftlinge hat sich auf sie nicht ausgewirkt. Sie fiebert der Stunde entgegen, in der sie endlich frei sein wird. Am 18. Oktober hat sie an Sonja Liebknecht geschrieben:

Meine Stimmung ist schon derart, daß mir ein Besuch meiner Freunde unter Aufsicht zur Unmöglichkeit geworden ist. Ich ertrug alles ganz geduldig die Jahre hindurch und wäre unter anderen Umständen noch weitere Jahre ebenso geduldig geblieben. Nachdem aber der allgemeine Umschwung in der Lage kam, gab es auch in meiner Psychologie einen Knick. Die Unterredung unter Aufsicht, die Unmöglichkeit, darüber zu reden, was mich wirklich interessiert, sind mir schon lange so lästig, daß ich lieber auf jeden Besuch verzichte, bis wir uns als freie Menschen sehen. (151)

VI. Eine deutsche Revolution

„Ich selbst bin so im Trubel, daß ich keine Zeit habe zu denken, wie es mir geht. C'est la révolution.“

Rosa Luxemburg in einem Brief Ende 1918 (152)

Es ist der 8. November 1918, zehn Uhr, als Rosa von der Gefängnisdirektion in Breslau mitgeteilt wird, daß sie frei ist. Da sie ihre Sachen nicht vollständig gepackt hat und so spät abends nicht weiß, wohin sie gehen soll, bleibt sie während der Nacht vom 8. auf den 9. November im Gefängnis.

Nach großen Arbeiterdemonstrationen ist Karl Liebknecht am 23. Oktober aus dem Zuchthaus entlassen worden. Seither ist er in Berlin unterwegs. Er verhandelt mit den Revolutionären Obleuten, einer linksradikalen Gruppe, die sich bei der Organisation von Streiks in Berliner Großbetrieben gebildet hat.

Liebknecht drängt, man solle endlich losschlagen.

Als am 4. November die ersten Nachrichten von der Matrosenrevolte in Kiel eintreffen, verlangen die Obleute immer noch eine Woche Zeit, um die Revolution mit deutscher Gründlichkeit in allen technischen Einzelheiten vorzubereiten.

Liebknecht warnt, die Mehrheitsdemokraten könnten ihnen zuvorkommen und dann ihre Revolution machen. Wenn irgendwo, so sei in Berlin durch die Kontakte zwischen den Obleuten und der Spartakusgruppe die Situation günstig, die Revolution über eine bloße Machtablösung hinaus zu einer sozialen Umwälzung werden zu lassen. Aber er dringt mit seiner Aufforderung zu raschem Handeln nicht durch. (153)

Am 6. November, als die Revolutionären Obleute endlich als Termin für Aktionen in Berlin den 11. November festgelegt haben, treffen die sozialdemokratischen Reichstagsabgeordneten Ebert, Scheidemann und Südekum und die Gewerkschaftsführer Gegien, Bauer und Schmidt mit General Groener zusammen, der seit Ludendorffs Rücktritt bei der Obersten Heeresleitung den Posten des Ersten Quartiermeisters bekleidet. Anwesend ist auch Groeners Adjutant, Oberst von Haeften.

Der Parteivorsitzende der SPD, Friedrich Ebert, fordert die rasche Abdankung des Kaisers. Nur so sei der Übergang der Massen in das Lager der Revolutionäre und damit der Revolution zu verhindern.

Groener erwidert, eine Abdankung des Kaisers komme nicht in Frage. Man dürfe der in schweren Abwehrkämpfen stehenden Armee nicht „ihren autoritären Halt" nehmen.

Die SPD-Abgeordneten versichern Groener, sie seien durchaus nicht grundsätzlich gegen die Monarchie. Das letzte Mittel, sie zu retten, bestehe aber eben unter Umständen gerade darin, daß man schleunigst einen der kaiserlichen Prinzen mit der Regentschaft beauftrage.

Scheidemann wird zum Telefon gerufen und kommt nach einer Weile mit den neuesten Nachrichten aus Kiel und Hannover zurück. Er sagt: „Meine Herren, es gibt nichts mehr zu diskutieren. Wir wissen nicht, ob wir morgen noch auf diesen Stühlen sitzen werden."

Ebert erklärt: „Noch ist nichts entschieden. Was die Frage der Monarchie anbetrifft, so bin ich wie der Genosse Scheidemann im Gegensatz zu den übrigen Herren zwar überzeugter Republikaner, doch die Frage ‚Monarchie oder Republik' hat für uns nur theoretische Bedeutung. In der Praxis würden wir uns auch mit der Monarchie mit parlamentarischem System abfinden. Ich rate deshalb Euer Exzellenz dringend, die letzte Gelegenheit zur Rettung der Monarchie zu ergreifen und die schleunigste Beauftragung eines der kaiserlichen Prinzen mit der Regentschaft zu veranlassen."

Der Abgeordnete Südekum bestürmt General Groener mit Tränen in den Augen, auf diesen Vorschlag einzugehen.

Groener aber antwortet: „Der Vorschlag ist für mich indiskutabel. Ich bin autorisiert, den Herren zu eröffnen, daß sämtliche Prinzen sich mit ihrem Vater solidarisch erklärt haben und daß, falls ihr Vater gezwungen würde, gegen seinen Willen abzudanken, keiner bereit wäre, die Regentschaft zu übernehmen."

Darauf Ebert: „Unter diesen Umständen erübrigt sich jede weitere Erörterung. Jetzt müssen die Dinge ihren Lauf nehmen. Wir danken Ihnen, Exzellenz, für die Aussprache und werden uns stets gern der Zusammenarbeit mit Ihnen während des Krieges erinnern. Von nun an trennen sich unsere Wege. Wer weiß, ob wir uns je wiedersehen."

Man verabschiedet sich mit Händedruck.

Im Hinausgehen sagt Haeften zu Groener:

„Das bedeutet die Revolution. Diese Führer haben die Massen nicht mehr in der Hand. Wenn sie deren Willen nicht tun, sind sie Generäle ohne Truppen."

Die Revolution kommt in Gang

Am 8. November (noch ist Rosa im Gefängnis und ärgert sich über die private Mitteilung von Mathilde Jacob, daß die Hauswirtin in Berlin die Miete für ihre Wohnung um zehn Mark erhöht hat) wird Ernst Däumig, ein Mitglied der USPD und einer der Führer der Revolutionären Obleute, auf der Straße verhaftet. Er trägt sämtliche Pläne für den auf den 11. November festgesetzten Aufstand bei sich, die nun dem Oberkommando in den Marken bekannt werden. Mitglieder des Vollzugsausschusses der Obleute, der Spartakusgruppe und der USPD beschließen daraufhin, daß nun schon am nächsten Tag losgeschlagen werden soll. Sie stellen dazu folgenden Aktionsplan auf:

Generalstreik. Von den Großbetrieben Berlins rücken die Arbeiter in elf großen Kolonnen ins Stadtzentrum von Berlin vor und besetzen dort die öffentlichen Gebäude. Die in Berlin stationierten Soldaten sollen gewonnen werden, mit den Arbeitern gemeinsame Sache zu machen.

Die Beschlüsse werden durch Boten den einzelnen Betrieben übermittelt. Es wird eiligst ein Flugblatt gedruckt, das Arbeiter und Soldaten zum Kampf für eine sozialistische Republik aufruft.

Am 8. November gegen zehn Uhr vormittags trifft der Reichstagsabgeordnete Matthias Erzberger mit drei Begleitern und einem Dolmetscheroffizier in einem Eisenbahnwagen im Wald von Compiègne mit dem französischen Marschall Foch, dessen Generalstabschef Weygand und drei englischen Marineoffizieren zu Waffenstillstandsverhandlungen zusammen.

Die Deutschen weisen ihre Vollmachten vor, die überprüft werden. Dann kommt es zu dem folgenden Gespräch:

Marschall Foch: Was führt die Herren hierher? Was wünschen Sie von mir?

Erzberger: Ich sehe Ihren Vorschlägen über die Herbeiführung eines Waffenstillstands zu Wasser, zu Lande und in der Luft und an allen Fronten entgegen.

Marschall Foch: Ich habe keine Vorschläge zu machen.

Er befiehlt seinem Generalstabschef, die Bedingungen für den Waffenstillstand vorzulesen. Es wird eine Bedenkfrist von zweiundsiebzig Stunden eingeräumt.

Darauf wieder Foch: Verhandlungen über die Bedingungen werden unter keinen Umständen zugelassen. Deutschland kann annehmen oder ablehnen, ein Drittes gibt es nicht.

Die deutsche Delegation bewertet die Situation so:

„Die Bedingungen sind undurchführbar. Sie machen Deutschland nicht nur wehrlos, sondern liefern es auch an den Bolschewismus aus. Anarchie und Hungersnot müssen die unmittelbaren Begleiterscheinungen dieser Waffenstillstandsbedingungen sein."

Der Dolmetscheroffizier reist mit allen Unterlagen zum Vortrag bei der Reichsregierung nach Berlin.

Die eingeräumte Bedenkfrist wird am 11. November vormittags gegen elf Uhr abgelaufen sein.

In Berlin trifft man von zwei Seiten her Vorkehrungen gegen eine Revolte der Arbeiterschaft.

Die SPD-Führung warnt ihre Anhänger vor Unbesonnenheiten und läßt durchblicken, die Abdankung des Kaisers sei nur noch eine Frage von Stunden.

Die Vertrauensleute der Partei in den Betrieben werden angewiesen, die Arbeiter zu beruhigen. Einer von ihnen sagt bei einer Besprechung in der Parteizentrale:

„Wir können hier beschließen, was wir wollen. Zurückzuhalten sind die Arbeiter nicht mehr."

Die Reichsregierung unter Kanzler Prinz Max von Baden und mit drei SPD-Staatssekretären gibt Befehl, daß das als zuverlässig geltende 4. Jägerbataillon in die Alexander-Kaserne im Stadtzentrum verlegt wird.

Ein Gefreiter, der eine rebellische Bemerkung macht, wird sofort unter Arrest gestellt. Als Handgranaten ausgegeben werden, fragen die Soldaten mißtrauisch: „Gegen wen sollen wir die werfen? Gegen wen sollen wir eingesetzt werden?"

Die Offiziere geben ausweichende Antworten. Die Soldaten sind nach einem langen Transport müde. Sie legen sich kopfschüttelnd schlafen.

Der Eisenbahnverkehr von und nach Berlin wird eingestellt.

Zwischen dem Reichskanzler in Berlin und dem kaiserlichen Hauptquartier in Spa, Belgien, finden aufgeregte Telefongespräche statt. Der Kaiser weist weiterhin den Gedanken an einen Rücktritt weit von sich. Er erklärt, er halte es für seine Pflicht, auf seinem Posten zu bleiben. Er berät sich mit seinen höchsten Offizieren darüber, ob man eine Operation gegen die Heimat einleiten könne.

Könnte Generalfeldmarschall von Hindenburg den Gefühlen in seiner preußischen Soldatenbrust folgen, so würde er ein solches Vorgehen befürworten. Sein Verstand sagt ihm, das Risiko sei zu groß. Dies dem Kaiser ins Gesicht zu sagen, bringt er aber auch nicht über sich. Wieder ruft der Reichskanzler an und verlangt den Kaiser zu sprechen. Diesmal dauert die telefonische Unterhaltung etwa zwanzig Minuten.

Prinz Max von Baden sagt unter anderem: „Die Abdankung ist nötig geworden, um den Bürgerkrieg zu vermeiden, um also die Mission des Friedenskanzlers bis zum Schluß durchzuführen. Gelingt dies, so wird Euer Majestät Name in der Geschichte gesegnet werden. Erfolgt nichts, so wird die Forderung im Reichstag gestellt und bewilligt werden. Die Truppe ist nicht mehr sicher. Köln ist in den Händen der Arbeiter- und Soldatenräte, auf dem Braunschweiger Schloß Eurer Majestät Tochter weht eine rote Fahne. München ist Republik, in Schwerin tagt ein Soldatenrat."

Der Kaiser: „Unsinn! Die Truppe steht zu mir. Morgen marschieren wir gegen die Heimat."

Am 9. November morgens verläßt Rosa das Gefängnis und geht zu Parteifreunden, der Familie Schlich. Von dort aus ruft sie Mathilde Jacob in Berlin an. Die Reise nach Berlin muß Rosa verschieben, da vorerst keine Züge verkehren. Abends zieht Rosa mit Parteifreunden durch die Straßen von Breslau. Dort ist inzwischen die Revolution ausgerufen worden. Auf dem Domplatz spricht sie zur Menge. Leo Jogiches, der in Berlin wieder in Freiheit ist, trifft Vorkehrungen, Rosa auch dann in die Hauptstadt zu holen, wenn die Eisenbahn weiterhin nicht verkehren sollte. Rosa ruft mehrmals an diesem Tag in Berlin an, um sich bei Mathilde und Leo über die politische Entwicklung zu erkundigen.

An jenem 9. November diskutieren die Berliner Arbeiter, die zur Frühschicht gekommen sind, über das Flugblatt der Revolutionären Obleute und der Spartakusgruppe, die zu Massenstreiks und Demonstrationen aufrufen. Sechs Forderungen sollen durchgesetzt werden:

1. Befreiung aller zivilen und militärischen Gefangenen, sofern sie aus politischen Gründen in Haft sind.
2. Wahl von Arbeiter- und Soldatenräten in allen Fabriken und Truppenteilen.
3. Aufhebung aller Einzelstaaten und Beseitigung aller Dynastien.
4. Sofortige Aufnahme der Beziehungen zu den übrigen deutschen Arbeiter- und Soldatenräten.

5. Übernahme der Regierung durch die Beauftragten der Arbeiter- und Soldatenräte.
6. Sofortige Verbindung mit dem internationalen Proletariat, insbesondere mit der russischen Arbeiterrepublik.

Der Gouverneur von Berlin meldet telefonisch nach Spa: Alle Truppen sind zu den Aufständischen übergegangen. Ich haben keinen Mann mehr in der Hand.

In den Kasernen der Berliner Innenstadt kommt es zur Verbrüderung zwischen den Arbeiterkolonnen und dem Militär. Beim Eindringen der Demonstranten in die Maikäferkaserne in der Chausseestraße wird der Führer der Berliner Arbeiterjugend, Erich Habersaath, von einem Offizier erschossen.

In Spa spielt der Kaiser mit dem Gedanken, als Kaiser zurückzutreten, aber König von Preußen zu bleiben. Hindenburg und der Kronprinz finden das eine ausgezeichnete Idee.

Wieder wird aus Berlin angerufen. Der Reichskanzler:

„Ich muß meine Entlassung nehmen. Die Monarchie ist nicht mehr zu retten, wenn die Abdankung nicht im Augenblick eintrifft."

Der Kaiser ist zu einer halben Abdankung bereit, aber seine Offiziere raten ihm, die entsprechende Erklärung sorgfältig zu formulieren. Spa bittet noch um eine halbe Stunde.

Gleichzeitig hört der Reichskanzler, daß die Demonstranten – Soldaten und Arbeiter – nun schon in unmittelbarer Nähe des Reichskanzlerpalais stehen. Jetzt entschließt sich der Prinz von Baden, auf eigene Faust zu handeln. An das Wolffsche Telegraphenbüro gibt er die Nachricht, der Kaiser habe abgedankt, der Kronprinz auf die Nachfolge verzichtet.

Er beabsichtige zurückzutreten, dem Abgeordneten Friedrich Ebert die Reichskanzlerschaft und die Ausarbeitung eines Gesetzentwurfes über die sofortige Ausschreibung allgemeiner Wahlen zu einer verfassunggebenden deutschen Nationalversammlung vorzuschlagen. Die Nationalversammlung habe dann über die künftige Staatsform des deutschen Volkes zu entscheiden.

Der Inhalt dieser Depesche wird um die Mittagszeit in den Straßen Berlins bekannt.

Kurz nach zwölf empfängt der Prinz von Baden Friedrich Ebert, Scheidemann und andere SPD-Abgeordnete.

Ebert erklärt sich bereit, die Regierung zu übernehmen. Er will auch mit der USPD über deren Eintritt in die Regierung verhandeln und unter Umständen Politiker bürgerlicher Parteien aufnehmen. Auf jeden Fall aber müsse die SPD die Mehrheit behalten. Nach Übergabe der Amtsgeschäfte erläßt Ebert eine Proklamation an die Bürger Berlins über diese Vorgänge. Sie schließt mit dem Satz:

„Mitbürger! Ich bitte Euch dringend. Verlaßt die Straßen. Sorgt für Ruhe und Ordnung."

Aber die Demonstranten weichen nicht aus der Innenstadt. Zwischen Wilhelmstraße und dem Reichstagsgebäude drängen sich Tausende von Menschen. Die Atmosphäre ist spannungsgeladen. Gerüchte schwirren herum. Noch ist nicht entschieden, welche Staatsform Deutschland in Zukunft haben wird. Man spricht davon, daß Liebknecht vom Balkon des Schlosses die „Sozialistische Republik" ausrufen wolle.

Als der SPD-Abgeordnete Scheidemann im Reichstagsrestaurant eine wäßrige Kartoffelsuppe löffelt, drängen sich Arbeiter und Soldaten an den Tisch. Sie fordern ihn auf:

„Scheidemann, kommen Sie gleich mit." „Philipp, du mußt herauskommen und reden!"

Zuerst wehrt er ab, aber sie schieben ihn gestikulierend durch das Restaurant, die Wandelhalle und den Lesesaal. Dort öffnet man die Balkontür. Ein bayerischer Hauptmann reicht Scheidemann die Hand und hilft ihm auf die Brüstung. Improvisierend beginnt er zu den Menschen, die vor dem Gebäude stehen, zu reden. Seine Ansprache endet mit dem Satz:

„Alles für das Volk! Nichts darf geschehen, was der Arbeiterbewegung zur Unehre gereicht. Seid einig, treu und pflichtbewußt. Das Alte und Morsche, die Monarchie, ist zusammengebrochen. Es lebe das Neue. Es lebe die Deutsche Republik!"

Die Menschen unten brechen in Jubel aus.

Als Scheidemann wieder ins Zimmer tritt, kommt Ebert auf ihn zu. Mit hochrotem Kopf schimpft er:

„Du hast kein Recht, die Republik auszurufen. Was aus Deutschland wird, ob Republik oder was sonst, das entscheidet eine Konstituante."

Am Nachmittag öffnen Arbeiter die Zellen des Militärgefängnisses in der Lehrter Straße und der Strafanstalt in Tegel.

Friedrich Ebert, Otto Wels, Eugen Ernst, Otto Braun und zwölf sozialdemokratische Vertrauensleute aus den Betrieben bilden einen eigenen „Arbeiter- und Soldatenrat" mit der Vorstellung, so besser Einfluß auf die Massen nehmen zu können.

Das Polizeipräsidium wird von Tausenden von Demonstranten gestürmt. Die Schutzleute und Polizeioffiziere brauchen nicht entwaffnet zu werden. Aufgeregt und eingeschüchtert werfen sie ihre Säbel und Revolver von sich. Ein Mitglied der USPD, der Arbeiter Emil Eichhorn, wird von den Demonstranten als Polizeipräsident von Berlin eingesetzt.

Mitglieder der Spartakusgruppe unter Hermann Duncker besetzen das Gebäude des „Berliner Lokalanzeigers". Jogiches hat darauf gedrungen, man müsse unbedingt eine eigene Zeitung haben. Er beruft sich auf seine Erfahrungen bei der Revolution 1905 in Warschau.

Dem Redakteur erklärt Duncker:

„Das Blatt hat sich gewendet. Ihr Blatt muß sich auch wenden. Sie werden verstehen, daß eine siegreiche Revolution eine konterrevolutionäre Presse nicht dulden kann."

Noch am selben Abend erscheint, redigiert von Hermann Duncker und Ernst Meyer, die erste Nummer der Zeitung „Die Rote Fahne".

Friedrich Ebert führt erste Gespräche um die Regierungsbildung. Auf die Frage eines Mitglieds der USPD, ob er auch bereit sei, Liebknecht in sein Kabinett aufzunehmen, antwortet er: „Wenn Sie wollen, auch Liebknecht. Er soll uns angenehm sein."

Liebknecht aber fordert: „Alle Exekutive, alle Legislative, alle richterliche Gewalt den Arbeiter- und Soldatenräten!"

Gegen siebzehn Uhr zieht Liebknecht an der Spitze eines Demonstrationszuges revolutionärer Arbeiter auf das Schloß zu.

Vom Verdeck eines kleinen Lastwagens ruft er aus: „Der Tag der Revolution ist gekommen. Wir haben den Frieden erzwungen. Der Friede ist in diesem Augenblick geschlossen. Das Alte ist nicht mehr. Die Herrschaft der Hohenzollern, die in diesem Schloß jahrhundertelang gewohnt haben, ist vorüber. In dieser Stunde proklamieren wir die freie sozialistische Republik Deutschland!"

Die Demonstranten dringen in das Schloß ein. Die Wache haltenden Soldaten ergeben sich kampflos. Noch ein zweites Mal spricht Liebknecht, diesmal vom Balkon des Kaiserschlosses. Er fordert die Massen auf, die Hand zum Schwur auf die freie sozialistische Republik Deutschland zu erheben. Am Mast geht die rote Fahne hoch.

Der ereignisreiche Tag endet mit einer Verlautbarung der SPD, sie habe der USPD bei voller Gleichberechtigung die Bildung einer gemeinsamen Regierung angeboten. Die USPD jedoch stellt Bedingungen, zu denen die SPD in einem Antwortschreiben Stellung nimmt.

Die wichtigsten Streitpunkte sind:

Forderung der USPD:

Deutschland soll eine sozialistische Republik werden.

Antwort der SPD:

Diese Forderung ist das Ziel unserer eigenen Politik. Indessen hat darüber das Volk zu entscheiden.

Forderung der USPD:

In dieser Republik soll die ausführende, die gesetzgebende und die richterliche Macht ausschließlich in den Händen von gewählten Vertrauensmännern der gesamten werktätigen Bevölkerung und der Soldaten liegen.

Antwort der SPD:

Ist mit diesem Verlangen die Diktatur eines Teils einer Klasse gemeint, hinter der nicht die Volksmeinung steht,

so müssen wir die Forderung ablehnen, weil sie unseren demokratischen Grundsätzen widerspricht.
Forderung der USPD:
Ausschluß aller bürgerlichen Mitglieder aus der Regierung.
Antwort der SPD:
Diese Forderung müssen wir zurückweisen, weil ihre Erfüllung die Volksernährung erheblich gefährden würde.

Unter diesen Umständen lehnt es Karl Liebknecht für seine Person ab, ein Ministeramt zu übernehmen. Die Mehrheit der USPD-Führer ist bereit, die Vorschläge der SPD anzunehmen, betont aber, die politische Gewalt müsse bei den Arbeiter- und Soldatenräten liegen.

Schließlich tritt eine provisorische Regierung mit der Bezeichnung „Rat der Volksbeauftragten" zusammen. Ihr gehören von der SPD Ebert, Landsberg und Scheidemann, von der USPD Barth, Dittmann und Haase an.

Immer noch ziehen Menschenmassen durch das Regierungsviertel. Fast alle öffentlichen Gebäude sind besetzt. Im Plenarsaal des Reichstages, der mit roten Tüchern ausgeschlagen ist, versammeln sich die Revolutionären Obleute. Ihr Vorsitzender, der ehemalige Metallarbeiter Emil Barth, begrüßt den siegreichen Aufstand der Berliner Garnison, die sich auf die Seite des Volkes gestellt und so den fast unblutigen Sieg der Revolution herbeigeführt hat.

Später wird eine Proklamation erlassen. In ihr heißt es:

„Soldaten, Brüder, tretet am Sonntag, 10. November, spätestens 10 Uhr in den Kasernen und Lazaretten zusammen und wählt eure Vertreter. Auf jedes Bataillon fällt ein Delegierter, ebenso auf jede kleine selbständige Formation und jedes Lazarett.

Arbeiter! Arbeiterinnen! Brüder, Schwestern, tretet auch ihr am Sonntag, 10. November um 10 Uhr in euren Betrieben zusammen. Auf je 1000 Beschäftigte, Männer oder Frauen, fällt ein Delegierter, kleinere Betriebe schließen sich zusammen. Am Sonntag um 5 Uhr treten die so gewählten im

Zirkus Busch zusammen. Arbeiter! Soldaten! Sorgt für die Ausführung dieser Anordnung. Bewahrt Ruhe und Ordnung!

Berlin, 9. November Der provisorische Arbeiter- und Soldatenrat"

Rosa kommt nach Berlin

Rosa in Breslau. Anruf bei Mathilde in Berlin. Jetzt verkehren Züge bis Frankfurt an der Oder von Breslau aus. „Kommt mich dort abholen!"

Jogiches beschafft einen Wagen. Die Fahrt beginnt mit einer Panne. Eduard Fuchs, der Mathilde Jacob begleitet, fordert zweimal in einem Militärdepot Wagen an, die sich ebenfalls beide als fahruntauglich erweisen. Schließlich ist man mit fünfzehn Soldaten auf einem Lastwagen unterwegs. Die Soldaten haben keine Ahnung, wen sie da holen. Sie kutschieren fünf Stunden durch die Stadt. An einem Vortbahnhof wird es Mathilde und Eduard Fuchs zu dumm. Sie überlassen Auto und Begleitmannschaft ihrem Schicksal und fahren mit der Bahn, die jetzt wieder verkehrt, in die Stadt zurück. Jogiches verständigt Rosa telefonisch, daß die Abholung nicht geklappt hat. Inzwischen fahren auch die Züge von Breslau nach Berlin wieder. Rosa wird am Sonntagabend gegen zweiundzwanzig Uhr auf dem Anhalter Bahnhof in Berlin eintreffen.

Bei der Wahl der Delegierten für die große Versammlung im Zirkus Busch am Sonntagvormittag gelingt es der SPD, in der Mehrzahl der Betriebe ihre Leute durchzubringen.

In den Kasernen agitiert Otto Wels und schwört die Vertreter der Militäreinheiten auf den Kurs der SPD ein: Paritätische Besetzung der Regierung durch Vertreter von SPD und USPD, wobei Leuten vom rechten Flügel der USPD der Vorrang zu geben ist. Hinarbeiten auf Wahlen zu einer Nationalversammlung.

Die Regierung, von den Räten noch nicht bestätigt, hat einen schwerwiegenden Entschluß zu fassen: Sie muß zum Waffenstillstandsultimatum Stellung nehmen. Die Oberste Heeresleitung hat schon am 29. September erklärt, Deutschland könne nicht weiterkämpfen. Von den Generälen kommen immer mehr besorgte Meldungen, die Front werde nicht mehr lange zu halten sein. Man müsse zum Waffenstillstand kommen. Andererseits fordert die Oberste Heeresleitung, günstigere Bedingungen auszuhandeln. Die Darstellungen des Dolmetscheroffiziers lassen keinen Zweifel, daß die Alliierten zu keinen Diskussionen bereit sind. Also schickt man schließlich das Telegramm an Erzberger und seine Begleiter. Er wird ermächtigt zu unterzeichnen. Die Revolutionären Obleute sind zusammengekommen, um ihre Taktik für die Versammlung im Zirkus Busch festzulegen. Sie wissen, daß die Wahlen zu den Arbeiter- und Soldatenräten für sie ungünstig ausgefallen sind. Richard Müller erklärt:

„Eine Regierung ohne Rechtssozialisten ist nicht zu erreichen. Das muß man als Tatsache hinnehmen. Die Rechtssozialisten werden alles versuchen, um zur Nationalversammlung und damit zur bürgerlich-demokratischen Republik zu kommen."

In der Debatte wird der Vorschlag gemacht, als Kontrolle einer zu stark nach rechts tendierenden Regierung einen „Aktionsausschuß der Arbeiter- und Soldatenräte" zu verlangen, dessen Kompetenzen und Aufgaben zunächst nicht genau festgelegt werden sollen.

In Breslau schreibt Rosa an einem Artikel, der einige Tage später in der „Roten Fahne" erscheinen wird:

Was ist erreicht? Die Monarchie ist hinweggefegt, die oberste Regierungsgewalt ist in die Hände von Arbeiter- und Soldatenräten übergegangen. Aber die Monarchie war nie der eigentliche Feind, sie war nur Fassade, sie war das Aushängeschild des Imperialismus. Nicht der Hohenzoller hat den Weltkrieg entfacht, die Welt an allen Ecken in Brand gesteckt und Deutschland an den Rand des Abgrundes gebracht. Die Monarchie war wie jede bürgerliche Re-

gierung die Geschäftsführerin der herrschenden Klassen. Die imperialistische Bourgeoisie, die kapitalistische Klassenherrschaft – das ist der Verbrecher, der für den Völkermord verantwortlich gemacht werden muß. (154)

Mit den Militärs an einem Tisch

Um siebzehn Uhr am Sonntag beginnt im Zirkus Busch die Vollversammlung der Arbeiter- und Soldatenräte. Dreitausend Menschen, unter ihnen etwa fünfzig Frauen, sind anwesend. Die Arbeiter und Soldaten sitzen auf den ansteigenden Rängen. Unten in der Manege haben an Holztischen die Führer der verschiedenen sozialistischen Gruppen Platz genommen. Den Vorsitz führt Emil Barth von den Revolutionären Obleuten. In einer Eröffnungsrede stellt Friedrich Ebert heraus, daß es zu einer Einigung zwischen SPD und USPD gekommen ist, begeistert klatschen die Delegierten. Eine Stimmung allgemeiner Verbrüderung breitet sich aus. Die Gegensätze scheinen vergessen. Da springt Liebknecht auf und ruft:

„Ich muß Wasser in den Wein Eurer Begeisterung schütten. Die Gegenrevolution ist bereits auf dem Marsch. Sie ist bereits in Aktion. Sie ist bereits unter uns. Die Revolution, die gestern gesiegt hat, ist heute nicht nur von Militaristen und Monopolherren bedroht, sondern auch von jenen, die heute mit der Revolution gehen, sie vorgestern aber noch bekämpft haben."

Das ist eine deutliche Anspielung auf die SPD, vor allem auf Ebert, von dem erzählt wird, er habe noch vor einer Woche gesagt, eigentlich hasse er die Revolution wie die Pest.

Immer häufiger wird Liebknecht bei seiner Rede durch Zwischenrufer unterbrochen. Er kann noch für jeden verständlich erklären, „laßt Sorgfalt walten bei der Auswahl der Männer, die Ihr in die Regierung und an die Spitze der Räte stellt", dann sind aus den einzelnen Zwischenrufen

Sprechchöre geworden, die „Einig-keit! Einig-keit!" skandieren, und er muß aufhören.

Die Auseinandersetzungen verschärfen sich, als Barth eine Kandidatenliste für den Vollzugsrat verliest, auf dem nur Unabhängige und Spartakisten stehen. Auch Rosa Luxemburgs und Liebknechts Namen sind darunter.

Soldaten mit entsicherten Gewehren oder mit gezogenem Säbel stürmen zum Präsidiumstisch und brüllen „Einigkeit! Einig-keit!"

Barth droht, er werde sein Amt niederlegen, und ruft pathetisch aus: „Lieber schieße ich mir eine Kugel durch den Kopf, als daß ich je mit einem Regierungssozialisten zusammenarbeite."

Immer mehr Soldaten springen von den Rängen herab in die Manege. Es kommt zu einem Handgemenge. Liebknecht ruft: „Unter Druck verhandeln wir nicht." Mit den übrigen Spartakisten verläßt er den Zirkusbau. Die Soldaten fordern jetzt im Vollzugsrat nicht nur Parität zwischen SPD und USPD, sondern auch zwischen Arbeitern und Soldaten.

Nach längeren Tumulten kann man endlich zur Wahl schreiten. Dem Vollzugsrat gehören sieben Unabhängige, sieben Regierungssozialisten und vierzehn Soldatenvertreter an. Die Mehrheit des Vollzugsrates besteht aus Gegnern der Revolutionären Obleute. Dann wird das Kabinett bestätigt und ein Aufruf „An das werktätige Volk" verabschiedet. In ihm heißt es:

„Deutschland ist Republik geworden, eine Sozialistische Republik (...) die rasche und konsequente Vergesellschaftung der kapitalistischen Produktionsmittel ist nach der sozialen Struktur Deutschlands und dem Reifegrad seiner wirtschaftlichen und politischen Organisation durchführbar."

Auch dieser Aufruf erhält die stürmische Zustimmung der Versammlung. Die Revolutionären Obleute sagen später, die Delegierten könnten sich unmöglich genau darüber im klaren gewesen sein, welchen Festlegungen sie da zugestimmt hätten.

Man singt zusammen die Internationale. Dann begeben sich die Delegierten zu ihren Wählern. Die Regierung konstituiert sich endgültig als Rat der Volksbeauftragten. Später ist Ebert allein in seinem Zimmer in der Reichskanzlei.

Das Telefon klingelt. Es meldet sich General Groener aus dem Hauptquartier in Spa.

Groener sagt: „Herr Reichskanzler, ich darf Ihnen mitteilen, daß das Heer sich Ihrer Regierung zur Verfügung stellt. Wir erwarten dafür Unterstützung bei der Aufrechterhaltung von Ordnung und Disziplin im Heere. Das Offizierskorps verlangt außerdem von der Regierung die Bekämpfung des Bolschewismus."

Ebert: „Auf diesen Bündnisvorschlag gehe ich gern ein."

Groener: „Vielleicht sollten wir uns täglich über Entschlüsse, die notwendig werden könnten, absprechen."

Ebert: „Ich halte das für einen guten Vorschlag. Wir werden uns für unsere Gespräche der Geheimleitung bedienen, die zwischen dem Hauptquartier und der Reichskanzlei geschaltet ist."

Groener schreibt später zu diesem Gespräch in seinen „Lebenserinnerungen":

„Wir (die Offiziere der Obersten Heeresleitung) hofften, durch unsere Tätigkeit einen Teil der Macht im neuen Staat an Heer und Offizierskorps zu bringen, gelang das, so war der Revolution zum Trotze das beste und stärkste Element des alten Preußentums in das neue Deutschland hinübergerettet."

VII. Rosa in Berlin

„Vor dem Gesetz steht ein Türhüter. Zu diesem Türhüter kommt ein Mann vom Lande und bittet um Eintritt in das Gesetz. Aber der Türhüter sagt, daß er ihm jetzt den Eintritt nicht gewähren könne. Der Mann überlegt und fragt dann, ob er also später werde eintreten dürfen. ‚Es ist möglich', sagt der Türhüter, ‚jetzt aber nicht'…" (155)

Franz Kafka

Der Zug, mit dem Rosa Luxemburg nach Berlin fährt, ist überfüllt. Soldaten, Soldaten. Soldaten, die sich selbst entlassen haben und heim zu ihren Familien fahren. Fast wie bei der Fahrt in jene andere Revolution 1905. Die körperlich abgezehrte Frau mit dem grauen Haar, die zwischen den Soldaten sitzt, hält niemand für eine Revolutionärin.

Auf dem Anhalter Bahnhof wird Rosa von Liebknecht und Jogiches begrüßt.

Um hinaus in ihre Wohnung in Südende zu fahren, ist keine Zeit. Sie nimmt ein Hotelzimmer im Bahnhofsviertel. Dann Gespräche, Diskussionen. Zweierlei halten die Freunde jetzt für wichtig: Rosa soll die Herausgeberschaft und die Redaktion der „Roten Fahne" übernehmen. Das Blatt wird als Konkurrenzorgan des von der SPD kontrollierten „Vorwärts" den Vorstellungen des Spartakus bei den Massen Gehör verschaffen.

Auch scheint es jetzt wichtig, sich eine nach außen klar erkennbare Organisationsform zu geben. Noch am nächsten Tag konstituiert sich die lose Spartakusgruppe als „Spartakusbund". Der „Zentrale", also der Führung, gehören neben Rosa Luxemburg und Karl Liebknecht Willi Budich, Käthe und Hermann Duncker, Franz Mehring, Hugo Eberlein, Leo Jogiches, Paul Lange, Paul Levi, Ernst Meyer, Wilhelm Pieck und August Thalheimer an. Der Spartakusbund versteht sich als „eine geschlossene Propagandavereinigung" innerhalb der USPD mit dem Ziel, den Kurs dieser Partei zu bestimmen.

Noch in der Nacht nach ihrer Ankunft fährt Rosa in den Scherl-Verlag, in die Redaktionsräume des „Berliner Lokalanzeigers", wo seit gestern „Die Rote Fahne" erscheint. Mit unerhörter Energie stürzt sich Rosa in die Aufgabe, eine Zeitung zu machen, die der Berliner Arbeiterschaft ein marxistisch-revolutionäres Bewußtsein geben soll. Sie wird vor den Winkelzügen der Konterrevolution warnen, über die erkämpften Errungenschaften wachen, zeigen, wo ein Weg wäre, um zu einer grundsätzlichen sozialen Umwälzung zu kommen. Sie wird Fehler nicht beschönigen. Die Zeitung wird Rosa Luxemburgs Kontakt zu den Massen sein.

In den Reihen der SPD kennt man aus vergangenen Tagen Rosas polemische Fähigkeiten gut genug, um zu wissen, welche Gefahr diese Frau auf diesem Posten darstellt. Noch ist der „Vorwärts" die Zeitung, an der sich die Arbeiter angesichts der manchmal reichlich verwirrenden Ereignisse orientieren. Aber wie lange noch?

Am 11. November hält das Setzer- und Druckerpersonal des von den Spartakisten besetzten Verlages eine Betriebsversammlung ab, auf der Rosa und Liebknecht als Gangster und vaterlandslose Gesellen beschimpft werden. Sie hätten, so wird behauptet, nichts anderes im Sinn, als das deutsche Volk an die Sowjetmacht auszuliefern.

Rosa erlebt, wie die Arbeiter bedingungslose Loyalität gegenüber der Geschäftsleitung üben. Auf ihren Hinweis, daß sie damit gegen ihre eigenen Interessen verstießen, erntet sie nur Hohngelächter.

Die Arbeiter weigern sich, die „Rote Fahne" zu setzen und zu drucken. Liebknecht und Wilhelm Pieck suchen den Vollzugsrat auf, der im Reichskanzlerpalais tagt und eine Verfügung erläßt, daß die „Rote Fahne" im Scherl-Verlag weiter erscheinen soll. Die Geschäftsleitung von Scherl protestiert bei Friedrich Ebert gegen die Spartakisten. Ebert schreibt an den Rand: „Durch Rücksprache mit dem Vorsitzenden des Arbeiter- und Soldatenrates erledigt. Der Befehl gegen Scherl wird nicht ausgeführt, weitere Befehle dieser Art werden nicht erlassen."

Der Verleger, die früheren Redakteure und regierungstreue Soldaten erscheinen auf der Redaktion.

Die angetrunkenen Soldaten sperren die Spartakusleute in einen engen Raum. Freundlich spricht Rosa auf den Posten ein, der vor der Tür steht. Später, als einer der Eingesperrten auf die Türklinke drückt, merkt er, daß nicht mehr abgeschlossen ist. Der betrunkene Soldat, der als Wache aufgestellt war, ist verschwunden. Die Spartakus-Redakteure verlassen das Scherl-Haus. Später erfahren sie, daß an die Arbeiter, die sich weigerten, mit ihnen zusammenzuarbeiten, eine Summe von sechzehntausend Mark gezahlt worden ist. Die Arbeiter, die zur Zusammenarbeit mit Spartakus bereit waren, sind entlassen worden. Es dauert bis zum 18. November, ehe es den Spartakusleuten gelingt, eine Druckerei und Papier für ihre Zeitung zu finden. Es ist die Firma Lehmann in der Königgrätzstraße. Die Redaktion aber quartiert sich in der Wilhelmstraße 114 in den Räumen der ehemaligen russischen Telegrafenagentur ein.

Am 18. November berichtet Rosa Luxemburg an Clara Zetkin:

Liebste, in aller Eile nur zwei Zeilen. Ich bin, seitdem ich aus dem Zug gestiegen bin, noch nicht mit einem Fuß in meiner Wohnung gewesen. Die ganze Zeit bis gestern war Jagd hinter der „Roten Fahne" her. Erscheint sie – erscheint sie nicht? Darum dreht sich der Kampf von früh bis spät. Endlich ist sie da. Du mußt Geduld mit ihr haben, sie ist technisch noch nicht auf der Höhe, das kommt alles nach und nach. Vor allem aber will ich Dein Urteil über den Inhalt hören. Ich habe das Gefühl, daß wir völlig konform gehen werden, und das macht mich glücklich. (156)

Rosa bewältigt ein Arbeitspensum, das erstaunlich ist. Bis gegen Mitternacht ist sie in der Redaktion. Kommt Karl

Liebknecht von einer Kundgebung, wird sofort die Lage beraten, mehr als einmal der Leitartikel wieder umgeschrieben, der Umbruch umgestoßen, um Platz für eine wichtige Nachricht zu schaffen.

Es ist Leo Jogiches, der darauf sieht, daß Rosa vor rastloser Arbeit die Mahlzeiten nicht vergißt. Überhaupt wacht er aus dem Hintergrund über sie, was nötig ist, denn seit Anfang Dezember ist sie persönlich immer in Gefahr. In dem Ausmaß, in dem die „Rote Fahne" bekannt wird und Einfluß auf die öffentliche Meinungsbildung gewinnt, wächst der Haß der politischen Rechten gegenüber Spartakus, gegen Rosa und Liebknecht. Dabei soll nicht verschwiegen werden, daß der höhnisch-sarkastische Ton von Rosas Artikeln, gewisse Karikaturen über Ebert als „Volkskaiser" und persönliche Angriffe gegen die SPD-Führung die Wut erst recht anstacheln.

Aus einem Brief vom 29. November an Clara Zetkin:

Wenn Du wüßtest, wieviel ich Dir zu sagen hätte und wie ich hier lebe – wie im Hexenkessel! Gestern nacht um 12 Uhr bin ich zum ersten Mal in meine Wohnung gekommen, und zwar nur deshalb, weil wir beide – Karl und ich – aus sämtlichen Hotels dieser Gegend (um den Potsdamer und Anhalter Bahnhof) ausgewiesen worden sind! (157)

Sie würde die Zeitung gern auf sechs Seiten erweitern, aber die Volksbeauftragten bewilligen ihr unter Berufung auf ein noch aus dem Krieg stammendes Gesetz kein zusätzliches Papier. Die wichtigsten Nachrichten treffen in den turbulenten Zeiten zwischen zehn und elf Uhr abends ein und müssen dann noch für die Ausgabe des nächsten Tages bearbeitet und kommentiert werden. Andererseits finden schon am frühen Morgen wieder Konferenzen, Besprechungen und Versammlungen statt. In einem Brief erzählt sie Clara Zetkin:

Alle paar Tage erhielten wir die dringende Warnung von „amtlichen Stellen", daß Karl und mir von Mordbuben aufgelauert wird, so daß wir nicht zu Hause schlafen sollen, sondern jede Nacht anderswo Obdach suchen müssen, bis mir die Sache zu dumm wird und ich einfach wieder nach Südende zurückkehre. (158)

Fragt man nach der politischen Konzeption und den Zielen, für die Rosa in ihren Artikeln eintritt, so sind es Forderungen, die später im Spartakusprogramm und im ersten Programm der KPD wiederkehren werden:

Wiederwahl und Ausbau der lokalen Arbeiter- und Soldatenräte, Einberufung des Reichsparlaments der Arbeiter und Soldaten, die Bildung einer Roten Garde, die Säuberung der Verwaltung und der Justiz, die sofortige Einziehung der dynastischen Vermögen und Besitzungen sowie des Grundbesitzes!

Alle Macht den Räten!

Schon damals wird immer wieder der Vorwurf laut: Rosa Luxemburg und Spartakus wollen einen Sowjetstaat russischer Prägung in Deutschland herstellen. Stimmt diese Behauptung?

Sie stimmt nicht, wenn man achtlos unter Sowjetstaat russischer Prägung das versteht, was später als gesellschaftliches System in der Sowjetunion der stalinistischen und poststalinistischen Ära Wirklichkeit wird.

Sie stimmt, wenn man sich darunter eine radikale soziale Umwälzung in Deutschland vorstellt, den Versuch nicht einer bürgerlichen, sondern einer sozialistischen Demokratie.

Das Rätewesen, als Instrument einer „Demokratie von unten", als Ausdruck des politischen Willens der Volksmassen, erschien Rosa dabei als das A und O einer sozialistischen Gesellschaftsordnung. Sie sah darin die direkteste Form, den Willen breitester Bevölkerungsschichten in die Gestaltung der Gesellschaft einzubringen. In der Sowjetunion hingegen wurde später die Macht der Räte eingeschränkt, oder die Räte wurden sogar abgeschafft, bzw. sie wurden zu reinen Erfüllungsgehilfen der Partei degradiert.

Andererseits kann niemand sagen, wie sich ein Rätesystem in einem Land wie Deutschland entwickelt haben würde, in einem Land, das bis dahin nicht einmal hinreichend Erfahrungen mit einer bürgerlichen Demokratie besaß.

Rosa selbst hat wiederholt in ihren politischen Schriften darauf hingewiesen, daß zur Durchsetzung eines politischen Systems dieser Art die Voraussetzung ein entsprechend fortschrittliches Bewußtsein der Massen ist; genau dieses Bewußtsein war im Deutschen Reich nicht vorhanden, konnte sich auch nicht entwickeln, so unermüdlich auch die Anstrengungen waren, die sie und ihre Freunde in dieser Richtung unternahmen.

Historisch hatte sich die Vorstellung von einer Räte-Herrschaft bis zu diesem Zeitpunkt so entwickelt:

Zum ersten Mal taucht sie in der Pariser Kommune 1871 auf. Mit den Revolutionen in Rußland 1905 und 1917 dringt sie langsam in Deutschland ein. Die Rätebewegung in Deutschland ist also nicht ausschließlich eine Folge des Bolschewismus. Sie ist aber auch ohne ihn nicht denkbar. Arbeiterräte entstehen in Deutschland bei den Massenstreiks im Ersten Weltkrieg. Da die Gewerkschaftler für die Dauer des Krieges offiziell auf Streiks verzichten, fehlt den dennoch in Ausstand Tretenden eine Institution, die die Aktionen leiten und ihre Forderungen vertreten kann. Der erste Arbeiterrat bildet sich am 8. April 1917 in Leipzig, als dort und in mehreren anderen Städten ein Massenstreik, veranlaßt durch die Kürzungen der Brotration, ausbricht. Zu den wirtschaftlichen Forderungen kommen zum ersten Mal politische: gleiches Wahlrecht, Friedensbereitschaft. Auf einer Versammlung von zehntausend Streikenden wird ein Rat, bestehend aus zwei Metallarbeitern und drei USPD-Funktionären gewählt, der mit den Regierungsvertretern verhandeln soll. Er hatte eine zeitlich und sachlich begrenzte Aufgabe und gab sein Mandat nach dem Streik zurück. Die Abrufbarkeit der Räte nach relativ kurzer Zeit wird später ein wichtiges Prinzip, das das Rätewesen von der bürgerlich-parlamentarischen Demokratie unterscheidet.

Vom Spartakus wurden übrigens die Streikziele dieses ersten Arbeiterrates in Deutschland heftig kritisiert, da sie nicht revolutionär genug erschienen. Jedenfalls lernte ein Teil der Arbeiter auf diesem Weg neue Formen des Klassenkampfes und einer Durchsetzung von Forderungen von der Basis her kennen.

Revolution ja – aber nicht zu radikal

Rosa Luxemburg erlebt, wie die Errungenschaften der Novemberrevolution langsam mehr und mehr unterhöhlt werden. Am 23. November 1918 verzichtet der Vollzugsrat der Berliner Arbeiter- und Soldatenräte auf seine Exekutivgewalt zugunsten des Rates der Volksbeauftragten. Am 30. November veröffentlicht Karl Kautsky eine Artikelserie zur Frage „Nationalversammlung und Räteversammlung" mit der These, die Räte seien ein Kampforgan des Proletariats und dürften deshalb nicht zur proletarischen Staatsorganisation werden.

Das Wahlsystem zur Nationalversammlung weise größere Klarheit auf als das undurchsichtige der Räte und besitze infolgedessen eine unzweideutige Autorität.

Der Sprecher der ostelbischen Großgrundbesitzer, Ernst von Heydebrand, der den Beinamen „ungekrönter König von Preußen" trägt, gibt Ebert zu verstehen, daß man sich schon werde arrangieren können.

Am 1. Dezember wird ein Sekretariat zum Studium und zur Bekämpfung des Bolschewismus und eine „Antibolschewistische Liga" gegründet. Die Großindustrie stellt erhebliche Summen zur Anwerbung von Freiwilligenverbänden, den Freikorps, und zur Propaganda gegen Spartakus zur Verfügung. In den Straßen von Berlin erscheint ein Plakat mit dem Bild einer bluttriefenden Bestie und der Inschrift:

ARBEITER! BÜRGER!
DAS VATERLAND IST DEM UNTERGANG NAHE. RETTET ES!

Es wird nicht bedroht von Aussen, sondern von Innen:
Von der Spartakusgruppe.
Schlagt ihre Führer tot!
Tötet Liebknecht!
Dann werdet Ihr Frieden, Arbeit und Brot haben!

Die Frontsoldaten

Am 14. Dezember 1914 veröffentlicht Rosa in der „Roten Fahne“ den Beitrag „Was will der Spartakusbund“. Sie geht darin von dem Satz aus, mit dem Ersten Weltkrieg habe die bürgerliche Klasse ihr Daseinsrecht verwirkt. Als Voraussetzung für eine vollständige Umwälzung der Gesellschaft betrachtet sie die Ablösung der bürgerlich-staatlichen Organe durch proletarische Klassenorgane, nämlich durch Arbeiter- und Soldatenräte, die auf eine ständige Wechselwirkung mit den Volksmassen im Interesse der Entfaltung sozialistischer Demokratie bedacht sein müßten.

Im einzelnen werden „auf politischem und sozialem Gebiete“ (159) die folgenden acht Forderungen erhoben:

1. Abschaffung aller Einzelstaaten – eine einheitliche sozialistische deutsche Republik.
2. Beseitigung aller Parlamente und Gemeinderäte und Übernahme ihrer Funktionen durch Arbeiter- und Soldatenräte.
3. Wahl von Arbeiterräten über ganz Deutschland durch die gesamte erwachsene Arbeiterschaft beider Geschlechter in Stadt und Land, nach Betrieben, sowie von Soldatenräten durch die Mannschaften unter Ausschluß der Offiziere. Recht der Arbeiter und Soldaten zur jederzeitigen Rückberufung ihrer Vertreter.
4. Wahl von Delegierten der Arbeiter- und Soldatenräte im ganzen Reich für den Zentralrat, der den Vollzugsrat als das oberste Organ der gesetzgebenden und vollziehenden Gewalt zu wählen hat.
5. Zusammentritt des Zentralrates vorläufig alle drei Monate – unter jedesmaliger Neuwahl der Delegierten – zur ständigen Kontrolle über die Tätigkeit des Voll-

zugsrates und zur Herstellung einer lebendigen Fühlung zwischen der Masse der Arbeiter- und Soldatenräte im Reich und ihrem obersten Regierungsorgan. Recht des Vollzugsrates, die Volksbeauftragten sowie die zentralen Reichsbehörden und Beamten zu ernennen und abzusetzen.

6. Abschaffung aller Standesunterschiede, Orden und Titel. Völlige rechtliche und soziale Gleichstellung der Geschlechter.
7. Einschneidende soziale Gesetzgebung, Verkürzung der Arbeitszeit zur Steuerung der Arbeitslosigkeit unter Berücksichtigung der körperlichen Entkräftung der Arbeiterschaft durch den Weltkrieg, sechsstündiger Höchstarbeitstag.
8. Sofortige gründliche Umgestaltung des Ernährungs-, Wohnungs-, Gesundheits- und Erziehungswesens im Sinn und Geist der proletarischen Revolution.

Entkräftung

Die tägliche Ration für Normalverbraucher besteht bei Ende des Krieges aus 250 Gramm Kriegsbrot, 10 Gramm Fett, 25 Gramm Fleisch und 1 Pfund Kartoffeln. Scheidemann sagt auf einer Kabinettssitzung, es sei ihm ein Rätsel, wovon die Berliner Bevölkerung sich ernähre.

Rosa redet

Anfang Dezember spricht Rosa Luxemburg neben ihrer Arbeit an der Zeitung auf sechs öffentlichen Versammlungen des Spartakusbundes, um dessen Programm bekannt zu machen.

Seit dem 21. November ist es immer wieder zu Demonstrationen von Spartakus-Anhängern für die Rätemacht und die Weiterführung der Revolution gekommen. Manche Mitläufer sind weit revolutionärer als ihre Führer und vor allem unbesonnener und undisziplinierter. So greifen Anfang Dezember junge Spartakisten im Anschluß an eine Massenkundgebung öffentliche Gebäude an und stürmen die Berliner Kommandantur.

Auf manchen Versammlungen werden von Wirrköpfen haarsträubende, der revolutionären Sache ungemein schadende Forderungen wie die auf Freilassung aller Gefängnisinsassen und die sofortige Festnahme prominenter Persönlichkeiten des bürgerlichen Lagers erhoben.

Rosa erkennt das Problem, das die Chaoten darstellen. Es scheint ihr letztlich unvermeidlich, daß sich in revolutionären Zeiten der revolutionären Partei auch verantwortungslose Elemente anschließen, die zu blindwütigem Aktionismus drängen.

Am 6. Dezember 1918 werden die Berliner Zeugen eines gespenstischen Putschversuchs von rechts.

Um siebzehn Uhr marschieren unter Führung von Offizieren Teile des Garde-Grenadier-Regimentes „Kaiser Franz" durch die Straßen der Stadt und besetzen das Preußische Abgeordnetenhaus, in dem der Vollzugsrat des Arbeiter- und Soldatenrates eben eine Sitzung abhält. Ein Teil der Soldaten dringt in die Sitzung ein und erklärt den Vollzugsrat für verhaftet, angeblich auf Befehl der Regierung Ebert-Haase. Die Putschisten verkünden, sie wollten den Vollzugsrat abschaffen und Ebert als Präsidenten ausrufen.

Eine andere Abteilung dringt in die Redaktionsräume der „Roten Fahne" ein und durchsucht sie. Man fahndet nach Liebknecht und Rosa, beruft sich auf einen Befehl der Regierung Ebert-Haase. Nur durch einen Zufall entgehen die Spartakusführer diesem Anschlag.

Zur selben Zeit wird auf unbewaffnete Soldaten, die nach einer vorher angemeldeten Versammlung in den Germaniasälen die Chausseestraße hinunterziehen, mit Maschinengewehren geschossen. Es gibt vierzehn Tote und zahlreiche Verwundete.

Im Reichskanzlerpalais tritt Ebert auf den Balkon und

wird unter Hurrarufen der Putschisten zum Präsidenten ausgerufen. Auf die Frage, ob er das Amt annehme, antwortet er ausweichend, darüber müsse er sich erst mit seinen Freunden beraten. Die Putschisten ziehen wieder ab und verstreuen sich. Das einzige Ergebnis dieses Umsturzversuches von rechts sind vierzehn Tote.

Am 15. Dezember 1918 unterbreitet Rosa auf der Verbandsgeneralversammlung der USPD, der sie als Mitglied der Spartakusgruppe immer noch angehört, eine Resolution, in der sie den sofortigen Austritt der USPD aus der Regierung Ebert-Scheidemann, die Ablehnung der Einberufung einer Nationalversammlung, die Übernahme der Macht durch die Arbeiter- und Soldatenräte und die sofortige Einberufung eines Parteitages der USPD fordert. Ihr Antrag erhält 195 Stimmen. Der Gegenantrag des Parteimitgliedes Hilferding, der konzentrierte Wahlarbeit für die Nationalversammlung fordert, erhält 485 Stimmen. Während der Block der Mehrheitssozialdemokraten geschlossen hinter Ebert und Scheidemann steht, zerfällt die USPD seit ihrem Bestehen in drei Richtungen: in einen pazifistischen Flügel, vertreten durch Rudolf Breitscheid, Eduard Bernstein und andere, in einen gemäßigt radikalen Flügel, geführt von Ledebour, und in die Gruppe Spartakus, von der wiederum Kontakte zu den Revolutionären Obleuten bestehen. Langsam scheiden sich die Geister an der Frage der Nationalversammlung.

16. Dezember 1918. In Berlin beginnt der Rätekongreß. Der Berliner Vollzugsrat soll auf einer Versammlung der Arbeiter- und Soldatenräte aus dem ganzen Deutschen Reich gewählt werden. Die Zahl der Delegierten für den Rätekongreß ist nach der Volkszählung des Jahres 1910 festgelegt worden.

Auf 200 000 Einwohner entfällt ein Delegierter, beim Heer werden 100 000 Mann durch einen Delegierten vertreten. Die Alternative Nationalversammlung versus Rätesystem hat wochenlang im Mittelpunkt der politischen Diskussion gestanden. Jetzt wird sie entschieden werden. Durch die Räte selbst. Sie sollen erklären, ob sie ihre Machtbefugnisse behalten und ausbauen oder an eine Nationalversammlung abtreten wollen. Wie die Entscheidung ausfallen wird, ist eigentlich von vornherein klar. Alle Wahlen und Abstimmungen unter den Räten haben gezeigt, daß sich die große Mehrheit seit dem 9. November zur SPD und ihrem Programm bekennt. Von den insgesamt 488 Delegierten des Kongresses bezeichnen sich 289 als Mehrheitssozialdemokraten, 90 als Unabhängige, unter ihnen sind 10 Spartakisten, 25 „Demokraten", 27 „nur Soldaten", 10 Anhänger linksradikaler Splittergruppen, die übrigen machen zu ihrer Einstellung keine Angaben.

Der Kongreß wird für den Vollzugsrat durch dessen Vorsitzenden Richard Müller von den Revolutionären Obleuten eröffnet. Anschließend begrüßt Ebert die Delegierten im Namen des Rates der Volksbeauftragten. Beide Ansprachen kennzeichnen sofort den Hauptkonfliktpunkt. Müller forderte die Delegierten auf, die Grundlagen für eine deutsche sozialistische Republik als Räterepublik zu legen. Ebert ruft dazu auf, den neuen Rechtsstaat in Form einer parlamentarischen Demokratie zu errichten. Für die Sozialdemokraten ist das Rätesystem gleichbedeutend mit Gesetzlosigkeit und Schreckensherrschaft. Die Spartakisten und der linke Flügel der USPD und die Revolutionären Obleute sehen in einer Nationalversammlung das Machtinstrument des Kapitalismus.

Zweimal wird auf dem Kongreß der Antrag gestellt, Rosa und Karl wenigstens mit beratender Stimme zuzulassen. Beide Anträge werden von der sozialdemokratischen Mehrheit niedergestimmt.

Über andere Delegierte beantragt Liebknecht als ersten Punkt der Tagesordnung eine Diskussion über die vom Rätekongreß sofort zu ergreifenden Maßnahmen wider die Konterrevolution.

Als feststeht, daß Liebknecht und Rosa mit der Begründung, sie seien keine Soldaten oder Arbeiter, vom Kongreß ausgeschlossen sind, versammeln sich 250000 Menschen vor dem Kongreßgebäude.

Eine von der Menge bestimmte Abordnung erzwingt den Zutritt zum Saal und übergibt dem Kongreß eine „Botschaft der revolutionären Kräfte".

All das nützt nichts. Nachdem Max Cohen von der SPD für die Nationalversammlung und Ernst Däumig von den Revolutionären Obleuten für das Rätesystem plädiert haben, folgt am dritten Tag die Abstimmung. Der Antrag Cohens, die Wahl zur Nationalversammlung zum frühestmöglichen Termin abzuhalten, nämlich am 19. Januar 1919, wird mit 400 gegen 50 Stimmen angenommen. Däumigs Gegenantrag, die Räte als höchste gesetzgebende und vollziehende Gewalt einzusetzen und auf einem neuen Rätekongreß die Verfassung zu beschließen, wird mit 344 zu 98 Stimmen abgelehnt.

Die Erfahrungen auf dem Kongreß und die Weigerung der USPD, vor den Wahlen für die Nationalversammlung einen Parteitag einzuberufen, wirft für die Spartakisten die Frage auf, ob man nicht doch eine eigene Partei gründen solle. Schon im November 1918 hat Rosa in einem Telefongespräch mit Clara Zetkin gesagt:

Möglich, sogar wahrscheinlich, daß die Trennung (von der USPD) unvermeidlich wird, aber dann sollten wir sie vollziehen unter den Umständen, die für unser Einwirken auf die Massen am günstigsten sind. Lange hat sie sich gegen die Abspaltung gewehrt. Aber jetzt ist sie unvermeidlich geworden.

Die Frage des Terrors

Am 20. Dezember 1918 kommt Radek als Abgesandter der Sowjets nach Berlin. Ausgerechnet Radek. Rosa mag diesen Mann nicht, der während der Revolution 1905 in Warschau Jogiches' enthusiastischer Schüler gewesen ist. Jetzt sagt sie: „Wir brauchen keinen Kommissar für Bolschewismus. Die Bolschewisten mögen mit ihrer Taktik zu Haus bleiben."

Nur auf Intervention von Paul Levi ist sie überhaupt bereit, mit Radek zu reden.

Wenn man dessen Lebenslauf kennt, begreift man ihre Abneigung, die mehr der zwielichtigen Person Radeks als seinen Auftraggebern gilt. (160)

Karl Sobelsohn ist 1855 in Lemberg in Galizien geboren. Seine Muttersprache ist Polnisch, seine Staatsbürgerschaft zunächst österreichisch. Der Vater ist Postbeamter und stirbt früh, die Mutter übersiedelt mit den Kindern nach Tarnow und verdient sich als Lehrerin ihren Lebensunterhalt. Nach seinem Jurastudium (1902/03) widmet sich der junge Mann ganz und gar der Arbeit der Sozialdemokratischen Partei des Königreichs Polen (SDKPiL). Mit Jogiches kommt er 1904 in der Schweiz in Kontakt. 1905 kehrt er über Berlin nach Warschau zurück. Zu dieser Zeit betrachtet er Leo als seinen Mentor in der Partei. Er liest den Roman „Die Arbeiten des Sisyphus" von Stefan Zeromski, der vom Aufbegehren polnischer Schüler in einem russischen Gymnasium gegen die zwangsweise Russifizierung erzählt. Andrej Radek ist in diesem Buch der Anführer der radikalen Schülerorganisation, der mit großer Redegewandtheit die Verknüpfung von polnischem Nationalismus und proletarischer Revolution vertritt. Dieser Radek beeindruckt Sobelsohn derart, daß er sich von nun an selbst Radek nennt. In Deutschland taucht er erstmals 1908 auf. Als man ihm in seinem Heimatland Polen die Veruntreuung von Parteigeldern zur Last legt, gerät er zum ersten Mal ins Zwielicht. Er läßt sich zunächst in Berlin nieder, wo sich zu dieser Zeit mit Leo, Rosa und Julian Marchlewski die Führungsgruppe der SDKPiL aufhält.

Der polnische Parteivorstand gräbt schließlich Jahre zurückliegende Jugendsünden wieder aus, um sich von Radek, der bereits bei der Spaltung der polnischen Sozialdemokraten von 1911 zur Minderheit des sogenannten Warschauer Flügels gehört, endgültig zu trennen.

Eigentlich müßte Rosa in Radek, der sich in der SPD zur Gruppe der Radikalen schlägt, einen Verbündeten sehen, aber sein stets zur Schau gestellter Zynismus stößt sie ab. Sie traut ihm auch Opportunismus zu.

Ende 1914, als Radek, der immer noch österreichischer Staatsbürger ist, die Einberufung in die k. u. k. Armee droht, siedelt er in die Schweiz über und schließt sich Lenin an, der sich dort im Exil aufhält und ihn wahrscheinlich für gewisse Aufgaben brauchbar gefunden hat, im übrigen aber gesagt haben soll, ihn überkomme nach jedem Gespräch mit Radek das Gefühl, sich von oben bis unten waschen zu müssen.

Im plombierten Eisenbahnwagen reist Radek mit Lenin durch Deutschland und übernimmt in Stockholm die Leitung der dort eben gegründeten Außenstelle, die die Verbindung zwischen der Revolution in Rußland und den revolutionären Kräften im deutschen Proletariat herstellen und aufrechterhalten soll.

Gleich nach der Oktoberrevolution fährt Radek nach Rußland und wird Mitglied der Bolschewiki.

Zunächst ist er Leiter der Presseabteilung in Trotzkis Kommissariat für Auswärtige Angelegenheiten; später – nach dem Friedensschluß von Brest-Litowsk – wird er Chef der Mitteleuropaabteilung. Hauptaufgabe beider Behörden ist die Förderung der Revolution im Ausland.

An seine Frau schreibt Radek: „Mit Rosa und Leo haben wir von Anfang an den persönlichen Dreck begraben."

Was Rosa angeht, so dürfte ihr starker innerer Vorbehalt gegenüber Radek fortbestanden haben. Paul Levis, wenngleich aus späterer Sicht getroffene, Feststellung mag stimmen:

„Für Karl Radek hatte Rosa Luxemburg – ich würdige das heute mehr als damals – nur ein Gefühl: Ekel."

Das rührt wohl auch daher, daß mit ihm so etwas wie ihr Gegentyp auftritt. Sie ist idealistisch, moralisch, opferbereit. Radek ist ein „brillanter Kopf", aber charakterlos, „zu klug, um heroisch oder beständig zu sein", wie Frank Borkenau urteilt.

Radek selbst hat erklärt: „Im Grund genommen ist eben jedes Prinzip nur halbrichtig (...) wir arbeiten daher eigentlich gar nicht nach einer ‚Theorie', haben auch eigentlich keine ‚Ideologie', sondern nur ein Ziel."

Eines Abends, Ende Dezember 1918 essen Rosa, Liebknecht, Jogiches, Levi und Radek im Hinterzimmer einer Arbeiterkneipe jeder eine große Schüssel Grütze mit Zimt. Man unterhält sich über Terror. Rosa bedauert, daß der polnische Revolutionär Dzierzynski jetzt Leiter der Tscheka (Geheimpolizei) (161) geworden ist.

„Man hat uns doch mit Terror auch nicht klein gekriegt. Wie kann man nur auf Terror setzen?“ sagt sie.

„Aber mit Hilfe von Terror“, antwortet Radek, „haben sie uns fünf Jahre zurückgeworfen. Wir setzen auf die Weltrevolution und müssen einige Jahre Zeit gewinnen. Terror ist erfolglos gegenüber einer jungen Klasse, die die Zukunft der gesellschaftlichen Entwicklung vertritt und deshalb voller Begeisterung und Selbstverleugnung ist. Etwas anderes ist es mit der Klasse, die von der Geschichte zum Tode verurteilt worden ist, die das Verbrechen des Weltkriegs hinter sich hat.“

Liebknecht pflichtet Radek bei. Rosa sagt:

„Vielleicht haben Sie recht. Aber wie kann Dzierzynski nur so grausam sein?“

Jogiches lacht und deckt den Ausblick auf eine ganz anders empfindende Rosa mit einer zynischen Bemerkung zu:

„Wenn es nötig ist, kannst du es auch sein“, sagt er. (162)

VIII. Ein Aufstand und der Mord

Auf meiner Grabestafel dürfen nur zwei Silben stehen: „Zwi-Zwi." Das ist nämlich der Ruf der Kohlmeisen, den ich so gut nachmache, daß sie sofort herlaufen.

Rosa Luxemburg in einem Brief an Mathilde Jacob (163)

Die Volksmarinedivision, die im Berliner Schloß einquartiert ist und von dort aus das Regierungsviertel strategisch beherrscht, hat nach dem konterrevolutionären Putsch vom 6. Dezember ihren Kommandanten, den Grafen Metternich, abgesetzt und einen Matrosen zu ihrem Führer gewählt. Bei einem Auseinanderbrechen der Regierung will sie die USPD unterstützen. Die Spartakusgruppe aber lehnt sie als zu radikal ab. Nach dem Sieg der SPD-Anhänger auf dem Rätekongreß glaubt Ebert, es sich leisten zu können, diese Gefahrenquelle auszuschalten. Über die Geheimleitung fordert er bei der Obersten Heeresleitung Hilfe an. Beim Sturm der Fronttruppen auf den von den Matrosen besetzten Marstall mischen sich in den Kampfpausen Arbeiter unter die Soldaten und versuchen diese zum Einstellen der Kampfhandlungen zu bewegen. Als Geisel bringen die Matrosen den Stadtkommandanten Wels in ihre Gewalt. Am Morgen des 24. Dezember 1918 wird das Schloß von Artillerie beschossen. Die Matrosen halten aus. Arbeiter und revolutionäre Sicherheitswehren kommen ihnen zu Hilfe. Die konterrevolutionären Truppen müssen abziehen. Die Matrosen erhalten ihren ausstehenden Sold. Wels muß das Amt des Stadtkommandanten niederlegen.

Die Kommunistische Partei Deutschlands wird gegründet

Am 29. Dezember 1918 treten im Festaal des Preußischen Abgeordnetenhauses in Berlin die Delegierten aus vielen Orten des Landes zur Reichskonferenz des Spartakusbundes zusammen. In nichtöffentlicher Sitzung wird beschlossen, sich von der USPD zu trennen und eine eigene Partei zu gründen. Noch am Vorabend der entscheidenden Sitzung hat Rosa dafür plädiert, die Bezeichnung „Sozialistische Partei Deutschlands" zu wählen. Schließlich aber kommt es doch zur Namensgebung „Kommunistische Partei Deutschlands (Spartakusbund)". Leo Jogiches hat gegen die Trennung von der USPD gestimmt. Als Organisationsfachmann argumentiert er, daß Isolation leicht zu völliger Bedeutungslosigkeit führen könne, während man unter dem Dach der USPD vielleicht einige Kandidaten für die Nationalversammlung durchbringen werde.

Nach den Zwischenfällen mit der Volksmarinedivision haben Spartakusanhänger am 24. Dezember den „Vorwärts" besetzt und einige Tage einen „Roten Vorwärts" herausgegeben. Die USPD, verärgert über das Vorgehen der SPD gegen die mit der USPD sympathisierenden Matrosen, zieht ihre Minister aus dem Kabinett zurück. In Berlin tauchen wieder Flugblätter auf, die zur Ermordung der Spartakusführer aufrufen. Gerüchte kommen auf, Liebknecht sei schon ermordet. Er selbst sagt in einer Rede: „Falls die Mordkugel mich treffen sollte, schone man die Täter. Die Schuldigen werden andere sein." Auf dem Gründungsparteitag der KPD hält Rosa eines der Hauptreferate zum Thema „Unser Programm und die politische Situation". Fazit der Rede: Umwälzungen können nicht von oben, sondern müssen von unten kommen. An den unzähligen Punkten der unteren Ebene müssen Proletarier praktische Erfahrungen am Arbeitsplatz und in der Verwaltung sammeln. Der Klassenkampf müsse auch auf das Land getragen werden. Nie werde der Spartakusbund die Regierungsgewalt übernehmen, wenn er nicht die Zustimmung der Mehrheit des Volkes habe. In der Rede fällt noch einmal ein Bekenntnis zum Rätesystem.

Eine Voraussage über den Endpunkt des revolutionären Prozesses glaubt Rosa nicht machen zu können. Mit dem Satz, *wenn nur unser Leben dazu ausreicht, es dahin zu bringen* (164), schließt ihr Referat. Zu einer Kontroverse kommt es zwischen den Delegierten des Gründungs-Parteitages über die Frage, ob man sich an den Wahlen zur Nationalversammlung beteiligen solle oder nicht.

Wie entschieden Rosa bisher auch gegen die Nationalversammlung gekämpft hat, jetzt, da sie kommen wird, tritt sie dafür ein, sich am Wahlkampf zu beteiligen. Sie, und mit ihr andere Mitglieder der sogenannten „Zentrale", sieht voraus, daß der größte Teil jener Männer und Frauen, die durch die Revolution überhaupt erst ihr Stimmrecht bekommen haben, einen Boykott der Wahlen nicht begreifen würden. Doch die „Zentrale" dringt mit ihren Vorstellungen nicht durch. Der Parteitag spricht sich mit 62 gegen 23 Stimmen gegen die Beteiligung an den Wahlen aus.

Rosa beläßt es bei einer milden Zurechtweisung der Delegierten. Jogiches ist über die Niederlage verzweifelt. Sie geht ihm so nahe, daß er meint, es sei vielleicht besser, die Parteigründung überhaupt rückgängig zu machen. Er will einen derartigen Antrag einbringen, und man muß lange auf ihn einreden, bis er bereit ist, davon Abstand zu nehmen.

Mathilde Jacob wohnt jetzt bei Rosa Luxemburg. Abends holt sie sie vom Bahnhof ab. Rosa kommt immer sehr müde und abgearbeitet heim, erholt sich aber rasch wieder, wenn sie etwas gegessen hat. Eine Tasse Schokolade oder eine Tasse Kaffee sind zu jener Zeit Kostbarkeiten, die ihr Mathilde dank Beziehungen zur russischen Botschaft bieten kann.

Einmal hat Mathilde abends schon alles zurechtgestellt, als Paul Levi anruft, sie solle Rosa von der Redaktion abholen. Als sie zum Anhalter Bahnhof kommt, stehen Rosa und Paul Levi schon vor dem Eingang. Levi sagt, die Lage sei sehr unsicher, man könnte Rosa in der Wohnung verhaften, Mathilde solle sie irgendwo anders unterbringen.

Mathilde winkt eine Droschke heran. Rosa und sie fahren zu Mathildes Wohnung. Die Sekretärin hat ein Stück gebratene Pute mitgebracht. In der Droschke sagt Rosa: „Gib mir ein Stückchen Pute, ich habe solchen Hunger. Ich weiß zwar, daß Leo sagen würde, man habe sich zu beherrschen. Aber gib mir nur ruhig ein Stückchen."

Hin und wieder liebt es Rosa, unerkannt und unbeachtet durch die Straßen zu schlendern, um die Atmosphäre der Revolution zu wittern.

Am Tag nach der Gründung der KPD schreibt die „Deutsche Allgemeine Zeitung":

„Zur Niederwerfung dieser Partei werden Theorien nicht genügen. Es kommt darauf an, ihr Gewalt gegenüberzustellen."

Am 1. Januar 1919 schreibt ein gewisser Hauptmann Pabst, Generalstabsoffizier der Garde-Schützendivision, an Friedrich Ebert:

„Solange Spartakus sich der Förderung des Polizeipräsidenten Eichhorn und ähnlicher Leute erfreut, wird es unmöglich sein, Ruhe zu schaffen..."

Am 2. Januar 1919 klagt das Reichsbankdirektorium:

„Die Gefahr bolschewistischer Anarchie bedroht das gesamte Wirtschaftsleben."

Planmäßig wird eine Pogromstimmung entfacht. Selbst die Vorfälle um die Volksmarinedivision schiebt man den Spartakisten in die Schuhe, und in den Augen der Leute sind Rosa und Karl der Spartakusbund. Die Erklärung für solche Reaktionen hat Rosa schon in ihren Schriften geliefert:

Es ist eine der Einrichtungen der modernen Zivilisation, daß die Volksmassen, wenn sie der Schuh aus diesem oder jenem Grunde drückt, von Zeit zu Zeit Angehörige eines anderen Volkes oder anderer Rasse, Religion, Hautfarbe zum Sündenbock machen, an dem sie ihre schlechte Laune auslassen, um darauf erfrischt zum gesitteten Tagewerk zurückzukehren. Es versteht sich, daß sich zur Rolle des Sündenbocks nur schwache, historisch mißhandelte oder sozial zurückgesetzte Nationalitäten eignen, an denen sich, weil sie eben schwach oder von der Geschichte einmal mißhandelt worden sind, auch jede weitere Mißhandlung straflos vornehmen läßt. (165)

In einem Brief an Walter Stoecker hatte Rosa Luxemburg am 11. März 1914 geschrieben:

Lieber junger Freund, ich versichere Sie, daß ich auch dann nicht fliehen würde, wenn mir der Galgen drohte, und zwar aus dem einfachen Grunde, weil ich für durchaus notwendig halte, unsere Partei daran zu gewöhnen, daß Opfer zum Handwerk des Sozialisten gehören und eine Selbstverständlichkeit sind. (166)

Nachdem die USPD aus der Regierung ausgetreten ist, erscheint es der SPD gefährlich, ein USPD-Mitglied als Polizeipräsidenten von Berlin zu dulden. Zwar ist man bisher mit seiner Amtsführung zufrieden gewesen. Jetzt aber beschuldigt man ihn, ein russischer Agent gewesen zu sein, und versucht, ihm finanzielle Unregelmäßigkeiten nachzuweisen. Eichhorn weigert sich, sein Amt niederzulegen. Er bestreitet dem Preußischen Innenminister das Recht, ihn zu entlassen. Zuständig sei für eine solche Entscheidung der Vollzugsrat der Arbeiter- und Soldatenräte.

Am 4. Januar treffen sich die Vertreter von USPD, KPD und der Revolutionären Obleute. Man ist sich einig, daß der Schlag gegen Eichhorn abgewehrt werden müsse, aber wie weit man bei den Protesten gehen könne, wird nicht genau festgelegt. Rosa fordert in der „Roten Fahne" energisch Maßnahmen zum Schutz der Revolution. Auf einer Sitzung der KP-Zentrale wird man sich klar, daß es sinnlos wäre, die Situation dazu auszunutzen, die Regierung übernehmen zu wollen. Eine kommunistische Regierung würde sich höchstens vierzehn Tage halten können.

Die Zahl der Teilnehmer an den Demonstrationen, zu denen die Unabhängigen und die KPD für den 5. Januar 1919 aufgerufen haben, übertrifft alle Erwartungen. Hunderttausende sind auf den Straßen. Erst Jahre später wird der begründete Verdacht laut, daß es sich bei den Anführern mancher demonstrierenden Gruppen um Provokateure der Rechten gehandelt haben könnte, die die revolutionär gesinnten Arbeiter zu radikalen Handlungen verleiten sollten, damit dann für die Regierung Ebert eine Rechtfertigung bestünde, ein für allemal „Ruhe und Ordnung" herstellen zu können.

Mehr von den Ereignissen getrieben als sie lenkend, bildet sich ein Revolutionsausschuß aus dreiunddreißig Personen, dem unter anderem Liebknecht für die KPD, Ledebour für die Unabhängigen und Paul Scholz für die Revolutionären Obleute angehören. Am 6. Januar befindet sich die Mehrheit der Berliner Arbeiterschaft in einem politischen Generalstreik. Die Reichsdruckerei, das Haupttelegrafenamt und einige andere öffentliche Gebäude werden besetzt.

Unter dem Eindruck von Berichten, die Berliner Garnison werde die Arbeiter unterstützen und starke militärische Verbände würden von Spandau und Frankfurt an der Oder zum Kampf gegen die Regierung Ebert anrücken, beschließt der Revolutionsausschuß, den Kampf um die Macht zu wagen und zum Sturz der Regierung aufzurufen.

Liebknecht und Pieck haben offenbar gegen die ausdrückliche Anweisung der Zentrale ihrer Partei für ein solches Vorgehen plädiert. Es kommt deswegen zwischen Liebknecht und Rosa Luxemburg zu einer heftigen Auseinandersetzung. Als Liebknecht von der Sitzung zurückkommt, empfängt sie ihn mit der vorwurfsvollen Frage:

„Karl, ist das unser Programm?" (167)

Aber die Entscheidung ist nun einmal gefallen. Jetzt bleibt nur noch übrig, in der „Roten Fahne" den kämpfenden Arbeitern zu raten, was in den rasch wechselnden Situationen zu tun ist, also von Tag zu Tag Teilziele aufzustellen und den Revolutionsausschuß zu schnellem Handeln und eindeutigen Beschlüssen zu drängen.

Der Revolutionsausschuß berät endlos und nutzt jene Tage, da die Massen auf den Straßen sind und bereit wären, seinen Anweisungen zu folgen, nicht aus. Mit Rosa geht eine Veränderung vor sich. Sie ist immer voller Energie gewesen, hat Heiterkeit ausgestrahlt und allen in ihrer Umgebung Kraft und Zuversicht gegeben. Jetzt wird sie wortkarg, schließt sich von den anderen ab. „Die Verschwendung aller Kräfte in den letzten Monaten hatte das Zerstörungswerk der Kriegsjahre vollendet. Schwere Ohnmachtsanfälle wiederholen sich täglich. Jede Mahnung zur Ruhe, zur ärztlichen Behandlung wäre Rosa als Aufforderung zur Flucht erschienen. Merkte sie, daß jemand zu solchem Rat ansetzte, so genügte ein Blick von ihr, daß das Wort im Mund erstickte", berichtet Paul Frölich (168), der ihr in diesen Tagen häufig begegnete.

Als die USPD und die Obleute während der Auseinandersetzungen Verhandlungen mit der Regierung anzuknüpfen versuchen, folgt die KP-Zentrale dem Rat Radeks zu einer radikalen Kursänderung. In einem Brief teilt die Partei den Obleuten und der USPD mit, sie ziehe ihre Vertreter aus dem Revolutionsausschuß zurück.

Der Brief kann schon nicht mehr übergeben werden, weil der Ausschuß praktisch vor seiner Auflösung steht. Er wird dann statt dessen in der „Roten Fahne" am 13. Januar veröffentlicht.

Ab 6. Januar hat die Regierung Ebert gezielte Maßnahmen gegen den sogenannten Spartakus-Aufstand eingeleitet. Zunächst einmal ernennt sie Gustav Noske zum Oberbefehlshaber jener Truppen, die ihr die hohen Militärs nur zu gern zur Verfügung stellen.

Da sich die Oberste Heeresleitung mit Truppenkonzentrationen schon seit Wochen auf einen Endkampf gegen die radikale Linke vorbereitet hat, ist die Regierung nun nicht dazu gezwungen, eine politische Lösung zu suchen. Sie weist die Verhandlungsangebote der Obleute zurück. Noske begibt sich in den Vorort Dahlem und schlägt in einem ehemaligen Mädchenpensionat sein Hauptquartier auf. Von dort aus bereitet er den Einmarsch der Freikorpsverbände nach Berlin vor. In einem Aufruf erklärt er: „Ihr kennt meine Vergangenheit in der Partei. Ich bürge dafür, daß kein unnütz Blut vergossen wird. Ich will säubern, nicht vernichten. Ich will euch mit dem jungen republikanischen Heer die Freiheit und den Frieden bringen." (169)

Am Mittag des 11. Januar ziehen Noske und Oberst Detjen an der Spitze von dreitausend Mann in Berlin ein. In der Nacht von Freitag auf Samstag wird das Gebäude des „Vorwärts" zurückerobert, nachdem man das Haus zwei Stunden mit Artillerie sturmreif geschossen hat. Zwei Parlamentäre der Arbeiter, die über die Übergabe verhandeln sollten, werden ermordet. Die dreihundert gefangenen Arbeiter werden teilweise grausam mißhandelt.

Die letzten Kämpfe finden am 12. Januar um das Polizeipräsidium statt. Der Kommandant des Präsidiums wird zusammen mit vier anderen Männern bei den Übergabeverhandlungen ergriffen und auf der Stelle hingerichtet. Mit Artillerie wird das Gebäude unter Beschuß genommen und dann durch Stoßtrupps, die sich durch die U-Bahn-Schächte ungesehen herangepirscht haben, erstürmt. Stadtteil um Stadtteil nehmen die Regierungstruppen. Am 14. Januar ist auch Moabit fest in ihrer Hand. Die Garde-Schützendivision, einer der Freikorpsverbände, führte ein Plakat mit, auf dem steht:

> Berliner! Diese Division verspricht euch, nicht eher die Hauptstadt zu verlassen, als bis die Ordnung endgültig wieder hergestellt ist.

Im „Vorwärts" erscheint am 13. Januar das folgende Gedicht:

„Vielhundert Tote in einer Reih –
Proletarier!
Karl, Rosa, Radek und Kumpanei –
Es ist keiner dabei, es ist keiner dabei!
Proletarier!"

Später schreibt der Verfasser, Arthur Ziegler, weinerlich:

„Heute bereue ich das Gedicht. Karl Liebknecht und Rosa Luxemburg waren erstens nicht feige, sondern erwiesen sich als sehr tapfer, zweitens hatten sie den wahnwitzigen Aufstand nicht angefangen, sondern zu bremsen versucht. Verantwortlich waren andere (...) Jetzt natürlich beschuldigen mich die Herren von der ‚Roten Fahne', die meine Abneigung gegen Prozesse kennen, ich hätte zum Mord an Liebknecht und Frau Luxemburg aufgehetzt (...) das einem Sozialisten, der den beiden zu Füßen gesessen und in dieser Zeit selbst Schweres durchgemacht hat." (170)

Am 14. Januar schreibt Rosa Luxemburg in der „Roten Fahne", das Stichwort der Freikorps aufgreifend:

„Ordnung herrscht in Berlin!" Ihr stumpfen Schergen! Eure „Ordnung" ist auf Sand gebaut. Die Revolution wird sich morgen schon „rasselnd wieder in die Höh' richten" und zu eurem Schrecken mit Posaunenklang verkünden: Ich war, ich bin, ich werde sein!

Am 15. Januar erscheint in der „Roten Fahne", der letzten offiziellen Ausgabe bis zum Februar, ein Artikel von Karl Liebknecht, der mit dem Satz endet: „Und ob wir dann noch leben werden, wenn es (das Ziel) erreicht wird – leben wird unser Programm. Es wird die Welt der erlösten Menschheit beherrschen. Trotz alledem." (171)

In der Nacht vom 8. auf den 9. Januar 1919 wird das Haus, in dem sich die Redaktion der „Roten Fahne" befindet, von Regierungstruppen mit Maschinengewehrfeuer belegt. Einen Sturmangriff wagen sie nicht, weil sie annehmen, die Spartakisten hätten ihre Zentrale in eine Festung verwandelt. In Wirklichkeit hat es dort weder Waffen noch Wachen gegeben.

In der Nähe spielen sich schwere Kämpfe ab. Das Haus des „Vorwärts" ist nur drei Minuten entfernt. Zwei Minuten weit liegt der Belle-Alliance-Platz, ein Sammelpunkt der Regierungsverbände.

Am 9. Januar wird die Redaktion aufgegeben. Als Rosa und ihre Mitarbeiter das Haus verlassen, steht unten schon eine Patrouille der Regierungstruppen. Sie sagt zu einem Bekannten, die Soldaten musternd: „Nur der Hunger kann diese Menschen ins feindliche Lager geführt haben."

Sie beginnt mit den Soldaten zu diskutieren. Mathilde Jacob drängt sich dazwischen und sagt zu ihr:

„Wir müssen gehen. Komm doch ..."

Aber hundert Meter weiter versucht Rosa schon wieder, auf eine größere Menschenmenge einzureden und die Lage zu erklären. Diesmal muß Hugo Eberlein fast Gewalt anwenden, um sie herauszuschleusen.

Zunächst findet Rosa Unterkommen bei einem befreundeten Arzt in der Nähe des Halleschen Tors. Von dort aus geht sie zu den Zusammenkünften mit Genossen der Leitung und zu den Führern der einzelnen Arbeitertrupps in Gegenden, in denen sich die heftigsten Kämpfe abspielen. Möglichst vielen Menschen Rede und Antwort zu stehen, ihnen die Lage zu analysieren, ist ihr vor allem wichtig.

Sie sorgt dafür, daß die „Rote Fahne" trotz Räumung der Redaktion weiter erscheint.

Am Abend des 10. Januar 1919 befiehlt der Stadtkommandeur, eine Razzia nach den kommunistischen Führern durchzuführen. Georg Ledebour und Ernst Meyer, Mitglieder der USPD, werden in ihren Wohnungen verhaftet und dabei schwer mißhandelt.

Zur gleichen Zeit laufen „Friedensverhandlungen" zwischen der SPD und der USPD.

Am Morgen des 11. Januar wird das Büro der Kommunistischen Partei in der Friedrichstraße besetzt und demoliert. Dort geraten Leo Jogiches und Hugo Eberlein in die Hände der Regierungstruppen.

Rosa schreibt an Clara Zetkin: *In diesem Augenblick dauern in Berlin die Schlachten, viele unserer braven Jungen sind gefallen (...) Für heute muß ich Schluß machen* (172)

Auf der Friedrichstraße wird eine Frau verhaftet, die Rosa ähnlich sieht. Im Gewahrsam der Regierungstruppen erlebt sie furchtbare Stunden, ehe ihr die Flucht gelingt. Über Bekannte läßt sie Rosa ausrichten, sie müsse sich darauf gefaßt machen, umgebracht zu werden, wenn es Soldaten gelingen sollte, sie zu fangen.

Am Abend des 11. Januar findet sich in der Wohnung am Halleschen Tor ein größerer Kreis zu einer Beratung ein. Auch Karl Liebknecht kommt.

Das Regierungsviertel ist fast völlig in der Hand der Freikorps. Die Gegend um das Hallesche Tor, nicht weit davon, ist damit auch unsicher geworden. Rosa und Karl beschließen, in eine Wohnung nach Neukölln umzuziehen. Dort, in einem Arbeiterviertel, scheint ihre Sicherheit noch am ehesten gewährleistet.

Es wird wieder darüber diskutiert, ob die beiden nicht überhaupt Berlin verlassen sollten; Bekannte führen das Beispiel Lenins an, der in einer kritischen Phase während der Russischen Revolution im Juli 1917 nach Finnland flüchtete.

Beide lehnen die Flucht ab. Bei Liebknecht spielt bei seiner Weigerung die Überlegung eine Rolle, man könne nicht erst die Arbeiter zur Aktion aufrufen, um sie dann in der Stunde der Gefahr und des Scheiterns ihrem Schicksal zu überlassen. Rosa ist davon überzeugt, daß man gerade jetzt mit der „Roten Fahne" Aufklärungsarbeit leisten müsse.

Am 13. Januar erhalten Rosa und Karl Liebknecht einen Wink, daß in den nächsten Stunden ein Überfall auf die Wohnung in Neukölln geplant sei. Mathilde Jacob hört auf dem Weg zu dem Haus in Neukölln Passanten über Rosa und Karl sagen, man müsse sie in Stücke schneiden und den Raubtieren zum Fraße geben. (173)

Diesmal tauchen die beiden in einem bürgerlichen Mietshaus in Wilmersdorf bei Frau Markussohn unter. Rosa wirkt erschöpft. Die Wangen sind eingefallen, die Augen haben dunkle Ringe. Fast ständig hat sie Kopfschmerzen.

Am 15. Januar gegen Abend kommt Wilhelm Pieck in die Wohnung in der Mannheimer Straße 43 und bringt gefälschte Ausweispapiere für Rosa und Karl.

Um 21.30 Uhr klingelt es noch einmal bei Frau Markussohn. Diesmal ist es ein Trupp Soldaten unter dem Kommando eines Leutnants Lindner und geführt vom Gastwirt Mehring, der dem antisozialistischen Wilmersdorfer Bürgerrat angehört. Sie haben den Befehl, Rosa und Karl festzunehmen und in das Hauptquartier der Garde-Kavallerie-Schützendivision zu bringen.

Rosa wird geweckt. Liebknechts Versuch, zu behaupten, er sei nicht der, für den man ihn halte, wird kein Glauben geschenkt. Die Soldaten verfügen über einen sehr genauen Steckbrief. Sie können nachweisen, daß es sich bei den Pässen, die Pieck kurz zuvor überbracht hat, um Fälschungen handelt. Zunächst wird Liebknecht mit dem Auto abtransportiert. Dann folgen Rosa und Pieck in einem zweiten Wagen. Rosa hat ein Köfferchen gepackt, auch ein paar Bücher mitgenommen, darunter auch Goethes Faust, Teil II.

Der Aufspürung Rosas und Liebknechts ist eine umfangreiche Agenten- und Spitzeltätigkeit vorausgegangen. Beteiligt waren die Antibolschewistische Liga, eine Gründung russischer Adliger, mit Agenten über ganz Deutschland hin, und andere ähnliche Organisationen. In den Diensten der Liga und in denen des Stadtkommandanten von Berlin stand der Spitzel von Tyszka, der schon Anfang Dezember einen Überfall auf die „Rote Fahne" inszeniert hatte. Tyszka ist auch bei der Verhaftung von Ledebour und Meyer zugegen. Auch der Bürgerrat von Berlin hat in seinen Zweigstellen der einzelnen Stadtbezirke Spitzel. In verschiedenen Prozessen taucht immer wieder die Aussage auf, ein „Helferdienst der sozialdemokratischen Partei" habe eine Kopfprämie von einhunderttausend Mark auf die Ergreifung von Liebknecht und Luxemburg ausgesetzt. In einem von Fritz Henck, dem Schwiegersohn Scheidemanns, unterzeichneten Flugblatt an die Berliner Bevölkerung, das am 14. Januar erscheint, wird versichert, die Häupter der kommunistischen Bewegung würden nicht ungeschoren davonkommen, schon in wenigen Tagen werde sich zeigen, daß man auch mit ihnen Ernst zu machen gedenke.

Die Fahrt der beiden Autos geht zum Eden-Hotel, Ecke Kurfürsten-/Budapester Straße, nicht weit vom Zoo und von der Gedächtniskirche entfernt. Dort befindet sich das Stabsquartier der Garde-Kavallerie-Schützendivision, eines jener neu aufgestellten Freikorpsverbände. Beim Betreten des Hotels brüllen einige Offiziere Rosa Luxemburg höhnisch an: „Röschen (...) da kommt die alte Hure." (174)

Pieck, der neben Rosa steht, protestiert.

Ein Offizier: „Was will der Kerl? Ist wohl ihr Kavalier. Haut ihm in die Fresse."

Während Pieck zunächst an einen Pfeiler gestellt wird, führt man Rosa in den ersten Stock. Offiziere kommen und bieten den Soldaten, die Pieck bewachen, eine Zigarette an. Einer der Offiziere sagte:

„Die Bande darf nicht mehr lebend das Eden-Hotel verlassen."

Unterdessen werden Rosa und Karl von Hauptmann Pabst verhört.

Zunächst nimmt er sich Liebknecht allein vor. Rosa sitzt auf dem Flur, bewacht, ein Buch in der Hand. Sie kann keine Zweifel darüber gehabt haben, was ihr bevorsteht. Sie liest, um sich abzulenken.

Karl wird wieder herausgeführt, die Treppe hinunter. Der Mordplan ist inzwischen genau organisiert. Beim Verlassen des Hauses schlägt ihn der Jäger Otto Runge mit einem Kolbenhieb nieder.

Der Halbbewußtlose wird dann in ein Auto geschleift, in dem Kapitänleutnant Horst von Pflugk-Harttung, Hauptmann Heinz von Pflugk-Harttung, die Leutnants Liepmann, von Ritgen, Stiege, Schulz und der Jäger Friedrich mitfahren. Angeblich soll der Verhaftete in das Untersuchungsgefängnis Moabit überführt werden. Die Fahrt geht durch die Budapester und Hitzigstraße, dann links abbiegend, durch die Stülerstraße, die Lichtensteiner Allee kreuzend, zum Großen Weg im Tiergarten. Hier, am Neuen See, hält der Wagen plötzlich. Angeblich eine Panne. Die Reparatur, so sagen die Soldaten, könne etwas länger dauern. Die Offiziere erklären, man werde mit dem Gefangenen zu Fuß weitergehen. Horst von Pflugk-Harttung hält die blutverschmierte Gestalt am Arm gepackt. Scheinbar zufällig, unter dem Vorwand wegen des Wagens etwas zu erfragen, läßt er den Gefangenen los. Liebknecht macht ein paar unsichere Schritte. Dann fällt ein Schuß. Er streift Liebknecht am Kopf. Karl beginnt, geschwächt wie er ist, zu rennen. Darauf haben die Soldaten offenbar nur gewartet. Ohne den Gefangenen noch einmal anzurufen, feuern sie aus ihren Pistolen. Leutnant Liepmann gibt zwei Schüsse aus ungefähr fünf Meter Entfernung gegen den Rücken des Flüchtenden ab. Den zu Boden gestürzten Körper zerrt man ins Auto, das plötzlich wieder fahren kann. Man bringt die Leiche ins nächste Leichenschauhaus. Ins Hotel zurückgekehrt, meldet der Kapitänleutnant, „ein außergewöhnlich begabter, kluger Soldat", wie ihm später vor Gericht bescheinigt werden wird, Hauptmann Pabst, der Befehl sei ausgeführt, Liebknecht auf der Flucht erschossen.

Schon im Hotel ist Rosa mißhandelt worden. Pieck, der unter Bewachung auf seine eigene Erschießung wartet, hört ein Zimmermädchen zu einer Kollegin sagen: „Nein, ich werde den Anblick nicht los, wie man die arme Frau niedergeschlagen und umhergeschleift hat." (175)

Vor dem Nebenausgang in der Kurfürstenstraße, zu dem man Rosa nach dem Verhör führt, wartet wieder der Jäger Runge, der ihr zwei Schläge mit dem Gewehrkolben versetzt. Rosa wird in ein Auto gezerrt, das anfährt. Nach etwa einhundert Metern zieht einer der Bewacher, und zwar derjenige der Männer, der auf dem Trittbrett des Wagens steht, einen Revolver und legt auf die Gefangene an. Sie ist noch bei Bewußtsein. Leise sagte Rosa: „Nicht schießen." Es sind ihre letzten eindeutig bekundeten Worte. Beim ersten Versuch versagt die Waffe, als der Mann sie an den Kopf der Gefangenen hält und drückt. Der zweite Schuß löst sich dann. Rosa ist tot. Die Offiziere und Soldaten fahren bis zur Lichtensteinbrücke. Oberleutnant Vogel sagt: „Wir werden die Luxemburg hier herausnehmen."

Sie tragen die Leiche durch die Parkanlagen und werden von einer Streife angerufen: „Halt, oder wir schießen!"

Oberleutnant Vogel geht ein Stück voraus, bis zur Brücke. Er gibt sich der Streife zu erkennen. Dann kommt er zurück und befiehlt Weber und Poppe, die Leiche wieder aufzunehmen. Auch Vogel selbst faßt mit an und berührt dabei die schlaff herunterhängende Hand der Toten, was ihm, wie er später aussagen wird, „ein unangenehmes Gefühl" verursacht. Die Männer werfen die Tote in das schlammige Wasser des Landwehrkanals.

Die Meldungen, die nach Angaben des Freikorps-Verbandes in die Presse gelangen, beruhen auf bewußt falschen Angaben, mit denen die Mörder ihren im voraus geplanten und dann systematisch ausgeführten Doppelmord zu vertuschen suchen. Den Tenor dieser Meldungen faßt die Schlagzeile der „BZ am Mittag" vom 16. Januar 1919 zusammen: Liebknecht auf der Flucht erschossen – Rosa Luxemburg von der Menge getötet.

Noch in der Stellungnahme im Bulletin des Presse- und Informationsamtes der Bundesregierung vom 8. Februar 1962 über die Rolle des Hauptmanns Pabst ist vom Mord an Rosa Luxemburg und Karl Liebknecht als von einer standrechtlichen Erschießung die Rede.

Über seine Erlebnisse am 15. November im Eden-Hotel sagt der damalige politische Leiter der KPD Berlin-Brandenburg, Wilhelm Pieck, unter Eid aus:

„Man hatte bei Markussohn in meiner Tasche Manuskripte für die ‚Rote Fahne' gefunden. Ich erklärte Pabst, ich hätte diese Manuskripte von einem Journalisten in einem Café erhalten. (...) Da sagte Pabst: ‚Dann müssen wir nähere Feststellungen machen. Sie werden festgenommen und abgeführt!' Ich erklärte: ‚Ich werde das Zimmer nicht verlassen ohne ausreichende Garantien für mein Leben', denn ich hatte aus den Vorgängen entnommen, daß man Liebknecht und Rosa Luxemburg niedergeschlagen hatte. Pabst redete erst hin und her, aber er beorderte dann zwei Leutnants, mich abzuführen und für meinen Schutz Sorge zu tragen. Ich bin dann an das Auto geführt worden. Da sagte der Chauffeur, daß er einen solchen Kerl wie mich nicht fahre. Darauf wollten die Leutnants weggehen. Ich hielt den einen fest und erinnerte ihn an seinen Auftrag. (...) Ich wurde dann in ein Depot der G.K.S.-Division eingeliefert, wo ich festgehalten wurde. Ich wurde dann später nach der Waldschenke im Zoo gebracht, wo ich in einem unterirdischen Gelaß festgehalten wurde.

Dann wurde ich auf mein Verlangen zum Polizeipräsidium geschafft, wo es mir gelang zu entfliehen. Aus alledem hatte ich die feste Überzeugung gewonnen, daß gegen mich ein Mordplan bestand, den Runge ausführen sollte und den ich nur dadurch verhindern konnte, daß ich auf Runge zugelaufen war. Als ich entlassen war, habe ich sofort meinen Freunden von der ‚Roten Fahne' Mitteilung gemacht, und diese Mitteilungen sind nach Wiedererscheinen der ‚Roten Fahne' verwertet worden. Als der Prozeß stattfand, war ich um so erstaunter, daß angeblich kein Beweismaterial für den Mord vorlag..." (176)

IX. Nachspiele

„Dreißigtausend Proleten sind im Kampf gefallen.
Aber ‚Deutschland über alles' hört man erschallen,
‚Von der Maas bis an den Belt'
jeden Roten an die Wand gestellt.
Wer weiß die näheren Daten?
Sozialdemokraten!

Dreißigtausend Proleten schlugen sie tot,
aber ‚stolz weht die Flagge schwarz-weiß-rot'
‚Siegreich wollen wir Frankreich schlagen',
und dem roten Gesindel brechen wir den Kragen.
Und was sind die Ebert, Leusch und alle Renegaten?
Sozialdemokraten!"

Max Herrmann-Neiße

Leo Jogiches ist am 14. Januar verhaftet worden, aber er bringt es fertig zu entkommen, ohne daß sich seine Wärter über seine Identität klar geworden sind. Als Radek ihn am Abend des 16. in einem Schlupfwinkel trifft, kommt Jogiches ihm um zehn Jahre gealtert vor. Sie kommen auf ihre alten Auseinandersetzungen zu sprechen, die sie in der Parteiarbeit miteinander gehabt haben. Sonderbar schleppend beginnt Jogiches das Gespräch mit den Worten: „Rosa ist tot, wir müssen alle näher aneinanderrücken..."

Als in den nächsten Tagen eine öffentliche Hetzkampagne gegen Radek beginnt, versucht Jogiches ihn zu überreden, sich in eine stille Provinzstadt zurückzuziehen.

„Und Sie, Leo?" fragt Radek, „es liegt doch auf der Hand, daß die Waffen, mit denen sie Rosa und Karl umgebracht haben, sich gegen Sie richten werden."

„Ich hoffe auf die alte Kunst der Konspiration", antwortet Jogiches, und dann fügt er spöttisch hinzu: „Sie haben mir mal versprochen, meinen Nekrolog zu schreiben. Ich möchte nicht den Ihren schreiben müssen." (177)

Dieses Gespräch findet in der Nacht vom 11. auf den 12. Februar statt.

Mit Clara Zetkin, die nach Berlin gekommen ist, geht Jogiches jene Papiere durch, die nach der Durchsuchung von Rosas Wohnung in Südende noch erhalten geblieben sind.

Mit einem Artikel in der „Roten Fahne" am 12. Februar, in dem eine ziemlich genaue Darstellung der tatsächlichen Vorgänge der Mordnacht gegeben wird – nachdem der mit allen Vollmachten ausgestattete Untersuchungsrichter „gar nichts" hat in Erfahrung bringen können –, eröffnet Leo Jogiches seine Kampagne, um die Wahrheit über die Morde publik zu machen und so die Voraussetzungen dafür zu schaffen, daß die Mörder nicht völlig straffrei bleiben.

Am 15. Februar 1919 macht die „Rote Fahne" weitere aufsehenerregende Enthüllungen.

Drei Mitglieder einer vom Vollzugsrat zur Untersuchung des Falles eingesetzten Kommission sind zurückgetreten. Sie werfen der Regierung vor, das Verfahren bei den Militärbehörden belassen zu haben. Außerdem habe der Untersuchungsführer, Kriegsgerichtsrat Paul Jorns, Verdächtige, bei denen Verdunklungsgefahr bestehe, nicht in Untersuchungshaft genommen.

Die Artikel der „Roten Fahne" bleiben nicht ohne Wirkung, wenngleich die Regierung den Mord weiter als Bagatellsache hinzustellen versucht, aus der die KPD jetzt politisches Kapital zu schlagen versuche. Oberleutnant Vogel muß jetzt zugeben, daß er die Leiche Rosa Luxemburgs in den Kanal geworfen hat. Am 27. Februar werden auch die übrigen an dem Transport von Rosa und Karl Liebknecht beteiligten Offiziere und Mannschaften festgesetzt.

Ende Februar erscheint unter der Überschrift „Der verschwundene Runge" in der „Roten Fahne" eine Glosse, deren Stil unschwer ihren Verfasser erraten läßt:

„Herr Jorns! Bei Ihrer eifrigen Aufklärungstätigkeit in Sachen Liebknecht-Luxemburg ist Ihnen zufällig der Mörder

Runge aus den Augen gekommen. Falls es Ihnen noch nicht bekannt ist, teilen wir Ihnen mit, daß es nicht unwahrscheinlich ist, daß Sie ihn im Husarenregiment Nr. 8, 3. Eskadron finden werden (...), falls Sie gelegentlich Zeit finden, ihn zu suchen. Für das dem Mörder freundlich geneigte Publikum die Mitteilung, daß Geldsendungen an den Mörder nicht mehr nötig sind. Mit 120 000 Mark reicht einer ganz hübsch lang." (178)

Es wird Mitte April, bis die Justizbehörden Runge gefunden haben und ihn in Untersuchungshaft nehmen lassen.

Am Wochenende des 9. auf den 10. März 1919 nach einer gezielten Falschmeldung in den bürgerlichen Zeitungen Berlins mit Schlagzeilen wie „Furchtbarer Massenmord durch Spartakisten in der Warschauer Straße", „Sechzig Kriminalbeamte und viele Gefangene erschossen!" wird das Berliner Stadtviertel Lichtenberg von Freikorpsverbänden umzingelt, einzelne Häuserblocks abgeriegelt.

Ein Massenmord beginnt. Die Regierung teilt später mit, es seien 1200 Spartakisten umgekommen. Genauere Untersuchungen ergaben über 2000 Tote. Viele Familien hatten ihre Angehörigen, die in den Wohnungen oder auf den Höfen ermordet worden waren, beim Standesamt aus Frucht vor Repressalien als „Unfalltote" eintragen lassen.

Als die Leichen der angeblich von den Spartakisten ermordeten Kriminalbeamten sich nicht auffinden lassen, stellt sich heraus, daß die Meldung, die die Zeitungsberichte und die aus ihr resultierende Vergeltungsaktion ausgelöst hat, aus eben jenem Hauptquartier der Garde-Kavallerie-Schützendivision im Eden-Hotel gekommen ist, die auch die Ermordung Karl Liebknechts und Rosa Luxemburgs ausgeführt hat. Es handelt sich also um eine gezielte Aktion mit der Absicht, eine gewisse Berechtigung für das brutale Vorgehen der Freikorpsverbände in Lichtenberg geltend zu machen. Der von der Regierung Ebert ernannte Oberbefehlshaber der Truppen, der SPD-Politiker Gustav Noske, äußert in diesen Tagen zynisch: „Wo gehobelt wird, fallen Späne."

Am Montag, dem 10. März 1919, wird Leo Jogiches von Kriminalbeamten in einer Wohnung in Neukölln verhaftet. Man bringt ihn, der nach dem Tod von Rosa Luxemburg und Karl Liebknecht das Amt des Generalsekretärs der KPD ausübt, in das Untersuchungsgefängnis Moabit. Dort wird er bei Vernehmungen schwer mißhandelt. Schließlich führt ihn Kriminalwachtmeister Tamschick über eine Treppe zu dem schmalen Gang der Zellen. Er zieht seine Pistole und tötet den Häftling durch einen Schuß in den Hinterkopf.

Dies ist innerhalb einer Frist von wenigen Wochen der erste von drei Morden an politischen Häftlingen, die Tamschick begeht, ohne daß er deswegen zur Verantwortung gezogen würde. Seine weiteren Opfer sind der Gewerkschaftsführer Wilhelm Sült und der Marineleutnant Dorrenbach, der frühere Kommandant der Volksmarinedivision.

Nach dem dritten Mord wird Tamschick vom sozialdemokratischen Innenminister Severing zum Polizeileutnant befördert und in die Provinz versetzt.

Das Feldgericht, das unter Vorsitz von Kriegsgerichtsrat Ehrhardt und mit dem Beisitzer Kriegsgerichtsrat Meyer, Kapitänleutnant Canaris, dem Offiziersstellvertreter Ernst und dem Kürassier Chimlewski zwischen dem 8. und 14. Mai 1919 getagt hat, verkündet schließlich im großen Schwurgerichtssaal zu Berlin folgendes Urteil:

„Es werden verurteilt:

1. Der Angeklagte Husar Runge wegen Wachvergehens im Felde, wegen versuchten Totschlages in Tateinheit mit gefährlicher Körperverletzung unter Mißbrauch der Waffe, begangen in zwei Fällen, in einem Fall auch in Tateinheit mit erschwertem Wachverbrechen im Feld, sowie wegen Gebrauchmachens von falschen Urkunden zwecks besseren Fortkommens zu einer Gesamtstrafe von 2 Jahren Gefängnis, 2 Wochen Haft, 4 Jahren Ehrverlust und Entfernung aus dem Heer. Die Haftstrafe wird durch die erlittene Untersuchungshaft für verbüßt erachtet.

2. Der Angeklagte Leutnant der Reserve Liepmann wegen Anmaßung einer Befehlsbefugnis in Tateinheit mit Begünstigung zu 6 Wochen geschärften Stubenarrest.
3. Der Angeklagte Oberleutnant a.D. Vogel wegen erschwerten Wachverbrechens im Feld in Tateinheit begangen mit Begünstigung während Ausübung des Dienstes, Mißbrauch der Dienstgewalt nach §115 M.St. G.B. und Beiseiteschaffung einer Leiche, sowie in einem weiteren Fall wegen vorsätzlicher unrichtiger Abstattung einer dienstlichen Meldung zu einer Gesamtstrafe von 2 Jahren 4 Monaten Gefängnis und Dienstentlassung..."

Die Angeklagten Kapitänleutnant von Pflugk-Harttung, Oberleutnant zur See von Ritgen, Leutnant zur See Stiege, Leutnant zur See Schulze, Hauptmann von Pflugk-Harttung und Hauptmann der Landwehr Weller werden freigesprochen. (179)

In der Nacht zum 1. Juni 1919 wird in Berlin an der Freiarchenbrücke am Landwehrkanal eine weibliche Leiche geborgen. Der Körper wird auf Anordnung des Polizeipräsidenten in das Leichenschauhaus in der Hannoverschen Straße überführt. Von dort bringt ihn ein Leutnant Keller, der einen Befehl des Reichswehrministers Noske vorweisen kann, in das Lazarett des Truppenübungsplatzes Zossen. Noske erklärt, er habe mit dieser Anordnung politischen Demonstrationen vorbeugen wollen. Die Leiche weist keine Verletzungen an der Schädeldecke, wohl aber eine Schußverletzung an der linken Stirn auf. Mathilde Jacob identifiziert an Hand der an der Leiche haftenden Kleiderreste, der Handschuhe und eines Medaillons die Tote als Rosa Luxemburg. Daraufhin wird die Tote zur Beerdigung freigegeben und am 13. Juni neben dem Grab von Karl Liebknecht in Friedrichsfelde beigesetzt.

Die Entsorgung der Mörder

Schon am letzten Tag der Kriegsgerichtsverhandlung teilt ein Abgeordneter mit, daß für die Angeklagten Pässe mit falschen Namen bereitlägen, um ihnen die Flucht ins Ausland zu erleichtern, so für Oberleutnant Vogel ein Paß auf den Namen Kurt Velsen.

Tatsächlich flieht Vogel am 17. Mai 1919 nach Holland, und die Division teilt der Öffentlichkeit die Flucht mit. Das Urteil selbst wird von Gustav Noske bestätigt. Doch schon am 23. Dezember 1920 wird Oberleutnant Vogel amnestiert.

Vogel, der zur Zeit der Machtübernahme Hitlers in Holland in mißlichen Verhältnissen lebt, wird vom Reichsarbeitsminister als „treudeutsch gesinntem Mann" zur Herstellung seiner Gesundheit eine Kur im Inland gewährt.

Der ehemalige Husar Otto Runge erhält nach Beschluß des Ministerrates vom 13. Juni 1934 „eine einmalige Entschädigung von 6000 RM aus Staatsmitteln". Runge hat geltend gemacht, daß er an jenem Abend im Eden-Hotel nur auf Anordnung der Offiziere gehandelt habe und nach Verbüßung seiner Strafe lange Zeit Verfolgungen von kommunistischer Seite ausgesetzt gewesen sei.

Ein Schreiben des Wilhelm Radolf (Runge) an den Preußischen Justizminister vom 19. Juli 1934 (im Original handschriftlich) lautet:

„Sehr geehrter Herr Minister

Ihr Schreiben vom 16. 7. 1934 zwecks Entschädigung ist bei mir eingegangen. Ich spreche Ihnen sowie dem Staatsrat meinen besten Nationalsozialistischen Dank aus. Einen Teil des Geldes werde ich gebrauchen, meinen Gläubigern gerecht zu werden, um jede Mahnung aus dem Weg zu gehen. Einen anderen Teil werde ich Gebrauch machen die Winterhilfe zu Stiften sowie den Luftschutz. Da ich auch noch meine Stellung habe, denn da mier die Summe nicht reizen kann, lebe ich einfach und schlicht.

Heil Hitler
Wilhelm Radolf

Ich hätte auch gern meinen Nahmen Otto Emil Runge wieder gehabt, wenn es nicht soviel Umstände macht."

Als Joseph Goebbels am 10. Mai 1933 überall in Deutschland „spontan" Tausende von Büchern verbrennen läßt, gehören dazu auch die Schriften Rosa Luxemburgs.

1941 wird das auf dem Friedhof in Berlin-Friedrichsfelde 1924 nach einem Entwurf des Architekten Mies van der Rohe errichtete Denkmal von den Nazis abgebrochen. Die Gräber von Rosa Luxemburg und Karl Liebknecht werden eingeebnet. Im Friedhofsregister wird mit roter Tinte eine Verfügung eingetragen, daß eine Umbettung nicht in Frage kommt. (180)

Schicksale

Und das Schicksal der Menschen im Umkreis von Rosa Luxemburg?

Franz Mehring erkrankt an einer Lungenentzündung. Betroffen vom Schicksal Rosas und Karl Liebknechts, stirbt er am 28. Januar 1919.

Clara Zetkin wird Reichstagsabgeordnete der KPD und 1932 Alterspräsidentin des Reichstages. Sie gehört bis 1929 dem Zentralkomitee der KPD an. An einem Herzleiden erkrankt, kommt sie in das Sanatorium des Zentralkomitees der KPdSU in Archangelskoje und stirbt am 20. Juni 1933 in Moskau.

Karl Kautsky bekämpft bald nach Bekanntwerden der ersten Nachrichten über die Herrschaft der Bolschewiki Lenin und seine Partei in zahlreichen Arbeiten, was ihm von Lenin den Titel „Renegat" einträgt. 1920 hält er sich als Gast der menschewikischen Regierung in der selbständigen Arbeiterrepublik Georgien auf. Erfreut begrüßt er 1922 die Wiedervereinigung von USPD und SPD und übersiedelt auf Einladung der dortigen Sozialdemokraten nach Wien, wo er 1934 den Dollfußschen Staatsstreich erlebt und kritisch analysiert. Vor dem Einmarsch der deutschen Truppen entkommt er mit seiner Frau nach Holland, wo er am 17. Oktober 1938 stirbt.

Julian Marchlewski, Freund Rosas aus dem Kreis der polnischen Emigranten, reist zunächst, 1918 aus deutscher Haft entlassen, nach Rußland. In Moskau erhält er ein von Rosa und Leo Jogiches unterzeichnetes Telegramm, das ihn auffordert, an dem Gründungskongreß der KPD in Berlin teilzunehmen. Zwei Tage nach der Ermordung Rosas trifft er dort ein. Im Auftrag des Zentralkomitees fährt er weiter ins Ruhrgebiet. Als Wirtschaftsspezialist soll er den Ruhrkumpels bei der Sozialisierung des Bergbaus behilflich sein. Als konterrevolutionäre Truppen ins Ruhrgebiet einrücken, wird ein Preis auf seinen Kopf ausgesetzt. Mit einem Sammeltransport polnischer Landarbeiter wird er am 19. März 1919 aus Essen herausgeschleust. Im Osten ist ein polnischer Pufferstaat entstanden, an dessen Spitze eine bürgerliche Regierung steht. Zwischen ihr und den Sowjets droht ein bewaffneter Konflikt. Marchlewski vermittelt einen Waffenstillstand. Seine letzten Lebensjahre führen ihn als Sonderbotschafter Lenins nach Finnland, China und Japan. 1922 kehrt er nach Moskau zurück und wird zum Rektor der Kommunistischen Universität der Westvölker ernannt. Bereits schwer krank, reist er 1923 zu Vorträgen in den Ural und nach Sibirien. Im Dezember 1924 hat sich sein Gesundheitszustand derart verschlechtert, daß er die Erlaubnis erhält, nach Italien zu reisen. Nach einem längeren Zwischenaufenthalt in Deutschland, wo er seine mit dem Maler Heinrich Vogler verheiratete Tochter Zofia besucht, kommt er Ende Januar 1925 dort an. Am 22. März dieses Jahres stirbt er in Bogliasco bei Nervi. Die Leiche wird nach Deutschland überführt.

Karl Radek wird am 12. Februar 1919 verhaftet. Man wirft ihm „Beihilfe zum Spartakusputsch, Aufreizung und Geheimbündelei" vor. Angeblich hat Radek bei seiner Festnahme winselnd um sein Leben gebettelt. Das Personal im Zellengefängnis Lehrter Straße in Berlin-Moabit besteht zu einem großen Teil aus Angehörigen des Regiments Reinhard, die auch Radek dort eingeliefert haben.

Die brutale Behandlung, die er erfährt, lassen seine Ängste verständlich werden. Noch im Juni 1919 werden während eines Spaziergangs auf dem Gefängnishof von der benachbarten Kaserne aus Schüsse auf ihn abgefeuert.

Am 5. März 1919 ernennen ihn die Bolschewiki, um zur Verbesserung seiner Lage beizutragen, zum Botschafter der Ukraine. Am 26. Juni 1919 beschließt das Reichskabinett, Radek im Austausch gegen Geiseln an die Sowjetunion auszuliefern. Doch erst müssen die Modalitäten von Radeks Rückführung ausgehandelt werden. Radek bleibt weiterhin im Gefängnis, aber in der ehemaligen Wohnung eines Gefängniswärters darf er unbeschränkt Besucher der verschiedensten politischen Couleur empfangen.

Als Karl Radek Ende Januar 1920 nach Moskau zurückkehrt, hat er sich die nötigen Kenntnisse über Personen, Verhältnisse und Strömungen in Deutschland angeeignet, um den Sowjets als Deutschlandexperte dienen zu können. Schon im Dezember 1920 ist er wieder in Deutschland, um am Parteitag der KPD teilzunehmen, auf dem der linke Flügel der USPD unter Ernst Däumig sich den Kommunisten anschließt, die nun mit zirka 350 000 Mitgliedern die erste Massenpartei des Kommunismus außerhalb Rußlands sind. Radek fungiert als offizieller Vertreter der Exekutive der Komintern (Abkürzung für die III. Kommunistische Internationale).

Wieder in der Sowjetunion, verliert Radek als Anhänger Trotzkis 1924 seine Mitgliedschaft im Zentralkomitee. 1927 wird er aus der Partei ausgeschlossen und in den Ural verbannt, jedoch nach Unterwerfung unter die Parteilinie Stalins 1931 wieder aufgenommen.

Er ist zwischen 1931 und 1937 außenpolitischer Redakteur der „Iswestija" und arbeitet die Verfassung von 1936 aus. Im Rahmen der „Großen Säuberung" wird er erneut verhaftet und wegen Sabotage und Kontakten zu Trotzki angeklagt. Das Urteil wird am 30. Januar 1937 verkündet. Während es für die meisten seiner Mitangeklagten ein Todesurteil ist, kommt er mit zehn Jahren Gefängnis davon:

ein Anzeichen dafür, daß er unter Umständen während des Prozesses mit Stalins Ankläger zusammengearbeitet hat. Er wird in die Arktis geschickt und 1939 in einem Arbeitslager angeblich von einem kriminellen Sträfling ermordet.

Paul Levi führt die KPD nach dem Tod von Rosa Luxemburg und Karl Liebknecht. Er widersetzt sich, darin durchaus im Geist Rosa Luxemburgs handelnd, einer Entwicklung, bei der die deutsche Partei immer mehr zum bloßen Befehlsempfänger der von den Sowjets gelenkten Komintern zu werden droht.

Im Februar 1921 tritt er, übrigens zusammen mit Däumig und Clara Zetkin, als Mitglied der Zentrale zurück, bleibt aber in der Partei.

Im März 1921 beschließt die neue Parteizentrale, von den Komintern-Beauftragten Béla Kun, Pogany und Guralsky zur revolutionären Offensive gedrängt, eine Krisensituation auszunutzen und, ausgehend vom Mansfelder Kohlenrevier, einen Aufstand in Deutschland zu versuchen. Ziel ist der Sturz der damaligen Regierung Fehrenbach-Simons, nicht unbedingt die Übernahme der Macht im Staat.

Man will den Generalstreik ausrufen und rechnet damit, daß etwa zwei bis drei Millionen Arbeiter, außer den Mitgliedern der Partei, sich der Aktion anschließen werden.

Durch vorbeugende Maßnahmen der Sicherheitspolizei sehen sich die Kommunisten zum vorzeitigen Losschlagen genötigt. Die erwartete Resonanz der Massen bleibt aus. Der Aufruf zum Generalstreik wird nur hier und da befolgt. Zu ernsteren Kämpfen kommt es nur im Gebiet um Halle. Polizei und Reichswehr sind bald Herren der Lage.

Das Unternehmen endet für die Kommunisten mit einem Fiasko, etwa dreihundert Menschen kommen ums Leben. Hunderte werden verhaftet. Tausende verlieren ihren Arbeitsplatz. Die Quittung: innerhalb von drei Monaten schrumpft die Zahl der Parteimitglieder von 450 000 auf nur 180 000 zusammen.

In einer am 12. April 1921 publizierten Broschüre mit dem Titel „Unser Weg – Wider den Putschismus“ kritisiert

Levi die Politik des Aktionismus um jeden Preis, aber auch das „System der geheimen Feme". Damit sind die Abgesandten der Komintern gemeint, die seiner Meinung nach mit einer über die Grenzen Rußlands ausgedehnten Tscheka arbeiten. Wegen „groben Vertrauensbruchs und schwerer Parteischädigung" wird Levi daraufhin am 15. April aus der VKPD (Vereinigte Kommunistische Partei Deutschlands) ausgeschlossen. Levi kontert mit der Veröffentlichung von Rosas Kritik an den Anfängen der Russischen Revolution, in der der berühmte Satz von der Freiheit der Andersdenkenden steht. Er hat gehört, daß auf dem Dritten Weltkongreß der Komintern, an dem Clara Zetkin teilgenommen hat, der Plan erörtert worden ist, eine Gesamtausgabe der Schriften Rosas herauszugeben, in die der Text über die Russische Revolution nicht aufgenommen werden soll.

Vorübergehend bildet Levi mit Gesinnungsgenossen die „Kommunistische Arbeitsgemeinschaft". An Mathilde Jacob schreibt er. „Bei uns ist heute der bessere Teil dessen, mit dem man kommunistische Politik machen kann." Im April 1922 tritt er in die USPD ein und kommt nach deren Vereinigung mit der SPD im September 1922 im Mai 1924 als Abgeordneter des Bezirks Zwickau-Plauen wieder in den Reichstag, dem er zuvor schon als kommunistischer Abgeordneter angehört hat.

Im November 1923, als Hitlers Putsch in München mißlingt, warnt Levi vor der Gefahr des Nationalsozialismus und meint, daß es Hitler, dank seiner raffinierten Verbindung von nationaler und sozialer Demagogie, doch eines Tages gelingen könne, Massen, auch Teile der Arbeiterschaft, einzufangen.

Über seine Tätigkeit als Anwalt erzählt eine Mitarbeiterin: „Er ging nur ein-, zweimal die Woche aufs Gericht. Aber wenn sein Rechtsgefühl verletzt war, ging er wegen der geringfügigsten Sache, und wenn es sich um 50 Mark handelte."

Kurz ehe die zehnjährige Verjährungsfrist in den Mordfällen Rosa Luxemburg und Karl Liebknecht abläuft, erscheint in der Zeitschrift „Das Tagebuch" ein Aufsatz, in dem der damalige Untersuchungsrichter Jorns beschuldigt wird, statt zu ermitteln, die wahren Vorgänge vertuscht zu haben. Der Artikel schließt mit dem Satz: „Wie eine solche Erscheinung am obersten deutschen Gericht als Reichsanwalt fungieren kann, ist unverständlich."

Gegen den verantwortlichen Redakteur, Josef Bornstein, stellt der Oberreichsanwalt Strafantrag. Jorns selbst tritt als Nebenkläger auf. Levi übernimmt Bornsteins Verteidigung. Dabei hat er die Möglichkeit, die Akten des Mordprozesses (es sind elf Bände mit insgesamt viertausend Seiten) noch einmal einzusehen. In dreiwöchiger anstrengender Arbeit fügt er aus seinen Notizen sein Plädoyer, das den Beweis für die Beschuldigung gegen Paul Jorns erbringen soll.

Das Urteil in diesem Prozeß ist eine Sensation. Der Redakteur des „Tagebuches" wird freigesprochen. Es wird festgestellt, daß Jorns die Mörder begünstigt hat.

Jorns legt Revision beim Landgericht ein. Nach dreiwöchigem Prozeß wird Bornstein zu einhundert Mark Geldstrafe wegen „formaler Beleidigung" verurteilt. Jorns legt abermals Revision ein. Diesmal beim Reichsgericht.

Das verweist den Fall an das Landgericht zurück. Jetzt wird Bornstein zu einer Geldstrafe von fünfhundert Mark und Übernahme der Gerichtskosten des Verfahrens in vier Instanzen verurteilt. Die schweren Anschuldigungen gegen Jorns sind damit nicht widerlegt, aber er kann im Amt bleiben. Nach 1933 wird er Reichsanwalt am Volksgerichtshof Freislers. 1937 scheidet er im Pensionsalter mit einem persönlichen Dankesschreiben Hitlers aus dem Justizdienst aus.

Levi erlebt nicht mehr das Ende dieser Tragödie von Rechtsbeugung und Rechtsverdrehung.

Am dritten Verhandlungstag des zweiten Prozesses erkrankt er an einer schweren Grippe. Eine Lungenentzündung kommt hinzu. Das Fieber steigt über einundvierzig Grad. Bruchstücke der Szenen, die er im Gerichtssaal hat schildern müssen, verfolgen ihn. Gewehrkolben, zerschmetterte Schädel. Sätze wie: „Über die Brücke haben wir sie rüber befördert, einer hat gerufen: die schwimmt schon." Aus den Fieberträumen aufwachend, klagt er: „Der Zug der Toten läßt mich nicht los. Noch eine solche Nacht könnte ich nicht ertragen." In der sechsten Fiebernacht erwacht er gegen vier. Er bittet die bei ihm wachende Schwester um frischen Tee. Sie geht durch einen langen Gang zur Küche. Als sie mit dem Tee wiederkommt, ist das Bett leer. Das Fenster steht offen. Sie schreit. Die Haushälterin wacht auf, rast die Treppe hinunter.

Paul Levi liegt auf dem Pflaster des Hofes, tot, mit gebrochenem Rückgrat, hinten am Schädel eine Wunde – einige hundert Meter von der Stelle entfernt, wo elf Jahre zuvor in einer Januarnacht Rosa Luxemburg in den Kanal geworfen worden ist. (181) In einem Nachruf auf Paul Levi schreibt Carl von Ossietzky in der „Weltbühne": „Die Kommunisten taten Unrecht, ihn einen Abtrünnigen, die Sozialdemokraten, ihn einen Bekehrten zu nennen. Er war ein internationaler revolutionärer Sozialist aus Rosa Luxemburgs Schule, hat es nie verleugnet."

Mathilde Jacob ist am 13. Januar 1919 von Freikorpssoldaten vor der Redaktion der „Roten Fahne" verhaftet worden. Sie wird in das Untersuchungsgefängnis Moabit gebracht. Dort antwortete man ihr auf die Frage, was draußen los sei: „Nichts Neues. Rosa Luxemburg und Karl Liebknecht sind ermordet worden. Nun ist wieder Ruhe."

Nach ihrer Entlassung hält sie Kontakt zu Rosas Freunden. Sie besucht oft Clara Zetkin in Stuttgart. Paul Levi steht 1920/21 in der Zeit seines Konflikts mit der KPD und der Komintern im Briefwechsel mit ihr. Dann kommt Hitlers Machtübernahme. 1939 fürchtete sie, daß die von ihr aufbewahrten Briefe und Manuskripte Rosas den Nazis in die Hände fallen könnten. Durch Vermittlung der russisch-italienischen Sozialistin Angelica Balabanow übergibt sie alles Material Professor Ralph H. Lutz von der Hoover War Library, der sich damals in Deutschland aufhält. 1940 steht

Mathilde Jacobs kleines Schreibbüro immer noch unter der alten Adresse im Berliner Telefonbuch verzeichnet. Am 27. Juli 1942 wird die fast 70jährige ins Lager Theresienstadt deportiert. Dort verliert sich die Spur ihres Lebens. Es gilt als sicher, daß Rosa Luxemburgs guter Geist in einem von Hitlers Konzentrationslagern umgekommen ist.

Waldemar Pabst, ehemals Hauptmann bei der Garde-Kavallerie-Schützendivision, gibt 1959 gegenüber dem späteren Vizepräsidenten des Amtes für Verfassungsschutz, Dr. Günther Nollau, eine Erklärung ab, die dieser in einer Aktennotiz festhält. Pabst erklärt, er habe die Verhaftung von Rosa und Karl Liebknecht veranlaßt. Er habe Karl Liebknecht und Rosa Luxemburg damals in Berlin selbst sprechen hören. Er habe sich nämlich in Zivil unter das Volk gemischt. Seine Beobachtungen hätten ihn zu der Auffassung gebracht, daß die beiden außerordentlich gefährlich seien und man ihnen nichts Gleichwertiges entgegensetzen könne. Deswegen habe er sich entschlossen, diese Personen unschädlich zu machen.

X. Die Erbschaft

„Solange der Mord von Soldaten an Frauen und Kindern, Männern und Greisen im Namen von Frieden und Freiheit, von Demokratie und Sozialismus immer noch als ‚Verteidigungskrieg', ‚gerechter Krieg', ‚Polizeiaktion' usw. hingenommen wird und seinen Niederschlag in Kursnotierungen findet, wird Rosa Luxemburgs Wort von den Dividenden, die steigen, und den Proletariern, die fallen, seine blutige Aktualität bewahren."

Ossip K. Flechtheim (182)

Vor sieben Jahren, mitten in den turbulenten Ereignissen der „Wende", oder genauer gesagt: während des offensichtlichen Zusammenbruchs des realen Sozialismus in den Ländern Osteuropas, fand in Tokio ein Symposium über Rosa Luxemburg statt. (183)

Diese Tatsache allein ist erstaunlich genug. Erstaunlicher noch, daß an ihm Teilnehmer aus Deutschland, Rot-China, Südamerika, Italien und Polen sprachen und diskutierten. Und vielleicht am erstaunlichsten, daß sich unter all den Referenten und Teilnehmern kein einziger fand, bei dem angesichts der aktuellen politischen Situation der geringste Zweifel über die Bedeutung des Werkes, aber vielleicht mehr noch der persönlichen Haltung Rosa Luxemburgs für die Zukunft der Menschheit – das große Wort ist hier angemessen – laut wurde.

Erstaunlich – und nach genauerem Bedenken doch auch wieder nicht. Denn es scheint diesem Leben selbst noch in der Erinnerung ein schier unerschöpfliches Potential an Freiheit innezuwohnen. Freilich verletzt dieses auch immer wieder Macht- und Herrschaftsinteressen in den verschiedenen ideologischen Lagern.

Nicht nur die deutsche Sozialdemokratie bis zum Ende des Ersten Weltkriegs, die Mehrheitssozialdemokraten unter Ebert und Noske nach 1918, die SPD in der Bundesrepublik in der Ära des Bundeskanzlers Helmut Schmidt, sondern auch die SED im real-sozialistischen Lager der totalitären Ostblockstaaten: Sie alle haben genau deswegen ihre Schwierigkeiten mit Gedanken und Tat der Rosa Luxemburg gehabt. Ja, es hat schon im Sinn einer fröhlichen Wissenschaft seine Richtigkeit mit dem Titel jenes 1980 erschienenen Bandes der Professorin für Politische Wirtschaftslehre Christel Neusüß: „Die Kopfgeburten der Arbeiterbewegung oder Die Genossin Luxemburg bringt (immer) alles durcheinander". (184)

Wer alles seine Schwierigkeiten mit der Roten Rosa hatte

Wir wollen uns hier nicht allzu lange mit der Unterdrückung, der Kritik und der Verleumdung aufhalten, die Rosa Luxemburg im bürgerlichen, aber auch im Lager des realen Sozialismus erfahren hat. Ganz mit Schweigen übergangen werden können sie nicht, weil auch in eben diesen Konflikten die anhaltende Aktualität ihres Denkens und dessen fortwirkendes subversives Element deutlich wird.

War Rosa Luxemburg für Noske, für die Soldaten der Freikorps und später für die Nationalsozialisten ein blutrünstiges Flintenweib, war ihr Satz von der Freiheit der Andersdenkenden in der Ära der Bundesrepublik lediglich als ideologische Munition im Kalten Krieg gut, so zieht sich von Stalin und Shdanow bis Thälmann und Ulbricht auch eine Spur der Ablehnung und Denunziation im sozialistischen Lager hin. Um Herrschafts- und Unfehlbarkeitsansprüche zu untermauern, wurde der Popanz des „Luxemburgismus" aufgebaut.

Die Schwierigkeiten im sogenannten „sozialistischen Lager“ entzündeten sich vor allem an der Schrift „Zur russischen Revolution“.

Die Diskussion über diesen Text begann, wie wir gesehen haben, schon zu Rosa Luxemburgs Lebzeiten. Sie setzte sich nach ihrem Tod fort, und dabei spielte der Einwand eine wichtige Rolle, daß es sich ja eigentlich nur um einen ersten Entwurf gehandelt habe.

Paul Frölich, der die damals Beteiligten noch persönlich kannte, bestätigt, daß sich Jogiches gegen die Veröffentlichung des Fragmentes ausgesprochen habe, allerdings nach Frölichs Darstellung deshalb, weil er sich mit dem Gedanken trug, selbst ein Buch über die Russische Revolution zu verfassen.

Als Paul Levi 1922 seine Ausgabe unter dem Titel „Die Russische Revolution – eine kritische Würdigung“ publizierte, ging er von einer Abschrift des Manuskriptes aus. Das Original tauchte erst zehn Jahre nach Rosa Luxemburgs Tod wieder auf. Korrekturen und Zusätze zu Levis Text ergeben sich aus einem Aufsatz von Felix Weil im „Archiv für die Geschichte des Sozialismus und der Arbeiterbewegung“ XII (1928).

Schon früh spielte das Fragment mit den kritischen Anmerkungen zur Politik der Bolschewiki eine Rolle in der Auseinandersetzung zwischen den verschiedenen Flügeln im deutschen Kommunismus.

Es kann kein Zweifel daran bestehen, daß Levi in dieser Schrift Rosa Luxemburgs Munition für seinen Kampf gegen die Abgesandten der Komintern im Zentralausschuß der KPD sah, jene „Turkestaner“, die er 1921 anklagte, den für die Partei und ihre Anhänger so verlustreichen Mitteldeutschen Aufstand ausgelöst zu haben. Er mag sich dabei durchaus als „Testamentsvollstrecker“ von Rosa Luxemburg vorgekommen sein, zumal auch, da er, wie wir heute wissen, ihr in ihren letzten Lebensjahren emotional eng verbunden gewesen ist. Es kann aber auch keinen Zweifel geben, daß er im Sinne Rosas richtig zu handeln meinte, die der III. Internationale, zu deren Gründung sich die Bolschewiki 1918/19 anschickten, skeptisch bis ablehnend gegenüberstand. Wie Ossip K. Flechtheim schreibt: „Auch sie (Rosa Luxemburg) wollte eine neue Internationale, aber nicht als Werk der Russen, sondern als die Zusammenfassung starker revolutionärer Parteien in entscheidenden Ländern." (185)

Entsprechend wurde Paul Levis Standpunkt von moskautreuen Kommunisten scharf verurteilt.

In der Zeit zwischen 1928 und 1935 wurde Rosa Luxemburg von dogmatischen Kommunisten vorgeworfen, sie unterscheide sich nur formal von den „sozialfaschistischen Theoretikern" (Sozialfaschisten wurden damals in der Kommunistischen Partei die Sozialdemokraten genannt).

1931 griff Stalin persönlich in die Debatte um Rosa Luxemburg ein, und zwar mit einem Artikel mit der Überschrift „Fragen, die Geschichte des Bolschewismus betreffend". Darin wurde Rosa für die größte aller Sünden verantwortlich gemacht: Auf sie, nicht auf Trotzki, sollte die Theorie der permanenten Revolution zurückgehen. Stalin verfügte auch, entgegen allen vorhandenen Zeugnissen, Rosa habe Kautsky und das Zentrum der SPD 1910 erst auf Anraten Lenins angegriffen, der angeblich die Degenerationserscheinungen in der SPD weit klarer gesehen habe als sie.

Trotzki verteidigte Rosa in seinem Aufsatz mit dem Titel „Hände weg von Rosa Luxemburg", den er 1932 in Prinkipo in der Türkei schrieb und der in der Zeitschrift „The Militant" erschien.

Stalins Artikel legte für mehrere Jahrzehnte die Ansichten der sowjetrussischen Kommunisten gegenüber Rosa fest. Sie wurde zwar nie zur Unperson erklärt und aus der Geschichtsschreibung gestrichen wie so viele ihrer Zeitgenossen und Mitstreiter, aber letztlich galt „Luxemburgismus", d. h. ihre Vorstellungen von Spontaneität und die damit zusammenhängenden Aussagen über Klasse, Masse und Partei, als gefährliche Irrlehre.

In der DDR, wo 1971 im Auftrag des „Instituts für Marxismus und Leninismus beim ZK der SED" ein Grundsatzpositionen festlegendes Buch mit dem Titel „Rosa Luxemburg, ihr Wirken in der deutschen Arbeiterbewegung" von Annelies Laschitza und Günter Radczun erschien, polemisierte man vor allem gegen die Veröffentlichung des Manuskriptes „Zur russischen Revolution" durch Paul Levi 1922. (186)

In dieser Schrift heißt es:

„Levi wollte seinen Rechtsopportunismus und seinen Verrat an der KPD rechtfertigen (...) Seit der Veröffentlichung des Breslauer Manuskriptes durch Levi wird jene unvollendete Arbeit Rosa Luxemburgs von bürgerlichen und revisionistischen Vertretern immer wieder als politisches Testament gegen die kommunistische Weltbewegung und gegen den Aufbau des Kommunismus in der Sowjetunion unter Führung der KPdSU ausgegeben. Die Fälschung ist offensichtlich." (187)

Im übrigen versuchen die Autoren nachzuweisen, daß Rosa sich später in ihren Gedanken über Demokratie und Diktatur des Proletariats den Auffassungen Lenins angenähert habe. Kritisiert wird bei ihr ein subjektiver Mangel an theoretischer Erkenntnis hinsichtlich der grundlegenden Gesetzmäßigkeiten bei der Ablösung der kapitalistischen durch die neue sozialistische Gesellschaft.

Dies zielt auf eine Bestätigung der Leninschen Kritik und soll unterbinden, daß aus ihren Schriften die Begründung eines besonderen Typus des Sozialismus, des sogenannten „Demokratischen Sozialismus", wie er sich im „Prager Frühling" in der CSSR entwickelte, abgeleitet wird.

Aus dieser Einstellung heraus ist auch die sich lange verzögernde Herausgabe des Bandes 4 der Gesammelten Werke Rosa Luxemburgs in der DDR, in dem schließlich die brisanten Zitate doch nicht ganz unterschlagen werden konnten, zu verstehen.

Nach der „Wende" freilich las man es dann anders. Entschuldigend schreibt Annelies Laschitza in der 1990 im „Institut für Geschichte der Arbeiterbewegung" erschienenen Band „Rosa Luxemburg und die Freiheit der Andersdenkenden", die Herausgabe des Luxemburgschen Nachlasses habe sich „stockend und mit mehreren Unterbrechungen und vielen persönlichen Opfern der Beteiligten vollzogen", worüber künftig noch speziell zu schreiben sein werde.

Immerhin nennt die Fachfrau in Sachen Rosa Luxemburg nun auch die Gründe, die es ihrer Meinung nach den sowjetrussischen und ostdeutschen Dogmatikern so schwer machten, einer breiten Leserschaft zu erlauben, sich über die Sätze dieses Manuskriptes selbst ein Urteil zu bilden. Ausgehend von der Frage, warum sich die Kommunisten lange Zeit mit diesem Manuskript so schwer taten, gibt sie die folgende Antwort:

„Ich meine, erstens, weil der schöpferisch-kritische Geist, der Rosa Luxemburg und viele andere Marxisten auszeichnete, bald nach ihrem Tod in der kommunistischen Bewegung zwar niemals ganz, aber offiziell weitgehend, versiegte oder auf disziplinierende Weise abgetötet wurde; zweitens, weil in der Grundtendenz mit Äußerungen von Marx, Engels und besonders Lenin dogmatisch und unhistorisch umgegangen wurde; drittens, weil im Zug der Bolschewisierung der Parteien durchgesetzt wurde, daß es dafür der Abgrenzung und Ausgrenzung und später, unter der absoluten Diktatur Stalins und seiner Clique, der ideellen und physischen Vernichtung jedweder Kritik und Kritiker im Bolschewismus bedurfte; viertens, weil ein solcher politisch-ideologischer Formalismus um sich griff, daß nicht bemerkt wurde, wie die Kluft zwischen dem Bekenntnis zur Mitbegründerin der KPD, das alljährlich nicht nur zu den traditionellen Luxemburg-Liebknecht- und Lenin-Luxemburg-Liebknecht-Feiern beteuert wurde, sich zunehmend vertiefte; fünftens, weil die Einschätzungen über die Sozialdemokratie so einseitig und undifferenziert erfolgten, daß alle Persönlichkeiten, die irgendwann mit der sozialdemokratischen Bewegung in Beziehung standen, in den Verdacht des Verrats gerieten; sechstens, weil der Kampf gegen ‚Luxemburgismus' ideologischer Bestandteil des unmenschlichen Herrschaftssystems des Stalinismus war, zur Unterdrückung vieler Ansätze objektiver Untersuchungen und Beurteilungen von Vorgängen und Akteuren in der Geschichte der Arbeiterbewegung führte und in seiner Wirkung kaum Unterschiede zwischen Rosa Luxemburgs Leistungen und dem ‚Luxemburgismus' erkennen ließ; siebentens, weil generell nicht freimütig und offen und ohne diskriminierende Folgen über theoretische Probleme wie das Verhältnis von Partei, Klasse, Masse, Spontaneität und Bewußtsein, Reform und Revolution, Demokratie und Sozialismus diskutiert wurde und kontroverse Meinungen keine Toleranz erwarten durften." (188)

Dazu sind einige kommentierende Sätze nötig, zumal ja auch klargeworden sein sollte, wie lange die Zustände in der DDR die Rosa-Luxemburg-Rezeption und insbesondere die Diskussion über diesen Text blockierten: Ihre Selbstkritik und das Eingeständnis von Unterlassungen ehrt die Kommentatorin und Mitherausgeberin der Gesammelten Briefe Rosa Luxemburgs; eine andere Frage ist freilich, ob bei allem Risiko, das man dabei gewiß hätte eingehen müssen, eine solche Analyse nicht schon vor der „Wende" möglich, aber bestimmt notwendig und nützlich gewesen wäre.

Ganz allgemein muß man gegenüber den Verwaltern des Werkes der Rosa Luxemburg in der DDR kritisch anmerken, daß sie die Ethik dieser Sozialistin entweder nie verstanden oder sie verraten haben. Das wird gerade auch dann deutlich, wenn man die noch bei kompliziertesten Tatbeständen klare und offene Sprache Rosa Luxemburgs mit der ihrer Herausgeber, Biographen und Kommentatoren aus den Reihen der SED vergleicht.

Schon erwähnt wurde, daß es andererseits in der Bundesrepublik Deutschland Politiker gegeben hat, die Zitate aus den Schriften Rosa Luxemburgs zu antikommunistischer Propaganda im „Kalten Krieg" zu benutzen suchten.

Die tendenziell-polemische Instrumentalisierung des Werkes Rosa Luxemburgs hüben und drüben hat sich dialektisch bedingt. Politische Emanzipation – im weitesten Sinn des Wortes verstanden – hat es in Deutschland nie leicht gehabt.

Nach dem Zusammenbruch der kommunistischen Ostblockstaaten hat dann Annelies Laschitza ihre persönliche Wende mit der Schrift „Rosa Luxemburg und die Freiheit der Andersdenkenden" (189) und in dem Aufsatz „Zum Umgang mit Rosa Luxemburg in Vergangenheit und Gegenwart" (190) rasch vollzogen. Sie schreibt erklärend über die Zwänge in der Zeit der DDR:

„Wir verzichteten damals allerdings darauf, öffentlich zum bisherigen Umgang mit Luxemburg in der KPD, in der Komintern und in der SED kritisch Stellung zu nehmen. Da Fehlerdiskussionen grundsätzlich unerwünscht waren, unterbunden und im speziellen Fall ‚Rosa -Luxemburg – Rezeption' direkt untersagt wurden, ließen wir uns auf diese ‚Unterlassungssünde' ein." (191)

Im Vorwort zu der neuen Ausgabe der Schrift „Zur russischen Revolution" mit dem Titel „Rosa Luxemburg und die Freiheit der Andersdenkenden" (1990) heißt es, der nun mitgelieferte Nachdruck des Kommentars von Paul Levi aus der zunächst von der Partei verdammten Erstveröffentlichung im November 1920, „möge die Auseinandersetzung mit der entsetzlichen Verletzung demokratischer Prinzipien bis in die jüngste Vergangenheit unterstützen und die Richtung der kritischen Überwindung eigener Interpretationsschwächen anzeigen". (192)

Der Autor des vorliegenden Buches hielt sich im Rahmen eines damals praktizierten deutsch-deutschen Kulturaustausches während der Feiern zum 40. Jahrestag der DDR in Berlin, Leipzig, Güstrow und Hoyerswerda auf. Seine damaligen Erfahrungen und Gespräche bringen ihn zu der These, daß zu dem endgültigen Zusammenbruch des Systems der DDR untergründig gerade jene Sätze Rosa Luxemburgs, die man im Zentralkomitee der SED zu verdrängen oder zu bagatellisieren trachtete, nicht wenig beigetragen haben: *Freiheit nur für die Anhänger der Regierung, nur für Mitglieder einer Partei – mögen sie noch so zahlreich sein – ist keine Freiheit. Freiheit ist immer Freiheit der Andersdenkenden.* (193)

Rufe wie "Das Volk sind wir, gehen sollt ihr!" oder „Unbekrenzte Macht den Räten" speisten sich, ob dies die Rufer nun wußten oder nicht, aus der Vorstellungswelt einer Rosa Luxemburg. Doch eine Betrachtung jener „unblutigen Revolution" im November 1989 unter dem Gesichtspunkt der politischen Funktion der Massen, wie sie die Luxemburg verstand, steht noch aus.

Eine facettenreiche Persönlichkeit

Die Beschäftigung mit Rosa Luxemburgs Leben und Werk ist unter einer Vielzahl von Aspekten möglich.

Ihre Schriften und ihr Handeln könnten deutlich werden lassen, was demokratischer Sozialismus im Gegensatz sowohl zu einer staatssozialistischen wie auch zu einer spätbürgerlich-privatkapitalistisch-imperialistischen Gesellschaftsordnung heißt, und zwar nicht nur theoretisch. Diese Frau hat ihr Leben lang für das gekämpft, was Marx der Negation des Privateigentums als positiven Wert gegenüberstellte, nämlich die „wirkliche Aneignung des menschlichen Wesens durch und für den Menschen".

Rosa Luxemburg war eine scharfzüngige und radikale Rednerin. Sie war eine Parteijournalistin, die wie kaum eine andere Hohn und Spott über ihre Gegner im eigenen und im bürgerlichen Lager ausschütten konnte. Sie war auch jene „schöne Seele", die manche Leute allein an ihr bewundern. Diese verweisen dann auf bestimmte Briefe an ihren Geliebten Leo Jogiches oder auf jene Zeilen aus dem Gefängnis, in denen ihre Empörung über einen geschundenen Büffel zur Metapher für die Betroffenheit über menschliche Grausamkeit gegenüber jeglicher Kreatur wird. Tatsächlich sind das aber nur zwei Seiten dieser vielseitigen Person. Sie war aber auch eine konsequente Revolutionärin, die schreiben konnte: *Geschändet, entehrt, im Blute watend, von Schmutz triefend – so steht die bürgerliche Gesellschaft da, so ist sie. Nicht wenn sie, geleckt und sittsam, Kultur, Philosophie und Ethik, Ordnung, Frieden und Rechtsstaat mimt – als reißende Bestie, als Hexensabbat der Anarchie, als Pesthauch für Kultur und Menschheit, so zeigt sie sich in ihrer wahren, nackten Gestalt.* (194)

Ein Satz, geschrieben aus Erfahrung, in und mit der Sozialdemokratie den Ersten Weltkrieg nicht verhindern zu können, ein Satz, der kassandrisch in unsere Gegenwart hinüber klingt, wenn wir die Vorgänge auf dem Balkan, in Nordirland, in Spanien, Belgien, in Zentralafrika, im Mittleren Osten oder in Kambodscha wahrnehmen.

Man sollte auch Äußerungen wie diese aus ihren theoretischen Schriften nicht unterschlagen, daß nämlich der Kapitalismus entweder eine Vorstufe zum Sozialismus oder der Vorhof zur endgültigen Barbarei sein werde. In der „Junius-Broschüre" schreibt Rosa:

Friedrich Engels sagt einmal: Die bürgerliche Gesellschaft steht vor einem Dilemma, entweder Übergang zum Sozialismus oder Rückfall in die Barbarei. Was bedeutet ein „Rückfall in die Barbarei" auf unserer Höhe der europäischen Zivilisation? Wir haben wohl alle die Worte bis jetzt gedankenlos gelesen und wiederholt, ohne ihren furchtbaren Ernst zu ahnen. Ein Blick um uns in diesem Augenblick zeigt, was ein Rückfall der bürgerlichen Gesellschaft in die Barbarei bedeutet. Dieser Weltkrieg – das ist ein Rückfall in die Barbarei. Der Triumph des Imperialismus führt zur Vernichtung der Kultur. (195)

Dies heute lesend, fragt man sich, wie Rosa Luxemburg wohl den Zustand der Welt gegen Ende des 20. Jahrhunderts gekennzeichnet hätte. Auch wenn es uns nach den Erfahrungen mit dem „realen Sozialismus" schwerfällt, an den Sozialismus als Alternative zur Barbarei zu glauben, müssen wir doch auch feststellen, daß die Barbarei sich ausbreitet, daß sie Dimensionen angenommen hat, von denen Rosa Luxemburg noch nichts ahnte.

Warum klingen dennoch diese Sätze so aktuell, so als seien sie als Mahnung für hier und heute gesprochen?

Nun, neben anderem hat das wohl auch etwas mit Rosa Luxemburgs ethischem Rigorismus und mit ihrer Fähigkeit zu tun, Worte so zu setzen, daß sie unfehlbar zünden. Sie war unter anderem die umfassend gebildete Verfasserin stilistisch brillanter Aufsätze über Tolstoi und Adam Mickiewicz; sie war die einfühlsame und kundige Übersetzerin des Werkes Korolenkos, in dessen Einleitung sie sich als enthusiastische Vermittlerin kulturellen Erbes und humanistischer Tradition erweist.

Es ist bezeichnend für die Vorurteile, die Rosa Luxemburg in Deutschland entgegengebracht wurden, daß ein Franzose, Gilbert Batia, kommen mußte, um auf ihre besondere Leistung als hervorragende Stilistin deutscher Prosa hinzuweisen.

Wer dieses Urteil überprüfen möchte, lese nur einmal – je nach Interesse – ihre „Einführung in den zweiten und dritten Band des ‚Kapitals'", das Vorwort zu Korolenko oder die „Junius-Broschüre", alles auch heute noch faszinierende und Denkanstöße gebende Texte. (196)

Die Vielseitigkeit ihrer Fähigkeiten und Interessen ist erstaunlich und ermutigend in einer Zeit, da die meisten Menschen ihre Un-Bildung aus dem Fernsehen oder aus Boulevardzeitungen beziehen.

Rosa Luxemburg hat gemalt, gezeichnet, sie hatte ein ausgeprägtes Interesse für Botanik und Zoologie. Immer wieder in ihren Briefen stoßen wir auf Zeugnisse darüber, welchen Wert für sie die Erscheinungen der Natur besaßen.

Höchst aktuell sind ihre gewissenhaften Reaktionen auf die Haltung Europas und Amerikas gegenüber der Dritten Welt, ihre Empörung über die systematische Verdrängung und Austilgung von Naturvölkern.

Auf die Klagen einer Freundin beispielsweise über die vorurteilsvolle Behandlung von Juden in Deutschland antwortete sie:

Was willst Du mit den speziellen Judenschmerzen? Mir

sind die armen Opfer der Gummiplantagen in Putumayo, die Neger in Afrika, mit deren Körper die Europäer Fangball spielen, ebenso nahe. (197)

Auf die für ihre Epoche ungemein fortschrittliche Betrachtungsweise des Problems der Dritten Welt hat Narihiko Ito hingewiesen, indem er den Unterschied in der Methode und Erkenntnis von „Welt" bei den Theoretikern der SPD vor dem Ersten Weltkrieg und bei Rosa Luxemburg analysierte. Er schreibt:

„Für Bernstein zum Beispiel bedeutete die ‚Welt' damals eine Welt, die mit Europa als Zentrum der Erdkugel betrachtenden Augen gesehen wurde. Deswegen konnte er solche Auffassungen vertreten, daß der Kapitalismus sich noch weiter kräftig entwickeln und sich allmählich in den Sozialismus ändern würde oder daß der Kolonialismus eine Mission der Länder der höchstentwickelten Zivilisation sei.

Für (die) Luxemburg bedeutete aber die ‚Welt' buchstäblich die ganze Erdkugel, wovon Europa nur ein Teil ist." (198)

Sie beharrte auf dem Wert der Individualität des Menschen, versuchte sich vor Scheinautorität und Herrschsucht zu bewahren.

Angesichts der Vielschichtigkeit ihrer Persönlichkeit überwiegt in Deutschland immer noch die einseitige Stilisierung, entweder hin zur Propagandistin des Terrors, zum hemmungslosen Flintenweib oder zum ornithologischen Feingeist.

Wem es darum ginge, den in Deutschland weit zurückreichenden Wurzeln von Antisemitismus und Fremdenhaß nachzuspüren, fände allein in der Reaktion der damaligen bürgerlichen Presse auf diese Frau umfangreiches Beweismaterial.

So fragt 1905 die „Konservative Korrespondenz":

„Weshalb läßt man die Aufruhr predigende galizische Jüdin ins Land? Man spediere diese Person doch dahin, woher sie gekommen ist, nach dem ‚in Freiheit' schwelgenden Rußland."

Das sind Töne, die uns heute sehr vertraut klingen.

Freilich ist auch vor der vordergründigen Deutung bestimmter, aus dem Zusammenhang gerissener Äußerungen Rosa Luxemburgs in Hinblick auf unsere Tagespolitik zu warnen.

Man muß Rosa Luxemburg immer auch im Kontext der Zeit, in der sie lebte, sehen. Dann wird man verstehen, daß bewußte oder unbewußte Fehlinterpretationen aus diesem oder jenem ideologischen Lager Versuche sind, Rosa Luxemburgs Denken nicht als ein exemplarisch kritisch-veränderndes Denken zu begreifen, sondern es affirmativ für diese oder jene Machtposition in Dienst zu nehmen.

Eine ihrer Biographinnen, Elzbieta Ettinger, hat im Vorwort zu ihrem Buch geschrieben:

„Während es sehr wohl möglich ist, die ökonomischen und politischen Schriften unabhängig von dem persönlichen Leben Rosa Luxemburgs zu analysieren, ist es nicht möglich, ihr persönliches Leben darzustellen und ihre Arbeiten zu ignorieren." (199)

Gerade die Verbindung von Denken und Handeln, das Beharren darauf, daß sich Erkenntnis auch in der eigenen Existenz verwirklichen läßt, daß das „Aussein auf Glück" auch für das Individuum gelten müsse, sind Eigenschaften dieses Lebens, an die es zu erinnern und die es gegenüber der Politik heute einzuklagen gilt.

Folgt man Rosa Luxemburg zurück in ihre Zeit und ihr Leben, so wird man eine Frau kennenlernen, bei der sich, unbeirrt durch die Handicaps ihrer Körperlichkeit und den Benachteiligungen ihres Geschlechts durch eine von Männern beherrschte Welt, Klarheit, Leidenschaft und Vitalität mit Kritikvermögen und sozialer Sensibilität verbinden. Sie war eine Frau, die sich unermüdlich und mutig für die Verwirklichung und Verteidigung von Menschlichkeit einsetzte und auch in „finsteren Zeiten" nicht bereit war, aufzugeben, zu fliehen oder zu kapitulieren.

Als Kostja Zetkin angesichts der Haltung der SPD im August 1914 zu resignieren droht, schreibt sie in einem Antwortbrief:

Über Dein „Austreten aus der Partei" habe ich gelacht. Du großes Kind, willst Du vielleicht aus der Menschheit auch „austreten"? Über geschichtliche Erscheinungen von diesem Maßstab vergeht einem jeder Ärger, und es bleibt nur Platz für kühle Überlegung und hartnäckiges Handeln. (200)

Oder wenn sie, selbst im Gefängnis, aufmunternd an ihre Freundin Luise Kautsky schreibt:

... wenn die gesamte Welt aus den Fugen geht, dann suche ich nur zu begreifen, was und weshalb es passiert ist, und hab' ich meine Pflicht getan, dann bin ich weiter ruhig und guter Dinge. Ultra posse nemo obligatur. (Niemand ist verpflichtet, mehr zu tun, als er kann). Und dann bleibt mir noch alles, was mich sonst erfreute: Musik und Malerei und Wolken und das Botanisieren im Frühling und gute Bücher und Mimi und Du und noch manches – kurz ich bin steinreich und gedenke es bis zum Schluß zu bleiben. Dieses völlige Aufgehen im Jammer des Tages ist mir überhaupt unbegreiflich und unerträglich. Schau z. B., wie ein Goethe mit kühler Gelassenheit über den Dingen stand. Denk doch, was er erleben mußte: die Große Französische Revolution, die doch aus der Nähe gesehen sicher wie eine blutige und völlig zwecklose Farce sich ausnahm, und dann 1793 bis 1815 eine ununterbrochene Kette von Kriegen. (...) Ich verlange nicht, daß Du wie Goethe dichtest, aber seine Lebensauffassung – den Universalismus der Interessen, die innere Harmonie – kann sich jeder anschaffen oder wenigstens anstreben. Und wenn Du etwa sagst: Goethe war eben kein politischer Kämpfer, so meine ich: Ein Kämpfer muß erst recht über den Dingen zu stehen suchen, sonst versinkt er mit der Nase in jedem Quark. (201)

Allein in diesem Sinn ist ihre Haltung als Person, sind die Aussagen ihrer Schriften von bleibender Aktualität. Sie sind ethische Anweisungen und Ermutigungen für den uns allen aufgegebenen Versuch, uns selbst und andere zu emanzipieren.

Daß kritisches Denken und Handeln bei Rosa Luxemburg im Sinn einer Lebensaufgabe verstanden wurde, beweisen Sätze wie die folgenden aus einem Brief an eine Freundin:

Mensch sein ist vor allem die Hauptsache. Und das heißt: fest und klar und heiter sein, ja, heiter trotz alledem und alledem, denn das Heulen ist Geschäft der Schwäche. Mensch sein, heißt sein ganzes Leben „auf des Schicksals große Waage" freudig hinwerfen, wenn's sein muß, sich zugleich aber an jedem hellen Tag und jeder schönen Wolke freuen, ach, ich weiß keine Rezepte zu schreiben, wie man Mensch sein soll, ich weiß nur, wie man's ist. (202)

Emanzipation als Zukunftsperspektive

Versuchen wir hier am Schluß zu überlegen, in welchen Bereichen und Problemfeldern Rosa Luxemburgs Handeln und Denken auch in der Zukunft von Bedeutung sein könnten. Ich meine, es sind vor allem ihre gelebte ethische Haltung und die postulierten Forderungen, die in diesem Zusammenhang genannt werden müssen.

Ja, in Rosa Luxemburgs Werk stecken auch praktikable und pragmatische Antworten auf die Frage: „Wie leben heute?"

Als Frau, und angesichts der Erfahrungen ihrer Schwierigkeiten mit den Männern in einer weitgehend von patriarchalischen Strukturen geprägten Partei, war ihr die tatsächliche Gleichberechtigung der Geschlechter eine Selbstverständlichkeit, ihr Kampf für die Gleichberechtigung der Frau darum ein Teil ihres allgemeinen Kampfes gegen Ausbeutung und Unterdrückung.

Eindrucksvoll und anspruchsvoll ist ihre Haltung in ihren persönlichen Beziehungen zu Freundinnen, Freunden und Geliebten. Dazu heißt es:

Mein Mitleid wie meine Freundschaft haben eine ganz bestimmte Grenze: Sie enden haarscharf dort, wo die Gemeinheit beginnt. Meine Freunde müssen nämlich ihre Rechnungen in sauberer Ordnung haben, und zwar nicht nur im öffentlichen, sondern auch im privaten und privatesten Leben. (203)

Solche moralische Geradlinigkeit und Unbedingtheit bleibt aber nicht etwa auf den privaten und privatesten Bereich beschränkt.

Aber Rosa Luxemburg wußte auch, Gefühle reichen nicht aus. Wenn man das Unrecht aufheben will, muß man den Gesetzmäßigkeiten, die das Unrecht bedingen, auf die Spur kommen.

Sie behauptet: *Die Menschen machen ihre Geschichte nicht aus freien Stücken. Aber sie machen sie selbst.* (204)

Auch auf die Frage, wie denn die Menschen, die dieser Forderung genügen, aussähen, gibt sie Antwort: Es wären Menschen, die Zivilcourage beweisen und für diese Tugend persönliche Opfer zu bringen bereit sind.

Ebenfalls aus Rosa Luxemburgs Schriften herauslesen läßt sich die Warnung, daß aus einer Arbeiterpartei oder Gewerkschaft bürokratische Herrschaftsgebilde hervorgehen könnten, die ihrerseits vor allem der Bildung und Herrschaft einer Funktionärsklasse und der Unterdrückung des Menschen durch den Menschen dienen. Die Mittel dagegen, die sie empfiehlt, sind Achtsamkeit, Offenheit, Widerspruch gegen sich unfehlbar aufspielende Autoritäten, Lob des Zweifels, Streit der Ideen und Meinungen als Weg, um der Wahrheit näher zu kommen. So wird das freilich utopische Bild einer Gesellschaft entworfen, in der – wie es im „Kommunistischen Manifest" heißt – die freie Entwicklung eines jeden die Bedingung für die freie Entwicklung aller ist.

Peter Nettl fordert in seiner Biographie dazu auf, Rosa Luxemburgs Bedeutung „als selbständige politische Denkerin außerhalb des Kontextes und der Organisation des Marxismus zu erkennen".

„Wo immer ernsthaft die Geschichte der politischen Ideen gelehrt wird", fährt er fort, „da müssen auch ihre Ideen genannt werden. Obwohl sie selbst sich uneingeschränkt zum Marxismus bekannte, behalten ihre Ideen über seinen Rahmen hinaus Gültigkeit. Denn ihr Programm war im Grunde moralischer [ethischer? F. H.] Natur; sie sah in der sozialen Revolution – und der sozialistisch-revolutionären Aktivität – nicht nur die Erfüllung der Gesetze des dialektischen Materialismus, sondern die Befreiung der Menschheit. Rosa Luxemburg predigte vor allem Teilnahme der Massen, nicht nur passive Entgegennahme von Wohltaten aus den Händen siegreicher Eliten. Und Teilnahme ist das Problem, das die meisten politischen Analytiker und Aktivisten, Marxisten wie Bürgerliche, noch heute beschäftigt." (205)

Diesen Sätzen, vor drei Jahrzehnten geschrieben, wäre nur hinzuzufügen, daß, neben der Frage nach der demokratischen „Teilnahme", die Frage der sozialen Gerechtigkeit weiter gestellt bleibt.

Die Intensität, mit der Rosa Luxemburg diese Werte in ihrem Leben zu verwirklichen trachtete, drückt sich aus in dem Satz: *„Man sollte sein wie eine Kerze, die an beiden Enden brennt!"* (206)

Zeittafel

1870:	5. März oder 25. Dez.:	Rosalia Luxemburg in Zamość (Russisch-Polen) geboren. (Das Geburtsjahr ist unsicher. Möglich ist auch 1871.)
		Zeitweilige proletarische Regierung der Kommune in Paris.
		Bismarck ruft Wilhelm I. zum Deutschen Kaiser aus.
1873:		Die Familie Luxemburg kommt nach Warschau.
1880:		Rosa tritt in das Zweite Warschauer Mädchengymnasium ein.
		Kölner Dom vollendet.
		Wildwestshow Buffalo Bills in Europa.
1882:		Pogrome in Warschau
1887:	14 Juni:	Abiturzeugnis des Gymnasiums für Rosa Luxemburg
1888:		In Polen: Gründung der Partei „Proletariat II" durch Kulczycki und Marcin Kasprzak in Warschau.
		Rosa Luxemburg ist über die geheimen Schülerzirkel für polnische Sprache zur Politik gekommen. Sie engagiert sich in dieser Partei.
		Krupp-Werke in Deutschland haben 21 000 Beschäftigte.
1889:		Flucht Rosas aus Polen nach Zürich.
	18. Febr.:	Polizeiliche Anmeldung in Zürich-Oberstraß.
1890/91:		Immatrikulation an der Philosophischen Fakultät der Universität Zürich.
		Wilhelm II. entläßt Bismarck. Ende der Sozialistengesetze (seit 1878) in Deutschland.
1892/93:		Beginn der Beziehung zu Leo Jogiches.
		Wechsel Rosa Luxemburgs an die juristische Fakultät (Sozialwissenschaften).
1893:		Rosa Luxemburgs Mandat wird auf dem Internationalen Sozialistischen Kongreß in Zürich nicht anerkannt.
		Gründung der polnischen sozialdemokratischen Zeitschrift „Sache der Arbeiter" in Paris.

1894:		Erster (illegaler) Parteitag der Sozialdemokratie des Königreiches Polen.
		Wiederholte Reisen und längere Aufenthalte Rosa Luxemburgs in Paris. Recherchen in der Nationalbibliothek für ihre Doktorarbeit.
		Der jüdisch-französische Offizier Dreyfus wird wegen angeblichen Landesverrats verurteilt und deportiert.
1895:	21 Okt.:	Urlaubsaufenthalt mit Leo Jogiches in der Pension „Bürki" in Blonay-sur-Vevey.
1896:		Begegnung mit führenden Sozialisten in Paris.
		Teilnahme am Internationalen Sozialistenkongreß in London.
1897:	Mai:	Rosa Luxemburg promoviert mit magna cum laude zum Doctor juris publici et rerum cameralium.
		Tod ihrer Mutter.
1898:	19. April:	Rosa Luxemburg geht, um die deutsche Staatsbürgerschaft zu erhalten, eine Scheinehe mit Gustav Lübeck in Basel ein.
		Tod Bismarcks.
		Emile Zola veröffentlicht seinen offenen Brief „J'accuse!", in dem er gegen das Urteil im Fall Dreyfus protestiert.
	Mai:	Rosa Luxemburg geht nach Berlin.
		Chefredakteurin der „Sächsischen Arbeiter-Zeitung" in Dresden.
		Teilnahme am SPD-Parteitag in Stuttgart.
	2. Nov.:	Rücktrittsangebot als Chefredakteurin.
1899:		Erste Agitationsreise für die SPD in Oberschlesien.
	Juli:	Reise zu Leo Jogiches nach Zürich.
	Oktober:	Teilnahme am SPD-Parteitag in Hannover.
	Ende Dez.:	Agitationsreise nach Oberschlesien.
1900:		Teilnahme am Internationalen Sozialistenkongreß in Paris.
		Tod des Vaters.
	Sept.:	Teilnahme am SPD-Parteitag in Mainz.
1901:		Teilnahme am SPD-Parteitag in Lübeck.
		Verurteilung wegen öffentlicher Beleidigung zu 100 M. Geldstrafe.

1902:	Frühjahr:	In Berlin Umzug nach Friedenau, Cranachstr. 58.
1903:		Scheidung der Ehe mit Lübeck.
		Erneute Agitationsreise in den Osten des Deutschen Reiches.
		Die SPD gewinnt über 3 Millionen Stimmen gegenüber 1,9 Millionen für die Partei des „Zentrums". Auf das Zentrum entfallen durch das Dreiklassen-Wahlrecht 100 Mandate, auf die SPD aber nur 81.
		Teilnahme am SPD-Parteitag in Dresden. Der Revisionismus wird verurteilt.
		Parteitage in Brüssel und London, auf denen sich die russischen Sozialdemokraten in Bolschewiki (Mehrheit) und Menschewiki (Minderheit) spalten.
1904:	August:	Teilnahme am Internationalen Sozialistenkongreß in Amsterdam.
		Beginn des Russisch-Japanischen Krieges.
		Weltbund für Frauenstimmrecht in London gegründet.
		Lenin veröffentlicht *Ein Schritt vorwärts, zwei Schritte zurück* (Schrift gegen die Menschewiki).
		Rosa Luxemburg in Zwickau für kurze Zeit in Haft.
1905:	Anf. Nov.:	Einstellung als Redakteurin beim „Vorwärts".
	29. Dez.:	Beginn der Revolutionsreise: Berlin, Thorn, Warschau.
1906:		Im Deutschen Reich wird die Wehrdienstpflicht auf zwei Jahre festgesetzt.
		Verhaftung Rosa Luxemburgs in Warschau. Haft zunächst im Gefängnis des Warschauer Rathauses, dann Überführung ins Pawiak-Gefängnis und schließlich in die Warschauer Festung.
	Anfang	Freilassung gegen Kaution (bezahlt von der SPD).
	August:	Reise nach Kuokkala, Finnland.
		Parteibesuche aus und nach St. Petersburg.
	Sept.:	Teilnahme am SPD-Parteitag in Mannheim.
		Rosa Luxemburgs Schrift *Massenstreik, Partei und Gewerkschaft* erscheint als Manuskript gedruckt.

1907:	1. Okt.:	Rosa wird Dozentin an der Parteischule der SPD in Berlin.
		Liebesbeziehung zu Kostja Zetkin. Bruch mit Leo Jogiches.
1908:		Teilnahme am SPD-Parteitag in Nürnberg.
1909:		*Einführung in die Nationalökonomie* erscheint in acht Broschüren und als Buch.
1910:	August:	Teilnahme am Internationalen Sozialistenkongreß in Kopenhagen.
1911:	Herbst:	Umzug nach Berlin-Südende, Lindenstraße 2.
		Teilnahme am SPD-Parteitag in Jena.
		Diskussion über drohende Kriegsgefahr wegen der sogenannten Marokkokrise.
		Bebel wirft Rosa Luxemburg wegen ihrer Polemik in der Marokko-Frage „Indiskretion, Illoyalität und Bruch der Parteidisziplin" vor.
1912:		Teilnahme am Außerordentlichen Internationalen Sozialistenkongreß in Basel.
1913:	Sept.:	Teilnahme am SPD-Parteitag in Jena.
		Rosa Luxemburgs Hauptwerk *Die Akkumulation des Kapitals* erscheint.
		Geheimschreiben des Berliner Polizeipräsidenten an die Münchner Polizeidirektion, in dem diese vor Rosa Luxemburg gewarnt wird.
		August Bebel stirbt.
1914:	20. Febr.:	Rosa Luxemburg wird in Frankfurt am Main zu einem Jahr Gefängnis verurteilt.
	Juli:	Teilnahme an der Sitzung des Internationalen Sozialistischen Büros in Brüssel.
	1.–3. Aug.:	Das Deutsche Reich erklärt Rußland und Frankreich den Krieg. Ausbruch des Ersten Weltkrieges.
	3. August:	14 Abgeordnete der SPD-Fraktion, darunter H. Haase, G. Ledebour und K. Liebknecht stimmen gegen die Bewilligung der Kriegskredite, beugen sich aber schließlich dem Beschluß der Mehrheit in der Fraktion und stimmen diesem dann doch zu.
1915:		Dezember bis Mitte Januar Aufenthalt Rosa Luxemburgs im Auguste Victoria-Krankenhaus in Berlin.
	18. Febr.:	Rosa wird zwecks Strafantritt verhaftet.

		Deutsche Luftschiffe greifen London an.
		Winterschlacht in den Masuren. Russische Armee vernichtet,
		Westrußland von deutschen Truppen besetzt.
1916:		Rosa Luxemburg von Februar bis Juli in Freiheit, dann Sicherheitshaft, erst auf dem Berliner Polizeipräsidium, dann im Frauengefängnis Barnimstraße. Ab Oktober: Festung Wronke, Provinz Posen.
		Die *Junius-Broschüre* erscheint.
		Schlacht an der Somme in Frankreich. Seeschlacht im Skagerak mit schweren Verlusten auf britischer und deutscher Seite.
		Die *Spartakusbriefe* erscheinen.
1917:		Februarrevolution in Rußland. Konstitutionelle Demokraten (Liberale) bilden die erste Provisorische Regierung.
	März:	Abdankung des Zaren.
	Sept.:	Trotzki wird Präsident des Petrograder Sowjets.
	25. Okt.:	Bolschewistische Revolution in Rußland.
	27. Okt.:	Bildung einer provisorischen Arbeiter- und Bauernregierung in Rußland (Rat der Volkskommissare). Präsident wird Lenin, Außenminister wird Trotzki.
		Dr. Hans Diefenbach fällt in Frankreich.
		Gründung der USPD in Deutschland.
		Rosa Luxemburg im Strafgefängnis in Breslau. Verschlimmerung ihres nervösen Magenleidens.
		Rosa Luxemburg verfaßt Übersetzung von und Einleitung zu Wladimir Korolenkos *Die Geschichte meines Zeitgenossen.*
1918:	Januar:	Errichtung der Russischen Sozialistischen Föderativen Sowjetrepublik.
	März:	Vertrag von Brest-Litowsk zwischen Rußland und Deutschland und dessen Verbündeten.
		Rosa Luxemburg verfaßt die Schrift *Zur russischen Revolution.*
	Mai:	Bürgerkrieg in Rußland.
	Juli:	Ermordung der russischen Zarenfamilie in Jekaterinenburg.
		Novemberrevolution in Deutschland.

		Abdankung des Kaisers.
	9. Nov.:	Haftentlassung Rosa Luxemburgs in Breslau. Sie reist nach Berlin.
	Nov./ Dez.:	Arbeit Rosa Luxemburgs bei der Redaktion der „Roten Fahne“.
	14. Dez.:	Programm des Spartakusbundes.
	15. Dez.:	Generalversammlung der USPD.
	29. bis 31. Dez.:	Teilnahme am Gründungsparteitag der KPD.
1919:	Anf. Jan.:	Demonstrationen der Berliner Arbeiterschaft nach Absetzung des Polizeipräsidenten Eichhorn, sogenannter Spartakus-„Aufstand“.
	15. Jan. abends:	Verhaftung Rosa Luxemburgs und Karl Liebknechts in Berlin-Wilmersdorf. Mißhandlung im Eden-Hotel. Ermordung von Rosa Luxemburg und Karl Liebknecht durch Soldaten des Freikorps.
	31. Mai:	Die Leiche Rosa Luxemburgs wird in Berlin aus dem Landwehrkanal geborgen.
	13. Juni:	Beisetzung Rosa Luxemburgs in Berlin-Friedrichsfelde.

Bibliographie

1. Werke:

Rosa Luxemburg: Gesammelte Werke, Bd. 1–5, Berlin 1970–1974. (Ein Band 6 mit allen polnischen Schriften steht noch aus.)

Rosa Luxemburg: Gesammelte Briefe, Bd. 1–6, Institut für Marxismus-Leninismus beim ZK der SED, Leitung der Redaktion Annelies Laschitza und Günter Radczun, Berlin 1982–1993

Rosa Luxemburg: Briefe – Herzlichst Ihre Rosa, Ausgewählte Briefe, herausgegeben von Annelies Laschitza und Georg Adler, Berlin 1989

Rosa Luxemburg: Schriften über Kunst und Literatur, Dresden 1972

Rosa Luxemburg und die Freiheit der Andersdenkenden, Extraausgabe des unvollendeten Manuskriptes „Zur russischen Revolution" und anderer Quellen zur Polemik mit Lenin. Zusammengestellt und eingeleitet von Annelies Laschitza, Berlin 1974

Rosa Luxemburg: Briefe an Leo Jogiches, eingeleitet von Feliks Tych, Frankfurt/Main 1971, (Titel der polnischen Ausgabe: Róza Luksemburg, Listy do Leona Jogichesa -Tyszki 1968/71)

Rosa Luxemburg: Vive la lutte! Correspondance 1891–1914, textes réunis, traduits et annotés sous la direction de Georges Haupt par Claudie Weill, Irène Petit, Gilbert Badia, Paris 1974

Rosa Luxemburg: Ich umarme Sie in großer Sehnsucht, Briefe aus dem Gefängnis 1915 bis 1918, herausgegeben von Narihiko Ito, Berlin – Bonn 1980

2. Biographien:

Ettinger, Elzbieta: Rosa Luxemburg – A Life, London 1988

Frölich, Paul: Rosa Luxemburg. Gedanke und Tat. Nachwort von I. Fetscher, Frankfurt/Main 1973

Gallo, Max: Rosa Luxemburg. Eine Biographie. Aus dem Französischen von Birgit Kaiser, Zürich 1993

Hetmann, Frederik: Rosa Luxemburg und ihre Zeit, Weinheim und Basel 1976

Hetmann, Frederik: Rosa Luxemburg – Ein Leben für die Freiheit, Reden – Schriften – Briefe. Ein Lesebuch, Frankfurt/Main 1980

Hirsch, Helmut: Rosa Luxemburg, rororo-bild-monographien, Reinbek bei Hamburg 1969

Laschitza, Annelies u. Radczun, Günter: Rosa Luxemburg. Ihr Wirken in der deutschen Arbeiterbewegung, Frankfurt/Main 1971
Nettl, Peter: Rosa Luxemburg, Köln – Berlin 1967
Quack, Sibylle: Geistig frei und Niemandes Knecht. Paul Levi/Rosa Luxemburg. Politische Arbeit und persönliche Beziehung. Mit 50 unveröffentlichten Briefen, Köln 1983
Soden, Kristine von (Hrsg.): Zeitmontage: Rosa Luxemburg, Berlin 1988
Trotta, Margarethe von u. Ensslin, Christiane (Hrsg.): Rosa Luxemburg. Das Buch zum Film, Nördlingen 1983
Wilde, Harry: Rosa Luxemburg. Ich war – ich bin – ich werde sein, Wien – München – Zürich 1970

3. Neuere Arbeiten über Rosa Luxemburg:

Basso, Lelio: Rosa Luxemburgs Dialektik der Revolution, Frankfurt/Main 1969
Beiträge zur Geschichte der Arbeiterbewegung, Heft 4, 1991, Das Luxemburg-Bild im Meinungsstreit, Materialien des Rosa-Luxemburg-Symposiums in Berlin am 5./6. März 1991, Hamburg 1991
Cliff, Tony: Studie über Rosa Luxemburg. Probleme sozialistischer Politik, Frankfurt/Main 1969
Flechtheim, Ossip K.: Rosa Luxemburg zur Einführung, Hamburg 1986
Internationale wissenschaftliche Korrespondenz zur Geschichte der deutschen Arbeiterbewegung (IWK) September 1991. Darin: Feliks Tych: Leo Jogiches' Kritik an der bolschewistischen Partei; Ulrich Cartarius: Leo Jogiches als Mensch und Politiker in Deutschland. Mit zehn unbekannten Briefen; Feliks Tych: Ein unveröffentlichtes Manuskript von Rosa Luxemburg zur Lage der russischen Sozialdemokratie (1911), drei unbekannte Briefe Rosa Luxemburgs über die Oktoberrevolution
Neusüß, Christel: Die Kopfgeburten der Arbeiterbewegung oder Die Genossin Luxemburg bringt alles durcheinander, Hamburg 1985
Rosa-Luxemburg-Verein e. V., Mitteilungen 8, Leipzig 1992
Strobel, Georg W: Die Partei Rosa Luxemburgs, Lenin und die SPD. Der polnische „europäische" Internationalismus in der russischen Sozialdemokratie, Wiesbaden 1974

Anmerkungen

Rosa Luxemburg: Die Gesammelten Werke, Bd. 1–5, Berlin 1972 – 1975 werden mit dem Sigel GW, die Gesammelten Briefe, Berlin, Bd. 1–6, 1982–1993 mit dem Sigel GB aufgeführt.

---

(1) a) Bertolt Brecht: Die Gedichte von Bertolt Brecht in einem Bande, Frankfurt/Main 1981, S. 429; b) Fackel Nr. 546–520, 22. Jg., Juli 1920; c) Peter Weiss: Hölderlin, Frankfurt/Main 1971

(2) Nach Ettinger: 5. März 1870; nach Hirsch: 5. März 1871 und „verbessertes Datum auf zur Heirat nötigem Geburtsschein: 25. 12. 1870"; nach Nettl: 5. März 1871

(3) GB Bd. 2, S. 68 f.

(4) The legal status of the Jews in Zamość from the second half of the sixteenth century until the nineteenth century. In: Biuletyn Zydowskiego Instytutu Historycnego 3 (99); 29 Warschau 1976

(5) Elzbieta Ettinger: Rosa Luxemburg: A Life, London 1988, S. 14

(6) GB Bd. 5, S. 169

(7) Hannah Arendt: Rosa Luxemburg. In: Der Monat 243, Dezember 1968, S. 28 ff.

(8) Verena Stadler-Labhart: Rosa Luxemburg an der Universität Zürich 1889 bis 1897, Zürich 1978

(9) Paul Frölich: Rosa Luxemburg – Gedanke und Tat, Frankfurt/Main 1973, erste Ausgabe: Paris, August 1939

(10) Ebd. S. 25

(11) Ebd.

(12) Ebd.

(13) Horst Schumacher: „Man muß arbeiten, das ist alles!" Zum 100. Geburtstag von Leo Jogiches. In: Beiträge zur Geschichte der Arbeiterbewegung 1, Berlin 1967, S. 132 ff.

(14) Die Briefe Leo Jogiches' an Rosa Luxemburg sind nicht erhalten. Feliks Tych schreibt dazu in „Briefe an Leon Jogiches", deutsche Ausgabe Frankfurt/Main, Europ. Verlagsanstalt 1971, S. 9:

„Selbst wenn sie (die Briefe) von Rosa Luxemburg aufbewahrt worden sind, so sind sie zweifellos von ihren Henkern vernichtet worden, als sie ihre Berliner Wohnung ausplünderten. Hingegen konnten die Papiere von Jogiches durch die KPD vor der Vernichtung bewahrt werden. (...) Unter diesen Papieren fanden sich auch die Briefe Rosa Luxemburgs. Im Jahre 1931 wurden sie dem Archiv des damaligen Marx-Engels-Lenin-Instituts (jetzt Institut für Marxismus-Leninismus) in Moskau übergeben." GB Bd. 1, S. 8.

(15) Vermutlich ein Kosename aus der Kinderzeit

(16) L. Akselrod-Ortodoks: Historiko-revolucjonnij westnik, Moskau 1930, Bd. 2, S. 17–28

(17) Georg W. Strobel: Die Partei Rosa Luxemburgs – Der polnische „europäische", Internationalismus in der russischen Sozialdemokratie, Lenin und die SPD, Wiesbaden 1974, S. 77ff.

(18) GB Bd. 1, S. 57

(19) GB Bd. 1, S. 103

(20) GB Bd. 1, S. 116

(21) GB Bd. 1, S. 488

(22) GB Bd. 5, S. 163 f.

(23) Max Frisch: Tagebuch 1966–1971, Frankfurt/Main 1972, S. 182

(24) GW Bd. 1/1, S. 238

(25) In: Proletarische Lebensläufe, hrsg. von Wolfgang Emmerich, Bd. 1, Anfänge bis 1914, S. 161ff.

(26) GB Bd. 1, S. 117

(27) GB Bd. 1, S. 109f.

(28) GB Bd. 1, S. 136

(29) GB Bd. 1, S. 114

(30) In: „Der Volksstaat" Nr. 63, 25. Juli 1973

(31) GB Bd. 1, S. 115

(32) GB Bd. 1, S. 285

(33) GB Bd. 1, S. 116

(34) GB Bd. 1, S. 323

(35) GB Bd. 1, S. 117

(36) H. Mehner: Der Haushalt und die Lebenshaltung einer Leipziger Arbeiterfamilie: Jahrbuch für Gesetzgebung, Verwaltung und Volkswirtschaft im Deutschen Reich, hrsg. von Gustav Schmoller, 11. Jahrgang 1887, 1. Heft, S. 304ff.

(37) GB Bd. 1, S. 125

(38) GB Bd. 1, S. 147

(39) GW Bd. 1/1, S. 218

(40) GB Bd. 1, S. 148

(41) In: „Sozialreform oder Revolution?", Leipzig 1899. In: GW Bd.1/1, S. 373 f.

(42) Protokoll über die Verhandlungen des Parteitages der SPD, abgehalten vom 3.–8. Oktober 1889 in Stuttgart

(43) GB Bd. 1, S. 153

(44) Leo Trotzki: Mein Leben, Versuch einer Autobiographie, Frankfurt/Main 1964, S. 190

(45) Als Materialien dienten: Wolfgang Emmerich: Proletarische Lebensläufe, Bd. 1, sowie Franz Osterroth u. Dieter Schuster: Chronik der deutschen Sozialdemokratie, Berlin/Bonn 1975. Zudem:Helmut Hirschs Monographie über August Bebel, Reinbek 1973

(46) GW Bd. 1/1, S. 467ff.

(47) Ebd. S. 295ff.

(48) Gemeint ist der Krieg zwischen Spanien und den USA vom April bis Dezember 1898, in dem die Vereinigten Staaten Kuba, Puerto Rico und die Philippinen annektierten.

(49) Die Explosion des amerikanischen Kreuzers „Maine" im Februar 1898 im Hafen von Havanna war für die USA der Anlaß, um Spanien den Krieg zu erklären.

(50) Kurswert des Dollars damals ca. 4,50 Reichsmark

(51) Grundsatzerklärung des US-Präsidenten James Monroe vom 2. Februar 1823, wonach einerseits keiner europäischen Macht gestattet wird, Territorien in Amerika zu annektieren bzw. sich in Streitigkeiten zwischen amerikanischen Staaten einzumischen. Andererseits versichern die USA, sich nicht in europäische Angelegenheiten einzumischen.

(52) Paul Frölich: Rosa Luxemburg, S. 236f.

(53) Pariser Kommune: Für die marxistische Bewegung war dies die erste Diktatur des Proletariats. Am Ende des Deutsch-Französischen Krieges setzte das Volk von Paris, angeführt von den Arbeiterorganisationen, eine eigene Regierung ein und widersetzte sich vom 18. März bis 21. Mai 1871 der Regierung des Bürgertums in Versailles. Nach dem Zusammenbruch der Volksherrschaft in der Stadt wurden 30000 Kommunarden von den Siegern hingerichtet.

(54) Nach Luise Dornemann: Clara Zetkin, Leben und Wirken, Berlin 1972

(55) In: Luise Dornemann: Clara Zetkin ..., a.a.O. , S. 68ff.

(56) GB Bd. 1, S. 284

(57) GB Bd. 1, S. 285

(58) GW Bd. 1/1, S. 370f.

(59) Ebd. S. 371

(60) Ebd.

(61) GW Bd. 1/2, S. 146 f. Rosa Luxemburg war auf dem Parteitag vom 22. bis 28. September 1901 in Lübeck, nachdem sie ihn hatte vorzeitig verlassen müssen, von Richard Fischer scharf angegriffen und der Fälschung bezichtigt worden.

(62) Alexandre Millerand, französischer Politiker, 1899–1902 Handelsminister. Seine Politik war von einigen Sozialisten kritisiert worden.

(63) Peter Nettl: Rosa Luxemburg, Köln 1966, S. 151. Der Satz war während des Reichstagswahlkampfes 1903 gefallen.

(64) Ebd.

(65) Zitiert nach Klassenbuch 2, ein Lesebuch der Klassenkämpfe in Deutschland 1850–1919, S. 158

(66) GB Bd. 1, S. 441

(67) Ebd. S. 456

(68) Georg W. Strobel: Die Partei Rosa Luxemburgs, S. 201

(69) G. A. Gapon hatte 1903–1904 im Auftrag und unter dem Schutz der Polizei in St. Petersburg „Arbeiterorganisationen" geschaffen, um die Arbeiter von der sozialdemokratischen Bewegung fernzuhalten. Er war der Initiator der Petersburger Demonstration am 22. Januar 1905.

(70) Rosa Luxemburg, Hamburg 1906. Zitiert nach GW Bd. 2, S. 109–111

(71) Horst Schumacher: „Man muß arbeiten..." a. a. O., S. 132ff.

(72) Die englische Originalausgabe erschien 1966 bei Oxford University Press

(73) GB Bd. 3, S. 53

(74) Horst Schumacher: „Man muß arbeiten...", a. a. O.

(75) Georg W. Strobel: Die Partei Rosa Luxemburgs, S. 4ff.

(76) Rosa Luxemburg: Schriften über Kunst und Literatur, herausgegeben und mit einem Nachwort versehen von Marlen M. Korallow, Dresden 1972. Dies ist die Übersetzung einer 1961 in Moskau erschienenen Ausgabe.

(77) GB Bd. 6, S. 253

(78) GB Bd. 6, S. 299f. Das Wort „Principuccia" gibt es nicht, wohl aber Principotta, d. h. Duodezfürstin.

(79) GB Bd. 5, S. 151

(80) GW Bd. 5, S. 524ff.

(81) GW Bd. 2, S. 163

(82) Zitiert nach Tony Cliff: Studie über Rosa Luxemburg. Probleme sozialistischer Politik, Frankfurt/Main 1969, S. 23

(83) „Rote Fahne" vom 18. November 1918, GW Bd. 4, S. 406

(84) Rosa Luxemburg: Politische Schriften, hrsg. von Ossip K. Flechtheim, Bd. III, Frankfurt/Main 1968, S. 92

(85) Iring Fetcher auf dem Symposion über Rosa Luxemburg zum Thema „Proletarisches Klassenbewußtsein nach Marx und

Luxemburg". In: „Rosa Luxemburg oder die Bestimmung des Sozialismus", hrsg. von Claudio Pozzoli, Frankfurt/Main 1974

(86) GW Bd. 4, S. 363

(87) Ebd. S. 363f.

(88) Iring Fetcher: Proletarisches Klassenbewußtsein a. a. O.

(89) GW Bd. 5

(90) Claudia von Werlhof: Frauenarbeit: Der blinde Fleck in der Kritik der politischen Ökonomie, in: Beiträge zur feministischen Theorie und Praxis, Heft 1, München 1978, S. 18–32

(91) GW Bd. 5, S. 316f.

(92) Die Bezeichnung „Bielefelderinnen" rührt daher, daß diese Überlegungen von einer Gruppe Bielefelder Entwicklungssoziologinnen angestellt wurden.

(93) In: Luxemburg-Bild im Meinungsstreit, Materialien des Rosa-Luxemburg- Symposiums in Berlin am 5. u. 6. März 1991, Beiträge zur Geschichte der Arbeiterbewegung 4, 1991

(94) GW Bd. 4, S. 291 und S. 359

(95) Zitiert nach Paul Frölich: Rosa Luxemburg, S. 214

(96) Zitiert nach Annelies Laschitza u. Günter Radczun: Rosa Luxemburg – Ihr Wirken in der deutschen Arbeiterbewegung, Frankfurt/Main 1971, S. 199f.

(97) Rosi Wolfstein: Rosa Luxemburg als Lehrerin. In: Die junge Garde 10 (1920)

(98) GB Bd. 3, S. 134

(99) GB Bd. 1, S. 494

(100) Ebd.

(101) Zitiert nach Peter Nettl: Rosa Luxemburg, S. 368

(102) GW Bd. 3, S. 396

(103) In „Vorwärts" Nr. 91 vom 2. April 1914

(104) GB Bd. 4, S. 347

(105) Zitiert nach Peter Nettl: Rosa Luxemburg, S. 411

(106) Paul Frölich: Rosa Luxemburg, S. 242

(107) GB Bd. 5, S. 263f.

(108) Die Gedichte von Bertolt Brecht in einem Band, Frankfurt/Main 1981, S. 466

(109) GW Bd. 4, S. 51 f. – leicht bearbeitet

(110) Karl Retzlaw: Aufstieg und Niedergang, Erinnerungen eines Parteiarbeiters, Frankfurt/Main 1971, S. 28f.

(111) GB Bd.5, S. 18

(112) Dokumente und Materialien zur Geschichte der deutschen Arbeiterbewegung, Reihe II, Berlin 1958, Bd. 1, S. 31; GW Bd. 4, S. 5

(113) GB Bd. 5, S. 25

(114) In: Rosa Luxemburg: Ich umarme Sie in großer Sehnsucht – Briefe aus dem Gefängnis 1915 bis 1918, Berlin 1980, S. 17

(115) Karl Liebknecht in: „Deutsche Tageszeitung" vom 19. Februar 1915 unter der Überschrift „Von Quertreibern"

(116) GB Bd. 5, S. 47

(117) Ebd. S. 48

(118) GB Bd. 5, S. 52

(119) In: Rosa Luxemburg: Ich umarme Sie..., S. 98

(120) Ebd. S. 99

(121) Ebd. S. 88

(122) Der Berliner Polizeipräsident an den preußischen Minister des Inneren. In: RZBSDNG, Moskau, Fonds 191, Verzeichnis 1, Nr. 628

(123) GB Bd. 5, S. 105

(124) GB Bd. 5, S. 228f.

(125) Es ist das Verdienst von Sibylle Quack, die bei einem Neffen Paul Levis in Connecticut, USA, 50 bis dahin unveröffentlichte Briefe fand und sie in dem Band „Geistig frei und Niemandes Knecht, Paul Levis/Rosa Luxemburgs politische Arbeit und persönliche Beziehung, Köln 1983, herausgab, die enge Beziehung Rosa Luxemburgs und Paul Levis aufgeklärt zu haben.

(126) GW Bd. 4, S. 52f.

(127) Paul Frölich: Rosa Luxemburg, S. 270

(128) Rosa Luxemburg: Ich umarme Sie..., S. 39f.

(129) GB Bd. 5, S. 169

(130 Das Gemälde ist reproduziert in Helmut Hirsch: Rosa Luxemburg, rororo Monographie, Reinbek 1969, S. 92

(131) GB Bd. 5, S. 167

(132) GB Bd. 5, S. 183ff.

(133) GB Bd. 5, S. 193

(134) Paul Frölich: Rosa Luxemburg, S. 271

(135) GB Bd. 4, S. 306

(136) GW Bd. 4, S. 314

(137) GB Bd. 5, S. 326

(138) GB Bd. 5, S. 349f.

(139) GB Bd. 5, S. 356f.

(140) GB Bd. 5, S. 322

(141) GB Bd. 5, S. 329

(142) „Die Russische Revolution. Eine kritische Würdigung". Aus dem Nachlaß von Rosa Luxemburg, herausgegeben und eingeleitet von Paul Levi, Berlin-Lichtenau 1922

(143) Clara Zetkin: Um Rosa Luxemburgs Stellung zur russischen Revolution, Hamburg 1922, S. 9

(144) GW Bd. 4, S. 343

(145) GW Bd. 4, S. 355, S. 362

(146) GW Bd. 4, S. 359. Dort mit dem Kommentar: „Bemerkung am linken Rand ohne Einordnungshinweis"

(147) Manfred Scharrer: Demokratie und Diktatur bei Rosa Luxemburg, Beiträge zur Geschichte der Arbeiterbewegung 4/91, S. 9ff.

(148) Rosa Luxemburg im Gefängnis, Briefe und Dokumente aus den Jahren 1915–1918, herausgegeben und eingeleitet von Charlotte Beradt, S. 115ff.

(149) In: Artur Müller: Die Deutschen, ihre Klassenkämpfe, Aufstände, Staatsstreiche und Revolutionen, München 1972, S. 234

(150) Ebd. S. 240 f.

(151) GB Bd. 5, S. 412f.

(152) GB Bd. 5, S. 424

(153) Die Darstellung der geschichtlichen Ereignisse folgt den Texten: Die Deutschen, ihre Klassenkämpfe, Aufstände, Staatsstreiche und Revolutionen, eine Chronik von Artur Müller, München 1972, und „Die deutsche Revolution 1918–1919", hrsg. von Gerhard A. Ritter u. Susanne Miller, Frankfurt/Main 1968

(154) GW Bd. 4, S. 397

(155) Franz Kafka: Erzählungen, Frankfurt/Main 1986, S. 120

(156) GB Bd. 5, S. 416f.

(157) GW Bd. 5, S. 421

(158) GB Bd. 5, S. 422

(159) GW Bd. 4, S. 448ff.

(160) In: Otto-Ernst Schüddekopf: Karl Radek in Berlin. Ein Kapitel deutsch-russischer Beziehungen im Jahre 1919, Archiv für Sozialgeschichte, II. Bd., S. 133

(161) Die TSCHEKA war von 1917–1922 die politische Polizei der Sowjetunion. Kurzwort für „Wserossiskaja Tschrewytschainaja Komissija por borbe s Kontrrewoljuzijei i saotaschem" d.h., Allrussische Kommission zur Bekämpfung der Konterrevolution und der Sabotage

(162) Peter Nettl: Rosa Luxemburg, S. 507

(163) GB Bd. 5, S. 171

(164) GW Bd. 4, S. 513

(165) GW Bd. 4, S. 324

(166) GB Bd. 4, S. 339f.

(167) Paul Frölich; Rosa Luxemburg, S. 338

(168) Ebd., S. 341

(169) Artur Müller, Die Deutschen ..., a. a. O., S. 285

(170) Zitiert nach Harry Wilde: Rosa Luxemburg – Ich war, ich bin, ich werde sein, Wien-München-Zürich 1970, S. 187

(171) „Rote Fahne" vom 15. Januar 1919

(172) GB, Bd. 5, S. 427

(173) Rosa Luxemburg: Ich umarme Sie ..., S. 60

(174) Der Mord an Rosa Luxemburg und Karl Liebknecht, Dokumentation eines politische Verbrechens, herausgegeben von E. Hannover-Drück u. Heinrich Hannover, Frankfurt/Main 1968, S. 141

(175) Zitiert nach Harry Wilde: Rosa Luxemburg ..., S. 192

(176) Der Mord an Rosa Luxemburg und Karl Liebknecht, a. a. O., S. 141

(177) Peter Nettl, Rosa Luxemburg, S. 547

(178) Der Mord an Rosa Luxemburg und Karl Liebknecht, a. a. O. S. 57

(179) Ebd. S. 116

(180) E. Hannover-Drück u. H. Hannover, Hrsg.: Der Mord an Rosa Luxemburg, a. a. O., S. 182 u. S. 185

(181) Charlotte Beradt: Paul Levi, ein demokratischer Sozialist in der Weimarer Republik, Frankfurt/Main 1969

(182) Ossip K. Flechtheim: Rosa Luxemburg zur Einführung, Hamburg 1986, S. 77f.

(183) Das Internationale Rosa-Luxemburg-Symposium vom 2. bis 4. November 1991, organisiert von Prof Narihiko Ito, kam durch das Zusammenwirken der Internationalen Rosa-Luxemburg-Gesellschaft, der Universität Chuo in Tokio (Institut für Sozialwissenschaften und Institut für Ökonomie), der Wissenschaftlichen Gesellschaft für die Geschichte der Gesellschaftsphilosophie, der Wissenschaftlichen Gesellschaft für Geschichte der Wirtschaftswissenschaften und vieler japanischer Gewerkschaften zustande.

(184) Christel Neusüß: Die Kopfgeburten der Arbeiterbewegung oder Die Genossin Luxemburg bringt alles durcheinander, Hamburg 1985

(185) Ossip Karl Flechtheim: Die KPD in der Weimarer Republik, Frankfurt/Main 1969, S. 141

(186) Paul Levi: Die Russische Revolution, a. a. O.

(187) Annelies Laschitza u. Günter Radczun: Rosa Luxemburg, S. 432

(188) Luxemburgbild im Meinungsstreit, in: Beiträge zur Geschichte der Arbeiterbewegung, 4/91

(189) Rosa Luxemburg und die Freiheit der Andersdenkenden, Extraausgabe des unvollendeten Manuskriptes „Zur russischen Revolution" und anderer Quellen zur Polemik mit Lenin. Zusammengestellt und eingeleitet von Annelies Laschitza, Berlin 1990

(190) Annelies Laschitza: Zum Umgang mit Rosa Luxemburg in Vergangenheit und Gegenwart, in: Beiträge zur Geschichte der Arbeiterbewegung, 4/91

(191) Ebd. S. 437

(192) Rosa Luxemburg und die Freiheit der Andersdenkenden, S. 32

(193) GW Bd. 4, S. 359

(194) GW Bd 4, S. 53

(195) Ebd. S. 62

(196) In der Reihenfolge: GW Bd. 4, S. 291, S. 302, S. 51

(197) GB Bd. 5, S. 177

(198) Narihiko Ito: „Was bedeuten Rosa Luxemburgs Gedanken für unsere Zukunft?" Beiträge zur Geschichte der Arbeiterbewegung 4/1991, S.436ff.

(199) Elzbieta Ettinger: Rosa Luxemburg: A Life, Vorwort, XV

(200) GB Bd. 5, S. 7

(201) GB Bd. 5, S. 163

(202) GB Bd. 5, S. 151

(203) GB Bd. 5, S. 158

(204) GW Bd. 4, S. 61

(205) Peter Nettl, Rosa Luxemburg, S. 30

(206) Paul Frölich: Rosa Luxemburg, S. 219

Frauenschicksale

Stefanie Schröder
Im Bann des blauen Reiters
Das Leben der Gabriele Münter
Band 4567
Eine faszinierende Frauenbiographie und ein spannender Roman über die Expressionistin und Lebensgefährtin Kandinskys.

Felizitas von Schönborn
Astrid Lindgren – Das Paradies der Kinder
Band 4528
Eine faszinierende Autorin. Das Buch über ihr Leben, ihre Arbeit, ihre Hoffnungen.

Ruth Pfau
Das letzte Wort wird Liebe sein
Ein Leben gegen die Gleichgültigkeit
Band 4513
Die deutsche Lepraärztin erzählt von ihrer Arbeit, ihren Krisen und von ihren Träumen.

Barbara Krause
Gefesselte Rebellin – Brigitte Reimann
Biographischer Roman
Band 4445
Zeitgeschichte aus der Perspektive einer leidenschaftlichen Frau.

Stefanie Schröder
Paula Modersohn-Becker
Auf einem ganz eigenen Weg
Roman
Band 4431
Eine Künstlerin zwischen Unabhängigkeit und Konvention, die darum ringt, sich und ihre Kunst zu verwirklichen.

HERDER / SPEKTRUM